U0593250

跨境数字经济系列教材

跨境直播
与短视频运营实务

主　编　连敏辉　柳小刚

副主编　张桂芳　申苗苗　张建东　陶树金

扫码获取数字资源

厦门大学出版社　国家一级出版社
XIAMEN UNIVERSITY PRESS　全国百佳图书出版单位

图书在版编目（CIP）数据

跨境直播与短视频运营实务 / 连敏辉，柳小刚主编.
厦门 ：厦门大学出版社，2025. 1. --（跨境数字经济
系列教材）. -- ISBN 978-7-5615-9579-4

Ⅰ. F713.365.2

中国国家版本馆 CIP 数据核字第 2024329LD0 号

责任编辑　姚五民

美术编辑　李夏凌

技术编辑　许克华

出版发行　厦门大学出版社

社　　址　厦门市软件园二期望海路 39 号

邮政编码　361008

总　　机　0592-2181111　0592-2181406(传真)

营销中心　0592-2184458　0592-2181365

网　　址　http://www.xmupress.com

邮　　箱　xmup@xmupress.com

印　　刷　厦门市明亮彩印有限公司

开本　787 mm×1 092 mm　1/16

印张　18.25

字数　368 千字

版次　2025 年 1 月第 1 版

印次　2025 年 1 月第 1 次印刷

定价　58.00 元

厦门大学出版社
微信二维码

厦门大学出版社
微博二维码

前言

在全球化的信息时代，科技进步已经深刻地改变了人们的消费习惯和生活方式。信息时代的跨境电子商务不仅加速了传统贸易、生产和服务模式的升级转型，还催生了社交电商和直播购物等新型电商模式。特别是"直播＋电商"业态的兴起，极大地影响了人们的消费方式，并为企业拓展境内外市场提供了新机遇。随着短视频和直播的流行，跨境电商的泛视频化趋势愈发明显。艾媒咨询预测，到2025年中国跨境直播电商市场规模将达到8287亿元。[①] 此外，在文旅领域，复星、海昌等企业纷纷走出国门，借助跨境直播和短视频的力量，中国文旅产业在全球舞台上展现出巨大的发展潜力。这不仅推动了中国文化在全球的传播与关注，也吸引了更多海内外人士共同参与，向世界传递中国的声音，讲述中国的故事。

在众多跨境直播与短视频平台中，TikTok已经崭露头角，成为全球热门的App之一。知名数据机构Statista发布的报告显示，截至2024年4月，TikTok的全球下载量已经超过了49.2亿次，月度活跃用户数更是超过了15.82亿。[②] 这一惊人的数字不仅证明了TikTok在全球范围内的广泛受欢迎程度，也助推了跨境直播与短视频行业的发展。

随着跨境电商业务的普及化，无论是出口型工业企业，还是贸易、分销、采购、设计等相关服务企业，都在积极拥抱跨境电商化的趋势。成千上万家工业企业和农业企业都期待着优秀的跨境电商运营及主播人才的加盟，跨境电商主播的职业也因此走进了越来越多人的视野中。

然而，跨境直播以及短视频运营对人才综合能力的要求并不低。从业者不仅需要熟悉跨境直播电商和外贸的基本知识，还要深入了解国外市场、交易方式、消费习惯以及各大平台的交易规则和交易特征。对这些知识和技能的掌握并非易事，因此跨境直播与短视频运营人才培养的难度显而易见。尽管如此，随着全球化的不断深入，全球跨境直播电商的市场潜力依旧巨大，而优秀的跨境电商主播及短视频运营人才将成

---

① 资料来源：https://www.iimedia.cn/c1061/84830.html

② 资料来源：https://www.199it.com/archives/1696299.html

为连接全球消费者和企业的重要桥梁。

本书系统性介绍了跨境直播与短视频的相关实务知识，包括跨境 B2C/B2B 直播与短视频行业整体概述、业务流程以及跨境主播岗、运营岗、选品岗、助理岗、编导岗等相关岗位技能实务，重点阐述了 TikTok、Amazon、阿里巴巴国际站、YouTube 等相关平台以及中国特色产业出海的直播与短视频运营实务技能。

本书主要有以下特色：

（1）体系完备

本书整合跨境短视频与直播这两大数字媒体业态以及 B2B、B2C 实务思维，既有前沿理论，又提供行业案例与实用操作技巧以及小组互动实践项目，确保读者能够深入、立体化地学习全链路运营。

（2）注重实操

TikTok 账号注册、创建 Amazon 直播、YouTube 短视频创作与上传、探厂直播脚本与话术等等，本书将跨境直播与短视频运营业务中各个环节的内容提炼成思维策略与技巧方法，直观简洁、实操性强。

（3）多业态、多平台、多品类

本书从多业态、多平台、多品类运营实务三大维度教授跨境直播与短视频运营产业链实用的技巧知识、综合技能与全局运营思维。

（4）案例鲜活

本书案例均来自实际业务中真实的图文、视频、数据材料，并贯穿整个业务流程活动，采用图文并茂的形式对内容进行讲解说明，通俗易懂，增强了学习过程的创新性、实用性和趣味性。

（5）课程思政

本书整体内容与案例素材紧密贴合中国企业出海国情与课程思政教学需求，注重培养读者的国家意识和民族自豪感。

本书是一本充分体现产教融合特色的教材。以市场风向为主导，根据行业发展趋势对人才的新需求，融合国内诸多高校专家的科研及教学成果，结合福建亿学教育科技集团（以下简称亿学集团）多年的产教融合综合服务积淀，以亿学集团为主导组织专门的项目人员编撰而成。

在编写过程中，我们力求完美，但在本书具体编撰中仍不免出现一些不足与疏漏，不当之处望读者不吝批评指正。最后诚挚感谢对此书作出贡献的所有人员，感谢你们成就这样独特的产教融合教材。

目录

第一章 行业与市场

▶▶ 学习目标

1. 掌握跨境直播的概念、发展历程和市场特点。
2. 掌握主要跨境直播与短视频平台的功能与市场定位。
3. 熟悉跨境直播的市场环境和运作模式，识别行业发展趋势。
4. 熟悉数字经济下的国际合作与交流，养成正确的网络道德观和法律意识。

▶▶ 课前预热

2023 年 2 月，Temu（多多跨境）耗资 1400 万美元，登上北美"春晚"超级碗（Super Bowl）。Temu 这匹来自中国的电商"黑马"，用一句"Shop like a billionaire（像亿万富翁一样消费）"，深入 1 亿美国观众心中。Sensor Tower 数据显示，2022 年 9 月至 2023 年 11 月，Temu 客户端全球下载量突破 3 亿次，并在 2023 年前三季度成为全球同比下载量增长最快的购物应用。

以供应链能力著称的希音（SHEIN），以"极具性价比时尚"构成护城河，2023 年前三季度收入就已达到 240 亿美元，增长超过 40%（The Information 数据）[①]。根据 data.ai 统计，2023 年 1—3 季度，希音、Temu 分别夺得全球购物 App 下载量第一和第二，预计 2024 年希音有望赴美上市。

在以希音、速卖通 AliExpress、Temu、TikTok Shop 为代表的"出海四小龙"的引领下，中国企业出海新纪元的曙光初现。同属"四小龙"的阿里速卖通于 2024 年 1 月率先推出"半托管"模式，进入 2024 年，速卖通明显加快了市场扩张的步伐。而字节跳动旗下的 TikTok 作为全球社交应用巨头，全球用户超过 16 亿人，靠着短视频积累的巨大用户量，TikTok 电商具有独特海外竞争力。

在文化出海领域，在当前全球化的语境下，文化"出海"已然成为青年群体中一

---

① 资料来源：https://www.theinformation.com

个引人注目的现象，越来越多的年轻人积极投身于这一实践中，带来了众多鲜活的案例。这些年轻人利用互联网平台，发挥自己的创造力和特长，向世界展示了一种兼具深厚底蕴与青春活力的文化风貌。在表现形式上，当前文化"出海"的方式多种多样，包括但不限于文学、影视剧、音乐、动漫、游戏、短视频等。这些形态各异的文化产品，不仅丰富了全球文化的交流内容，也展现了当代青年的创造力与文化自信。短剧出海是 2023 年最受关注的出海"风口"之一。自 2023 年下半年以来，以 ReelShort 为代表的短剧 App 在北美市场大爆发。截至 2023 年 11 月 30 日，国内短剧出海平台 ReelShort 累计净流水已经接近 2 亿元人民币。①

第一节　行业基础概况

随着信息技术的飞速发展和全球互联网的普及，数字化全球化已经成为 21 世纪全球经济的一大趋势。在这个数字时代，社交媒体已经成为人们生活中不可或缺的一部分，而海外"网红"作为社交媒体平台上的明星，对品牌营销产生了深远的影响。

全球消费市场的变化，去中心化、碎片化、线上化的特征加剧了对出海企业数字化营销能力的考验。数字化营销作为跨境电商的重要环节，在企业跨境出海过程中占据重要作用。通过数字化新兴技术，利用大数据分析，实现高效的营销决策，形成海外消费端全链路触达与精准匹配，才能进一步驱动业务增长，促进品牌的传播与沉淀。

随着中国数字化基础建设的完善与全球数字化进程的快速发展，中国跨境电商出海企业面临新的挑战与机遇。如何看清海外市场的多元变化与商机，识别自身的优势与特点，在出海过程中走得更快、更稳，高效智能的数字化营销不仅是成为出海企业的利器，更是如今出海过程中不可或缺的核心能力。

一、数字贸易

当前，新一轮科技革命和产业变革突飞猛进，以数据为关键生产要素、数字服务为核心、数字订购与交付为主要特征的数字贸易蓬勃兴起，已成为国际贸易发展的新趋势和经济的新增长点，并带动全球产业链、供应链、价值链加速整合优化，大幅降低贸易成本，为全球经济恢复增长注入新动能。数字贸易既是国际经贸规则竞争的新前沿，也是中国加快贸易强国建设的新引擎，推进高水平制度型开放的新高地。

互联网技术迅速发展，数字贸易应运而生，并逐步成为国际贸易发展的新趋势和未来贸易增长的新引擎。2020 年以来，全球贸易因多重因素受到较大冲击，但数字贸

---

① 资料来源：https://www.iyiou.com

易发展势头却依然强劲。中国信息通信研究院与国务院发展研究中心对外经济研究部联合发布的《数字贸易发展与合作报告（2023）》（以下简称《报告》）数据显示，2022年全球数字服务贸易规模达 3.82 万亿美元，占全球服务贸易的 53.7%，2019 年至 2022年，全球数字贸易增长了 36.9%，高于服务贸易和货物贸易增速。就中国而言，《报告》指出，中国数字贸易发展规模、增速位居世界前列。2022 年中国数字服务出口总值 2089.1 亿美元，同比增长 7.2%，占服务进出口比重 41.7%，数字服务贸易净出口规模达 467.5 亿美元，同比增长 55.8%。

在数字化浪潮下，以 5G、云计算、人工智能为代表的新技术已成为推动贸易数字化转型的重要动力源。尤其在数字服务贸易领域，运用数字化技术可使一些原本不可贸易的服务成为可贸易服务，催生出远程医疗等服务贸易新模式、新业态，进一步提高了服务贸易规模。同时，企业还能以数字平台为基础实现更多服务贸易的线上化交付，让全球服务贸易变得更高效便捷。全球化时代，越来越多的中国企业将业务拓展至全球范围，出海也从"可选项"变为部分企业的"必选项"。随着中国数字企业"出海"规模不断扩大、技术含金量不断提高、产品品类不断拓展，相关企业在全球数字贸易中的竞争力将进一步得到增强。如今，中国互联网企业出海呈现三大趋势：出海主体从头部企业向中小企业延伸；出海策略从资本驱动到资本与技术并行，企业出海进程中的技术含金量不断提升；出海产品从工具类向多品类拓展。

二、数字营销全球化

所谓数字营销（digital marketing），就是指借助互联网络、通信技术和数字交互式媒体来实现营销目标的一种营销方式。数字营销与传统营销有很大不同，主要区别在于数字营销活动比传统营销更具互动性、动态性和可持续性。它的推广营销媒介由传统的宣传页、报纸等转变为了网站、网络图片、网络视频和网络音频的方式。由于数字营销结合了互联网科技，所以这种营销方式也存在传播速度快、影响范围广的特点。这种类型活动侧重于建立品牌知名度和改善特定企业的在线形象。

随着全球电商行业的不断发展和消费者需求的日益多样化，消费习惯也在悄然发生变化（如图 1-1-1 所示）。从文字时代到图片时代，再到视频时代的变革，这一过程不仅反映了消费者获取信息方式的转变，也体现了电商平台在适应市场变化中的创新与进步。单纯的图片已经无法满足全球消费者对信息全面性和真实性的需求。于是，视频时代应运而生。在这个时代，电商平台开始利用视频这一媒介来展示商品。通过视频，消费者不仅能够看到商品的静态外观，还能了解到商品的动态效果、使用方法和实际应用场景。这种全方位、立体化的信息展示方式极大地提升了消费者的购物信心和满意度。

图 1-1-1 互联网用户内容消费习惯变化情况

目前数字营销策略有很多，但比较常见的海外营销策略包括内容营销（content marketing）、社交媒体营销（social marketing）、"红人"营销（influencer marketing）、视频营销（video marketing）、音频营销（audio marketing）、联盟营销（affiliate marketing）、电子邮件营销（email marketing）、付费广告（paid advertising）、搜索引擎营销（Search engine marketing，SEM）等，每个营销策略都有各自不同的优缺点。

三、全球电商消费行为

全球电商消费持续深化，消费者对电商消费持开放态度。未来全球超过 48% 的电商消费者计划持续增加电商支出，其中 61% 的消费者计划在多个品类增加电商支出。新兴市场消费者对电商消费依赖度更高。电商消费行为呈现出碎片化、社交化、娱乐化的特点，逐渐形成"兴趣内容引导购买"的新电商消费模式。全球电商消费行为变化趋势如表 1-1-1 所示。

表 1-1-1 全球电商消费行为变化趋势

需求引导转为内容引导	71%	电商消费者表示会因为抓眼球的娱乐内容而对产品 / 品牌产生购买行为
购买决策过程碎片化	68%	电商消费者在考虑是否购买时，往往需要进一步了解产品信息再做决策
购买决策过程社交化	63%	电商消费者会参考"达人"或用户分享的信息再做购买决策
购物过程娱乐化	54%	电商消费者更倾向于通过创意性和娱乐性强的营销内容了解产品及品牌

电商消费者呈现出对品牌力的关注和认可。调研显示，绝大多数电商消费者认为品牌因素对购买决策有推动作用；品牌通过用户互动、创意内容、品牌故事等因素吸引用户关注，如图 1-1-2 所示。

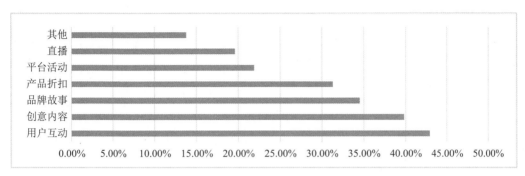

图 1-1-2 全球电商消费者认可的品牌相关内容

四、全球电商市场的发展历程

全球电商市场的发展历程经历了从 1.0 货架时代到 2.0 社交时代再到 3.0 社群时代的变革（如表 1-1-2 所示）。从简单的商品展示到可互动的社交媒体，再到构建社群关系和提供个性化服务的新一代电商平台，电商平台不断适应并引领市场变化，为消费者提供更好的购物体验。

表 1-1-2 电商时代演变

电商时代演变	1.0 货架时代：自挑自选	2.0 社交时代：流量推荐	3.0 社群时代：口碑裂变
模式变化	仅是把购物渠道搬到线上，消费者需求明确，直接通过传统电商平台进行交易	社交平台的发展将流量和"网红"价值放大，通过带货推荐引导消费者购物和交易	TikTok 带动社群电商崛起，用户在社群创作分享品牌内容，用口碑效应激发购物欲
营销变化	人找货	货找人	人货互找
消费变化	需求驱动 消费者更多凭借个人需求自主进行购物决策	权威驱动 消费者更多听从"权威"和"专家"意见决策	口碑驱动 消费者更多考量社群成员的真实口碑进行决策
经营变化	被动经营 线下店铺经营线上化，被动等待消费者进店购买	短线经营 流量思维主导，以单次投入换取单次效果	长效经营 重视生意的可持续价值，不断积累社群口碑

在货架时代，电商平台主要以商品展示为主，消费者通过搜索和浏览来选择商品，这种模式相对简单且以交易为导向。然而，随着互联网的普及和社交媒体的兴起，电商市场逐渐进入了社交时代。

在社交时代，电商平台开始利用社交媒体平台与消费者进行互动和沟通。通过社交媒体，消费者可以分享购物经验、评价商品和参与讨论，形成了一个更加互动和个性化的购物环境。同时，电商平台也开始利用社交媒体进行品牌推广和营销活动，通过与消费者的互动来提升品牌知名度和销售额。

随着时间的推移，电商市场进一步演变为社群时代。在社群时代，电商平台更加注重构建和维护社群关系。他们通过建立用户社区、举办线上线下活动等方式，将消费者聚集在一起，形成一个有共同兴趣和需求的社群。这种社群关系不仅增强了消费者之间的互动和信任，也为电商平台提供了更多的销售机会和提升了用户忠诚度。社群时代的电商市场还注重个性化和定制化服务。电商平台通过分析用户的购物历史和偏好，提供个性化的商品推荐和定制化的购物体验。这种个性化的服务不仅满足了消费者的需求，也增加了购买的可能性。社群电商模式的出现和崛起重新定义了电商消费的体验和经营价值。

五、全球直播电商

海外直播电商的发展历程可以追溯到 2016 年。2016 年 9 月 20 日，字节跳动推出了短视频应用——抖音。随后在 2017 年，字节跳动收购了 musical.ly 并将其与 TikTok 合并，正式进入国际市场。2019 年，TikTok 扩大全球市场份额，活跃用户突破 10 亿；同年，阿里巴巴旗下跨境电商平台——速卖通开始尝试直播功能。2020 年，受疫情影响，线上购物需求激增，直播电商在海外市场逐渐兴起。2022 年以来，随着市场的不断成熟，越来越多的品牌和商家开始尝试利用直播电商拓展全球市场，直播电商在全球市场的潜力仍然巨大。

直播电商是产品和物品在线流动并可供购买的市场。在这一模式下，卖家通过视频直播的形式向潜在买家展示产品，并实时互动，从而促进销售。这种模式结合了电子商务的便利性和社交媒体的互动性，为消费者提供了一种全新的购物体验。随着全球直播技术日益普及，为提高品牌认知度并接触消费者，电子商务等行业对网络直播越发青睐，此外，智能手机的日益普及和互联网技术快速发展同样推动网络直播市场的增长。根据 Business Research Insights 统计，全球直播电商市场规模正在逐年上涨，预计到 2031 年将达到 30901.74 亿美元。

第二节　跨境短视频概述

一、全球短视频行业发展概况

（一）短视频的概念及特点

1. 短视频的概念

短视频（short video），又称"短片视频"，一般指时长在 5 分钟之内（有关短视频时长的观点并不一致，短可至几秒，长可达 20 分钟），依托电脑端（即 PC 端）或移动端进行传播的视频内容形式，是一种互联网内容传播方式。短视频凭借其内容轻量化、娱乐化、个性化的特点满足了互联网时代大众对碎片化信息的需求，从而呈现出爆发式发展的情况。

2. 短视频的主要特点

短视频具有以下主要特点。

首先，短视频时长较短。它契合了现代大众对碎片化信息的需求。在有限的时间内，受众可通过短视频获得最关键性的信息。此外，时长较短也是短视频其他特点的形成基础。

其次，短视频传播内容多元化。从传统媒介到短视频，最大的变化体现在传播内容的多元化和融合化，传统纸质媒体通过平面展示文字信息、图片信息，而如今，借助短视频形式，同时传播集文字、图片、声音等于一身的信息已成为可能，这提高了信息量，提升了信息广度。

再次，短视频的制作流程简单，门槛较低。一方面，短视频制作需要进行选题和内容定位，受较短时长的限制，短视频内容简单明了即可。另一方面，短视频的拍摄呈现低门槛化的特点，创作者借助一部移动终端设备，就可以随时随地进行前期拍摄与后期剪辑工作。具体而言，短视频的前期拍摄仅需与之匹配的灯光补偿设备和声音采集设备；后期剪辑可根据视频内容特点，选择流畅性剪辑、匹配剪辑、跳切等不同方式进行。此外，部分短视频还可添加具有解释说明作用的其他字幕，以提高辨识度。

最后，短视频还具有互动性强的特点。新媒体时代下，互联网信息技术与手机移动设备实现了更好的结合，移动互联网终端和剪辑软件也具有良好的发展态势，这有效降低了短视频制作和传播的经济成本，提高了普通大众对短视频的参与度。短视频传播方式是双向的，每个受众既是信息的接受者，同样也是信息的传播者。因此，短视频的制作和传播具有了用户参与的主动性、广泛性，同时摆脱了时间和空间的限制。其次，短视频往往会选择社会热点话题作为主题，其碎片化传播也将带来更高的话题度。如此一来，短视频的互动性便得到了强化。

（二）全球短视频行业发展历程

随着互联网的快速发展，短视频行业在全球范围内迅速崛起，吸引了大量用户。据统计，全球短视频市场规模已达到千亿美元，其中，海外市场的份额占据主导地位。2023年全球短视频行业市场规模大约为1322.1亿美元，预计到2030年达到7196.8亿美元，2024—2030年期间年复合增长率（CAGR）为27.4%。[①]

———————————
① 资料来源：https://www.lpinformation.com.cn

"短视频"一词，起源于 2011 年美国推出的短视频应用 Viddy。而后，Instagram 全新开发视频分享功能，依托大规模用户基础将美国短视频市场带入快速发展期。2012 年，短视频传入中国，快手率先实现精准定位并完成转型；腾讯微视、新浪秒拍和美拍的相继推出带领中国进入短视频发展探索期；随后，抖音的出现进一步推动行业发展，它也成为流行度最高的短视频平台之一。2017 年前后，中国短视频平台正式开启海外市场拓展。2020 年，短视频实现了在全球范围内的快速扩张。短视频行业的出现，催生了多种全新的经济模式，并在文化创造、文化交流和思想碰撞等方面起到积极促进作用。短视频已经成为知识传播的主要媒介，成为全球最受欢迎的内容形式之一。

1. 初始阶段

2005 年，一个时长为 18 秒的视频"Me at the Zoo"成为 YouTube 平台发布的首个短视频。《洛杉矶时报》认为，该视频从根本上改变了人们使用媒体的方式，且对开创60 秒视频黄金时代起到了重要作用。"短视频"一词最早起源于 2011 年 4 月美国推出的移动短视频社交应用 Viddy，用户可自主拍摄、剪辑、制作并上传时长限制为 30 秒的短片至该应用平台。

2. 快速发展

Viddy 推出后，很快便与 Facebook、Twitter、YouTube 等社交媒体平台实现实时对接，使用户间的即时交流突破文字、图片和语音的限制，让互发短视频成为用户的全新体验。2013 年 1 月，Twitter 推出视频分享应用 Vine iOS 版本，时限 6 秒的短视频社交分享成为一种新的视频呈现形式。半年后，Instagram 推出时长限制为 15 秒的视频分享功能，与 Vine 形成竞争关系。此时，美国短视频行业已凭借 Instagram 大规模的用户基础进入发展期。同时，还带动了加拿大、日本等国家短视频拍摄应用的相继推出。

3. 传入中国

2012 年，移动端的普及和 4G 技术的成熟为中国短视频的发展奠定了技术基础。原以制作、分享 GIF 图片为主要功能的快手率先转型成为短视频社交平台，实现了新媒体时代社交平台的精准定位。2013 年 9 月，腾讯微视上线 8 秒短视频，凭借腾讯 QQ、微信等社交平台累积的用户基数，迅速扩大用户数量；同年 12 月，新浪秒拍又依托新浪微博的用户基数获得大量用户；次年，上线短短一个月的美拍就成了中国最受欢迎的短视频社交应用。该阶段的短视频社交应用以工具功能和社交功能为主，其相继推出的过程正是中国在短视频领域的探索之路。此后，原内嵌于今日头条的火山小视频转变为一款原创短视频传播 App，抖音等平台也先后上线，后成为中国短视频领域的领军者。

2017 年前后，中国国内市场用户红利逐渐消耗，以快手、字节跳动为代表的中国短视频平台开启了海外市场的拓展，短视频领域逐步呈现全球化趋势。2017 年年初，快手率先在东南亚、俄罗斯等区域市场进行海外布局，后重点针对人口密度较高、对短视频文化接受程度较高、潜在变现能力较高的南美、东南亚和中东市场，推出海外版平台 Kwai。2021 年，又在海外业务战略调整中，实现各国各地区平台的统一化。字节跳动的海外布局略晚于快手，它在收购 Musical.ly 后于 2018 年将其并入 TikTok，全力进军海外市场。

4. 全球扩张

2020 年前后，短视频实现了在全球市场范围内的快速扩张。在美国，Lasso、Firework、TikTok 等专门化短视频应用间的竞争十分激烈，其他已有良好受众基础的内容平台也在不断开拓短视频方向，意欲将其打造为新的业务增长点。同期的欧洲，短视频尚未发展成为独立的信息产业，主要依靠美国社交媒体平台进行短视频的生产和分享。Twitter 在吸纳了 Vine、Periscope 等诸多短视频发行公司后，在欧洲占据了牢固的地位。YouTube、TikTok 等也均在欧洲实现了快速发展。东南亚地区对外来文化和热门互联网产品持开放、包容的态度，Facebook、YouTube、TikTok 等应用流行度较高。

二、短视频分类及其产业链

短视频作为一种新兴的媒介形式，凭借其丰富多样的内容类型吸引了广泛的观众群体。每种类型的短视频都有其独特的表现形式和特定的受众群体。常见的短视频按其表现形式、视频内容、生成方式大致可划分为如表 1-2-1 所示类型。

表 1-2-1　常见短视频分类

按表现形式分类	按视频内容分类	按生产方式分类
解说类短视频、情景短剧、短纪录片、Vlog、脱口秀短视频等	日常分享类短视频、技能分享类短视频、创意剪辑类短视频、颜值才艺类短视频、幽默搞笑类短视频、街头采访类短视频等	UGC 短视频、PUGC 短视频、PGC 短视频

其中 UGC、PUGC、PGC 三个类型短视频的分类标准概括如下：

UGC（user generated content，用户生产内容）：平台普通用户自主创作并上传内容，普通用户指非专业个人生产者。

PUGC（professional user generated content，"网红" / 明星生产内容）：平台专业用户创作并上传内容，专业用户指拥有"粉丝"基础的"网红"，或者拥有某一领域专业知识的 KOL（key opinion leader，关键意见领袖）；个人生产平台加工的内容也属于PUGC。

PGC（partner generated content，专业生产内容）：专业机构创作并上传内容，通常独立于短视频平台。

短视频行业产业链主要包括上游内容生产方、中游内容分发方和下游用户终端。内容分发方包括短视频平台、新闻资讯平台、社交平台、传统视频平台等。此外，产业链参与主体还包括基础支持方（如技术服务提供商、数据监测商等）、广告商和监管部门等。短视频行业产业链如图 1-2-1 所示。

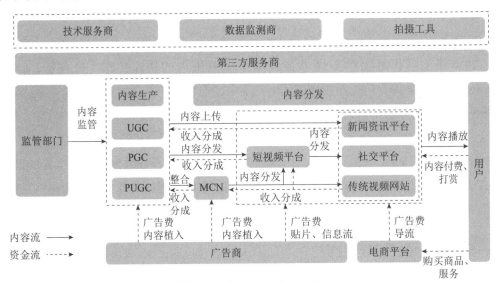

图 1-2-1　短视频行业产业链

三、爆款短视频的主要特征

随着数字媒体的快速发展，短视频已成为一种全球性的流行文化。无论是消遣时间，还是获取信息，短视频都以其独特的魅力吸引着亿万观众。尤其在社交媒体平台上，爆款短视频更是以惊人的速度传播。这些爆款短视频都具有哪些特征呢？一般的，爆款短视频具有以下显著特点。

1. 抓住瞬间注意力

爆款短视频的第一个特征就是能够在瞬间抓住观众的注意力。这需要创作者在极短的时间内精准地表达出自己的观点、情感或创意。一段精心策划的短视频往往以独特的视角、出人意料的情节或新奇的内容为卖点，使观众在浏览的瞬间产生强烈的兴趣和好奇心。

2. 简洁而有力

与长视频不同，短视频需要在极短的时间内传达出丰富的信息。因此，爆款短视频往往简洁而有力，没有任何多余的元素。创作者会精心筛选和剪辑内容，确保每个镜头、每个元素都为表达主题服务。这种简洁性和高效性使得短视频能在快节奏的社交媒体环境中迅速吸引观众。

3. 个性化与独特性

在信息爆炸的时代，观众对于内容的独特性和个性化需求越来越高。爆款短视频往往能在众多作品中脱颖而出，具备高度的独特性和个性化。它们或是以独特的视角解读热门话题，或是以全新的形式呈现经典内容，使得观众在观看的过程中产生强烈的共鸣和认同感。

4. 互动与参与

互动性是社交媒体的重要特征之一。爆款短视频往往鼓励观众参与和互动，如通过投票、评论、分享等方式参与其中。这种互动不仅增强了观众的参与感和黏性，还使得短视频能够在社交网络上迅速传播，吸引更多的观众。

5. 紧跟时事热点

时事热点是人们关注的焦点，也是媒体和创作者们追逐的焦点。多数爆款短视频往往能够敏锐地捕捉到当下的热点话题和流行趋势，并以此为切入点进行创作。通过结合时事热点，短视频不仅能迅速吸引观众的眼球，还能提高作品的传播效果和影响力。

6. 创意与艺术性

创意是短视频的灵魂。一个富有创意的短视频往往能在众多作品中脱颖而出，赢得观众的喜爱和追捧。这些创意可能来自独特的拍摄手法、新奇的剪辑技巧、富有艺术感的配乐或是出人意料的剧情转折。通过创意与艺术性的融合，短视频能给观众带来耳目一新的视听体验。

7. 情感共鸣

情感是人类永恒的主题。爆款短视频往往能够触动观众的情感共鸣，使他们在观看的过程中产生强烈的情绪反应。这些情感可能包括欢乐、感动、悲伤、愤怒等等。通过引发观众的情感共鸣，短视频能够深入人心，实现更广泛的传播。

8. 高质量制作

尽管短视频时长较短，但并不意味着制作过程可以马虎。高质量的制作是爆款短视频的共同特点之一。这包括清晰的画面、稳定的拍摄、流畅的剪辑和优质的配乐等。通过精心的制作，短视频能够在视觉和听觉上给观众带来优质的体验，从而赢得他们的喜爱和信任。

四、短视频变现方式

短视频变现指的是通过制作和发布短视频，进而从中获得经济收益的方式。短视频变现主要有以下六种。

1. 平台补贴

比如今日头条、抖音、TikTok、西瓜视频、视频号等平台，近年来均提供了巨额的补贴政策，只需要在他们的平台上发布原创视频，靠点击播放量等方式进行计费，然后平台会和博主之间按不同的比例进行分配收益。视频浏览量越高，收益往往也就越高。

2. 广告变现

变现方式中，短视频最认可的方式就是使用广告变现。短视频依靠垂直领域积累的庞大"粉丝"用户，有清晰的用户画像，能够充分地满足场景的构建需求。

3. 电商变现

使用电商变现，在进行产品选择的基础上，选择具有自身特色和明显优势的产品，打造属于自己的 IP，提升在同质化竞争中的竞争力。

4. 直播带货

直播带货是近年来非常火爆的一种商业变现方式。通过直播的形式，主播可以向观众展示产品的使用方法和效果，同时与观众互动交流，提升购买的欲望。企业可以充分利用这一优势，邀请明星、"网红"或具有一定影响力的专业人士进行直播带货，以提升品牌知名度和销售量。

5. 知识付费

经验丰富的人或者行业大咖，可以选择将自身的一些经验、专业知识，去进行分享，感兴趣的或者志同道合想要深化学习的用户，就会对你的内容进行付费。

6. 版权销售

一些优秀的短视频作者可以通过将作品版权转让给企业，实现商业变现。这种变现方式要求作者具有创作能力，并拥有相应的版权权益。同时，企业可以通过购买版权的形式获得更多的创意内容，形成版权交易的良性循环。

第三节　跨境直播概述

一、直播概述

（一）直播的定义

网络直播（简称直播）是指利用互联网的视频、音频等通信技术展示相关产品、内容和服务，即时与用户互动的一种网络活动。而跨境直播则是指通过互联网平台，在不同国家和地区之间进行实时直播（销售）的活动。直播作为一种新型工具，可以与多种业态相结合。网络直播可以根据不同的分类标准进行划分，以下是一些常见的网络直播分类：

（1）日常聊天型直播，适合有一定"粉丝"基础的主播，用于培养用户黏性。

（2）才艺展示型直播，适用于有特殊专长的主播。

（3）电商带货型直播，用于销售和转化产品为主。

（4）视频直播，包括电商直播、培训直播、家居直播等。

（5）图文直播，包括 PPT 互动直播、语音图文互动直播等。

（6）语音直播，主播通过语音进行直播，适合于音乐、朗读等场景。

（7）在网上提供电视信号的观看，例如各类体育比赛和文艺活动的直播。

（8）在现场架设独立的信号采集设备（音频＋视频）导入导播端（导播设备或平台），再通过网络上传至服务器，发布至网站供人观看。

（二）直播电商

直播电商指的是以直播为渠道来达成营销目的的电商形式，是数字化时代背景下直播与电商双向融合的产物。直播电商以直播为手段重构"人、货、场"三要素，但其本质仍是电商。直播电商是传统电商在媒介技术动态演变下的发展结果，更是消费升级的核心体现。直播电商在定义、具体形式等方面与传统电商有显著的区别，具体如表 1-3-1 所示。

表 1-3-1　直播电商对比传统电商

直播电商	对比	传统电商
以直播为形式达成营销目的的电商模式，是"直播＋电商"相互融合的产物	定义	主要依靠图文展现商品信息，是直播电商的基础
货找人（主播将商品呈现给消费者并实时答疑）	具体形式	人找货（用户自行搜索所需商品）
价格普遍较低，用户可在直播间获取大额优惠券、参与秒杀活动等	商品价格	价格相对稳定，优惠力度普遍低于直播电商
强（主播实时互动）	互动性	弱
除了购物，还有较强的社交、娱乐需求	用户显著特性	有购物需求
决策时间缩短（订单往往在直播期间内达成，数分钟至数小时）	决策周期	选购时间较长（数小时，甚至数天）
较高	转化率	较低
销售额分成、打赏分成、广告资源位售卖	平台营利方式	销售额分成、广告资源位售卖
TikTok、抖音、快手等	典型平台	AliExpress、Shopee、淘宝、京东等

直播电商相对传统电商最主要的优势就是，通过内容展示实现了消费者非计划性的冲动消费。相对于传统电商，直播电商具备更加丰富、立体的商品展现形式和更加即时的互动效果等多方优势，实现了由"人找货"到"货找人"的转变。直播电商与传统电商的对比如图 1-3-1 所示。

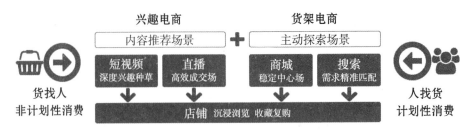

图 1-3-1　直播电商对比传统电商

二、跨境直播电商

（一）跨境直播电商发展历程

跨境直播电商的发展可以追溯到 2017 年，之后，该业务模式在全球得到了广泛应用。2017 年 3 月来自俄罗斯、西班牙、法国等 8 国的主播在速卖通平台进行直播；2018 年 5 月美国电商平台 Gravy. Live 采用互动直播电商模式；2018 年 11 月数千家商家在 Lazada 平台进行直播，覆盖东南亚多个国家；2018 年 12 月印度直播电商平台 BulBul 诞生；2019 年 2 月亚马逊推出 Amazon Live Creator；2019 年 6 月，Shopee 开通直播带货功能带动商家和品牌销售，覆盖马来西亚、菲律宾和泰国。

2020 年在疫情的冲击下，直播电商模式全面爆发，"直播＋电商"的新零售业态加速兴起，影响了人们的消费方式，也助推了企业对境内外市场的拓展。无论是国内还是国外，直播已成当下炙手可热的流量新风口。2020—2021 年，国内外知名社交、电商、短视频平台（如阿里巴巴国际站、Meta、TikTok 等）等纷纷加入跨境直播电商行业，如表 1-3-2 所示。

表 1-3-2　跨境直播电商发展历程

时间	平台	事件
2017 年 3 月	速卖通	上线直播功能
2018 年 5 月	Gravy	美国电商平台 Gravy Live 上线
2018 年 11 月	Lazada	上线直播功能
2018 年 12 月	BulBul	印度直播电商平台 BulBul 诞生
2019 年 2 月	Amazon	推出 Amazon Live Creator；于 2020 年 3 月开始向中国卖家开放直播（Amazon Live）

2019 年 6 月	Shopee	上线直播带货功能
2020 年 5 月	阿里巴巴国际站	开启跨境电商 B2B 直播
	Meta	Meta 正式上线 Facebook Shops 与 Instagram Shops 功能，在应用内增加线上购物入口的方式布局电商
2021 年 12 月	TikTok	TikTok Shop 正式上线，并向中国卖家开放入驻

（二）跨境直播电商的主要方式

1. 商家自播

商家自行发起的直播，由商家自行筹备直播流程，无须向平台支付任何费用。主播可以是商家自己的员工或主播资源。商家自播可以充分展示商家的品牌和产品，增强消费者的信任感。

2. "达人"直播

商家通过速卖通平台寻找"达人"主播进行直播，商家需要根据与"达人"的沟通情况支付一定的费用，如一口价或 CPS 佣金。"达人"直播可以利用"达人"的影响力和"粉丝"基础，吸引更多的观众进入直播间，提高商品的曝光率和销售量。

3. 机构直播

商家通过与速卖通等平台合作的一些国内外机构进行直播，这些机构可以进行专场或多品牌的混播。机构直播通常适用于店铺的特殊活动，如上新、新品发布或店铺周年庆等，或平台营销节日的活动直播。机构直播可以提供更专业的直播服务和更广泛的观众覆盖。

4. 平台型专业内容直播

在大促或平台营销节日中，由速卖通等平台官方发起并由专业内容制作团队承接的直播内容。该类直播内容会有官方设计相关主题和内容形式，面向行业内 TOP 商家进行定向招商参与，入选的商家仅需提供货品寄样。这种直播方式可以帮助商家获得更多的曝光机会和销售渠道。

（三）直播电商产业链

直播电商产业链（如图 1-3-2 所示）参与者可以分为商家、平台、用户以及包括 MCN（Multi-Channel Network）机构、主播等在内的服务商。在所有的参与者中，平台方处于核心地位，服务商为主要参与方。服务商的前台部分为"达人"主播，凭借自身流量和影响力为品牌进行产品销售；服务商中的 MCN 机构为主播提供全链条服务，包括选品、直播间流程管理以及投流等，并从商家处收取服务费，同时大量商家会对店铺自播进行外包，大多通过合作协议或按时长付费的方式寻求专业代运营服务。从产业链的核心平台方看，平台主要通过提供产品曝光、交易保障、商品管理以及需求对接、流量分配等功能获取收入，收入主要来源于买量收入和交易服务佣金。

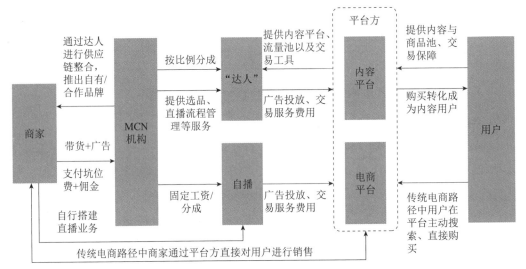

图1-3-2　直播电商产业链（资料来源：中商情报网）

（四）跨境电商 B2C 与 B2B 直播

B2B 和 B2C 交易是存在巨大差异的，而造成二者差异的根本原因就在于它们的目标群体不同。B2B 交易的目标群体是高管、采购商，而 B2C 的目标群体则是终端消费者。目标群体的差异使其所对应的营销目的、方式、侧重点也有所不同。B2C 直播的最终目标在于获得订单，因此刺激消费者下单是 B2C 直播的重点。而 B2B 则很难通过一场直播就完成订单交易，所以 B2B 直播的目标更偏向于建立客户信任。因此在直播过程中，专业性是非常重要的，卖家需要在直播过程中展现出自己的实力。以直播卖口红为例，图1-3-3 展示了 B2C 与 B2B 的差异。

跨境直播电商		典型场景	本质特点	人才差异
跨境B2C直播		主播在卖口红时会将口红往手背和嘴唇上涂一下，然后介绍买了口红如何打扮更精致	本质介绍的是产品本身和消费场景，更深层次介绍的是对美的追求、对生活的态度	注重营销与运营
VS				
跨境B2B直播		即便是卖口红，卖的其实是生产制造能力，（比如）更多地介绍这个口红是用有机的还是其他材料制作的，有没有经过机构的认证，一个货柜能装多少个……	本质卖的其实是生产实力	注重专业度

图1-3-3　B2C 与 B2B 直播电商对比

行业知识讲解、产品详情介绍、生产活动、企业活动等都可以作为 B2B 直播的内容。不过要注意的是，直播内容除了要展现一定的专业性以外，还需要是客户所关心的，这样才能吸引客户的注意。

相较于 B2C 直播，B2B 直播对主播的专业性要求更高，他们既需要对产品有深入的了解，也需要对客户所在的行业有一个基础认知。B2B 直播是场持久战，综合下来，相较于与其他主播进行合作，多数 B2B 企业倾向于培养企业员工作为主播。

（五）直播电商行业衍生新兴职业

直播电商行业衍生出新兴职业，提供就业新机会。直播电商产业的发展在电商产业链的各个环节催生了诸多新兴岗位（如图 1-3-4 所示），为跨界求职也提供了机会。整个直播行业领域不再局限于"娱乐"与"带货"，划分正在向精细化方向发展，吸引着各类人才。在衍生出的所有新兴职业中，当属主播职业最受关注。

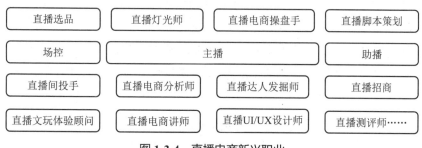

图 1-3-4 直播电商新兴职业

第四节 平台及 AIGC 工具

一、短视频平台

"海外互联网巨头短视频业务＋国内短视频平台出海＋海外本土短视频"构成海外短视频主要竞争格局，其中 TikTok、YouTube Shorts、Instagram Reels 等竞争激烈，其他玩家仍处于商业化的相对早期阶段。国内抖音和快手在短视频领域、流量端保持领先优势，微信视频号的崛起也在搅动短视频竞争格局。同时，随着短视频在全球范围内的流行，海外短视频行业衍生出了各种短视频编辑工具型 App。这类 App 通常具备丰富的视频处理能力，并注重用户体验，为用户带来更加便捷、高效和个性化的视频创作体验。海外短视频行业平台主要构成如表 1-4-1 所示。

表 1-4-1　海外短视频行业平台主要构成

对比	增加短视频功能的超级 App	独立短视频 App	视频编辑工具型 App
代表	Instagram Reels、YouTube Shorts 等	TikTok、Kwai、Triller、Likee 等	CapCut、VivaVideo、InShot 等
特点	在超级 App 内部新增短视频功能，在原有用户基础上进行孵化。起初用户起量快、用户拉新成本低，有助于提升原有 App 用户时长和活跃度。	单纯的短视频应用，视频为主要内容形式，以视频为中心进行进一步功能扩展。用户群体黏性较强，视频内容库更加丰富多样。	视频或图文编辑工具，工具型属性强，在编辑功能以外开始延展视频分享、互动功能，头部应用逐渐积累了加大的用户规模。
用户等级	十亿级（超级 App）	亿级、十亿级	千万级、亿级

二、直播电商平台

从全球直播电商发展历程看，中国直播电商模式领跑全球。据网经社资讯，2022 年中国直播电商交易规模达到 3.5 万亿元，同比增长 48%。近几年，海外传统电商平台、海外社交媒体平台、中国互联网出海企业陆续上线直播电商功能，多家新兴直播电商平台获得一级市场融资，海外直播电商迎来发展拐点。全球主流直播电商平台及主要服务区域如表 1-4-2 所示。

表 1-4-2　全球主流直播电商平台

平台类型	主要代表	主要服务区域	平台类型	主要代表	主要服务区域
传统电商＋直播	Amazon Live	全球	社媒＋直播电商	TikTok	全球
	AliExpress	全球		YouTube	全球
	Shopee	东南亚		Facebook	全球
	Lazada	东南亚		Kwai	拉美

（一）TikTok

从 2018 年登陆美国市场开始，TikTok 仅用 16 个月的时间，就从一个不被看好的、仅流行在青少年群体中的音乐短视频软件，一跃成为横扫美国大街小巷、下载量力压 Facebook、YouTube 的直播软件。TikTok 目前的受众仍多以年轻群体为主，而且平台为素人提供了许多展现自己的机会，因此也发展出了大批原生"网红"。此外，TikTok 采用与抖音类似的流量算法，通过双向打标签的方法，可以精确地向用户推荐其感兴趣的内容。TikTok 作为直播电商平台，主要有以下优势。

（1）TikTok 采用的双向打标签和流量推荐算法精准地根据用户的兴趣和行为模式推荐内容，极大地提升了用户体验和平台黏性。

（2）TikTok Shop 的跨境直播电商以店播和"达人"播两种方式为主，用户可以在观看直播时点击黄色购物车图标进入商品链接。

（3）TikTok 社区可以通过信息流视频、实时购物和 TikTok 个人资料页面上突出显示的产品展示标签直接探索和购买。

（4）TikTok 适合以年轻群体为目标受众、追求品牌曝光、商品宣传、"粉丝"基础薄弱的品牌卖家。

（二）YouTube

YouTube 进军直播市场最大的优势，就在于它是以视频起家。YouTube 拥有海量的视频用户群体。习惯在 YouTube 上面看视频的用户对直播带货的接受度相当高，对长视频的接受度和兴趣也相对较高。这使得 YouTube 成为品牌直播带货获取庞大观众的绝佳渠道。YouTube 作为直播电商平台，具有以下四个方面优势。

（1）庞大的流量基础：YouTube MAU 超过 20 亿人，用户每日观看视频总时长超过 2.5 亿小时，观看直播视频的时间是普通视频的 8 倍。

（2）天然的引流入口：一直以来，各类商品测评是 YouTube 上重要的内容类型，为商家引流带来便利。

（3）超强的带货能力：YouTube 上大量的 KOL 是重要的带货渠道，用户逐渐养成了观看视频来决定购买哪种产品的习惯。

（4）知名 YouTube "达人"影响力极强，推荐的商品往往能够成为当季爆款。

（三）Facebook

Facebook 上 13 亿多的活跃用户同样为 Facebook 直播打下了稳固的基础，庞大的用户群体及其对社群的依赖性，使得直播能在 Facebook 上以惊人的速度传播。Facebook 针对已经订阅品牌动态的用户进行推送直播，通过私密 Facebook 群组为组内观众创建独家内容，向观众提供品牌独特价值，这些都可以有效帮助品牌加深与用户的互动，培养"粉丝"忠诚度。Facebook 作为直播电商平台，具有以下三个特点。

（1）以视频直播为主的 Facebook Live 可在不投放广告的情况下提高品牌曝光度和知名度。

（2）店播模式类似国内淘宝直播的模式，店家可自由开设直播，向客户推荐商品。

（3）商家可以选择在 Facebook 的个人主页、公共主页、小组或活动等版块进行直播。

（四）Instagram

Instagram 以限时动态与图片帖文、Reels 形式为主的特点吸引了大量女性及年轻群体的关注。卖家在使用 Instagram 进行直播的时候，除了已关注品牌的"粉丝"会接

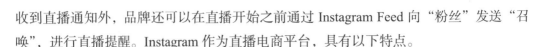

收到直播通知外，品牌还可以在直播开始之前通过 Instagram Feed 向"粉丝"发送"召唤"，进行直播提醒。Instagram 作为直播电商平台，具有以下特点。

（1）个性化视频设计，可以使用滤镜、贴纸以及其他自定义内容与视频效果并在直播使用。

（2）直播室功能，允许主播再带三个人或合作品牌加入他们的直播，主播可以借助他们获得更多的观众和更好的参与度。

（3）分享图片和视频，可以在直播过程中分享产品图片和视频作为补充，更好地展示产品。

（4）固定话题，在直播过程中锁定观众的问题，方便新进入直播间的观众了解正在进行的话题。

（五）Bigo Live

Bigo Live 是欢聚时代（YY）旗下的一款定位于全球视频直播软件，其早期主要是以游戏直播为主，因此用户也多为 18 ～ 25 岁的男性群体，且主要分布在东南亚及中东地区，但现已将其定位转为一个具备游戏直播、娱乐直播、陌生人社交的综合平台。Bigo Live 作为直播电商平台，主要有以下特点。

（1）进入市场时间早，获得早期红利优势；坚持以用户为中心，用户体验感较好；本地化的运营模式，真正满足用户本地化需求。

（2）Bigo 适合以男性、年轻群体为目标受众，以东南亚市场为主要目标市场的品牌卖家。

（六）速卖通

速卖通是阿里巴巴旗下的面向国际市场打造的跨境电商平台。速卖通的直播频道 AliExperss Live 于 2017 年正式上线，其直播模式跟国内淘宝直播类似，国外买家在观看直播的过程中看中某件商品，就可在下方迅速找到链接并进行选购，实现边看边买的娱乐购物体验。速卖通新版直播于 2019 年 7 月上线，多以时尚服饰穿搭、模特走秀、数码评测、珠宝展示、家电功能演示为主。全球速卖通直播"网红"孵化平台（AliExpress Connect）于 2020 年推出，是一个专为内容生产者打造的平台，来自世界任何国家的"网红"以及那些想要开启"网红"职业生涯的用户，均可以获得与速卖通及平台上的品牌合作的机会，AliExpress Connect 提供商家自播、"达人"直播、机构直播、平台型专业内容四种直播模式。

（七）阿里巴巴国际站

早在 2019 年中国进出口商品交易会时，阿里巴巴国际站就推出配套直播服务，而后受疫情影响，许多展会无法线下如期举办，阿里巴巴国际站跨境直播是从 2020 年 5 月开始。经过多年打磨，阿里巴巴国际站跨境直播吸引越来越多的跨境头部品牌加入，也带动了企业新的经济增长。阿里巴巴国际站直播是一种崭新的营销方式，让商家可以与海外消费者进行实时互动。它可以帮助商家创造更多的机会，提升销售量，吸引更多的海外消费者。

工位接待是阿里巴巴国际站升级直播类型的一种模式，其定义是一个新的店铺效果提升工具，同时也是一个新的更加高效的接待工具。工位接待模式的直播，不再需要像 C 端直播间那样去花重金打造，不用再花大量的精力去准备直播间装扮，可以不用聘请专业的主播，最基础的只需给外贸业务员工位增加一个摄像头就可以开启工位接待直播了。

三、AIGC 工具

近年，以 ChatGPT 为代表的大模型产品的突破性进展，燃起了全行业对于 AI 技术的应用热情，出海行业也不例外。在跨境电商领域，从公司到个人很多都在积极拥抱和探索 AI 工具的落地使用。跨境直播与短视频业务在当今数字化时代已经成为连接全球的重要方式，而 AIGC（即人工智能生成内容，artificial intelligence generated content）工具在这一过程中起到了至关重要的作用。AIGC 是指通过人工智能技术自动或半自动地生成的内容。在跨境直播与短视频业务中，AIGC 工具的应用不仅提高了内容的生产效率，还增强了内容的互动性和个性化，从而更好地满足了全球用户的需求。

AIGC 工具为出海企业带来的帮助涵盖业务流程中的方方面面，包括内容创作、图片视频设计、营销、客户服务、运营等等，而其中应用最广泛的主要涵盖以下几大领域。

（一）文本生成

文本生成是 AIGC 最先实现商业落地的技术之一，也是 AIGC 发展至今最成熟的一项技术。如今，AI 写作工具无论是在上下文的理解能力、对常识性知识的抓取能力、对长篇幅文本的生成能力，还是在生成内容的完整性、准确性、逻辑性上都有了质的飞跃。在文本写作领域，以 ChatGPT、文心一言等对话聊天式机器人为首的 AIGC 工具节省了人们检索信息的时间成本，以对话的方式就能完成一系列低效重复性工作。AI 写作工具现在主要的落地场景可以大致分为以下三类：

（1）应用型文本生成，如据意查句、反向词典等，有较为明确的功能使用场景，使用指向性也较为明确。

（2）创作型文本生成，如 Notion AI、WPS 智能写作等，可以用于文本续写、内容

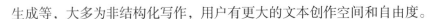
生成等，大多为非结构化写作，用户有更大的文本创作空间和自由度。

（3）对话型文本生成，如文心一言、通义千问、讯飞星火等，具备高交互性的同时，对大模型的自然语言理解能力要求也更高。

（二）图像生成

在图像生成领域，AIGC 也颠覆并重塑了以往的绘图方式，"以文生图"为创作者提供了风格迥异、源源不断的灵感来源，在设计领域已掀起一场生产力革命。"图像+AIGC 技术"所涉及的工具主要包括图像生成、图像局部修改、图像编辑这三种，主流的工具包括 Midjourney、Stable Diffusion、Disco Diffusion、DALL-E 2、Imagen AI、Adobe Firefly 等等。

（三）音频生成

除了文本、图像等应用场景之外，音频也是我们在日常生活中接触面较广的应用场景。短视频中的人声变音、语音合成和克隆等都是 AIGC 在音频领域的热门研究技术，包括动画、电影、游戏中的人物配音等工作如今都可以由 AI 来完成。微软、谷歌等科技公司也都推出了自己的 Text-to-Speech（文本转语音）服务。AI 音频工具按照功能属性的不同可划分为两种：

（1）以 So-Vits-Svc、Adobe Podcast AI Voice、魔音工坊等为代表的声音处理工具，通过 AI 技术来修音、提高音频质量或是转换音色等。

（2）以 MusicLM、网易天音、Aiva 等代表的音乐制作工具，可实现更加细分领域的"文本转音乐"功能。

（四）视频生成

文生图如今已成为主流的 AIGC 技术，但文本生成视频目前还只是初露头角。纽约的 AI 初创公司 Runway 开发出一款生成视频模型 Gen-2，可以通过一句简单的描述生成一个高度复合的视频。其他公司也纷纷加入其中，如图像编辑平台美易 PiscArt 推出的 Text2Video-Zero、Video-P2P 和 TemporalNet，以及阿里研发的 Text-to-video 等，文本生成视频在不久后或许也将进入竞争白热化阶段。

▶▶ 思政案例

跨境直播电商：中国外贸生力军

根据中国商务部的数据，2023 年中国跨境电商进出口总额达到 2.38 万亿元，同比增长 15.6%。其中，出口额为 1.83 万亿元，同比增长 19.6%。这一数据不仅反映了中国外贸的强劲增长势头，还揭示了一些新的变化趋势。其中，跨境直播带货等数字化外贸方式正在成为一些外贸企业获取订单、推动品牌"出海"的重要途径。跨境直播带货等外贸新业态的蓬勃发展对于推动中国外贸保稳提质发展具有积极意义。

经过两个月的不懈努力，广东省深圳市脉威时代科技有限公司（以下简称脉威时代）在跨境直播领域曾取得了显著的成果，包括依靠直播拿到 9000 多个海外买家询盘。脉威时代主营智能水杯等儿童科技产品，集设计、开发、生产、销售于一体，海外客户市场主要在欧洲、北美和南美。2023 年春节期间，脉威时代决定在阿里巴巴国际站进行跨境直播。为了快速抓住海外客商兴趣点，脉威时代的直播团队从选品、备货开始做起，在产品卖点、直播间装修、目标客户人群选择等方面下足了功夫。由于当时其他商家尚在放假，脉威时代的直播间平均每场观看人数超过 1000 人。由于观看者都是专业的采购买家，这个数字已经足够喜人。

脉威时代是不少中国外贸企业探索跨境直播的一个缩影。"跨境电商"、"直播"等已经成为一些外贸企业口中的高频词汇。在贝克莱恩（宁波）进出口有限公司，工作人员为了打造高品质直播连线展示间，专门配备了 5G 移动直播车，公司源自直播间的客户呈现了近两倍增长。作为传统机械工厂的上海欧佩克机械设备有限公司，把此前用来接待海外客户的 3000 平方米实体展示厅改成了直播间，每个外贸业务员都学会了直播；工厂里还安装了数十个高清摄像头，海外客户可以 24 小时实时在线看厂、下单，整体带来的收益远超投入。在深圳市硕腾科技有限公司，不仅有多名主播用流利的英文进行跨境直播，一同参与直播的还有穿梭在工厂间的直播机器人。机器人拍摄到的工厂作业场景被接入直播画面，海外客户在与主播交流的同时，可以同步看到工厂作业情况。

跨境直播带货的快速发展，得益于中国电商平台的不断推动。阿里巴巴国际站提供的数据显示，2023 年以来，每天在线观看跨境直播的海外买家同比增长 127%，为外贸商家带来的商机增长达 156%。拼多多提供的数据称，Temu 平台自 2022 年 9 月上线以来，先后在 40 多个国家开通业务，覆盖 5 大洲，很多中国制造商通过跨境直播将货物卖到欧洲和美国市场。在海外"购物类 App"下载量排名榜单上，中国快时尚电商平台希音（SHEIN）常年稳居前列，"网红"直播等营销方式成为其在海外社交平台推广、引流的重要方式。

与此同时，亚马逊、沃尔玛、Youtube、Facebook、Instagram 等海外购物及社交平台纷纷"试水"直播带货。无论是中国还是海外，直播已成当下流量新风口。直播带货是强互动的购物，还原了线下面对面的购物体验，一些跨境电商品牌商敏锐地瞄准了这一品牌"出海"营销新方向。

随着直播带货"出海"的盛行，物流成本高、支付手续烦琐、文化差异等问题也在凸显。中国信息协会常务理事、国研新经济研究院创始院长朱克力建议，进一步加大基础设施建设投入，提高通关效率，优化物流、信息流通道，降低企业运营成本，为跨境电商直播发展提供有力支撑；建立完善的海外仓服务体系，推动整个供应链优化和发展；加大校企合作，建立完善的跨境电商直播人才培养体系。

资料来源：中国网·新闻中心

≫ 同步习题

一、单选题

1. 跨境电商 B2B 直播和 B2C 直播存在巨大的差异，而造成差异的根本原因就在于他们的目标群体不同。以下关于两者间差异的描述，其中错误的是（　　　）。

A. B2B 直播的目标群体以企业高管、采购商为主，而 B2C 直播的目标群体则是终端消费者

B. B2B 直播的主要目标更偏向于快速获得订单，而 B2C 直播的主要目标在于建立客户信任

C. B2B 直播中，卖家的专业性尤其重要，卖家需要在直播过程中展现出自己的实力

D. B2B 直播对主播的产品专业性要求较高，他们既需要对产品有深入的了解，也需要对客户所在的行业有一个基础认知

2. 在社交媒体平台上，爆款短视频多数能以惊人的速度和广度传播。这些爆款短视频往往具有以下特征，除了（　　　）。

A. 能够以独特的视角、出人意料的情节或新奇的内容等为卖点，使观众在浏览的瞬间便能产生强烈的兴趣和好奇心

B. 多数爆款短视频具有较高的创意与艺术性的融合，包括独特的拍摄手法、新奇的剪辑技巧、富有艺术感的配乐或是出人意料的剧情转折等等

C. 多数爆款短视频往往能够引发观众的情感共鸣，使他们在观看的过程中产生一定的情绪反应

D. 爆款短视频都能够敏锐地捕捉到当下的时事话题，并以此为切入点进行创作

3. 以下平台，除了（　　　），均在其传统电商平台模式的基础上增加了直播电商功能。

A. Shopee　　　　　　　　　　　　B. Amazon

C. TikTok　　　　　　　　　　　　D. AliExpress

二、多选题

1. 在这个数字时代，数字营销对企业、品牌营销产生了深远的影响。以下关于数字营销的特点描述，其中正确的是（　　　）。

A. 比传统营销更具互动性、动态性和可持续性，传播速度快、影响范围广

B. 推广营销媒介包括宣传页、报纸、电视等

C. 多数通过网站、网络图片、网络视频和网络音频等方式进行营销

D. 常见的数字营销策略包括社交媒体营销、"红人"营销、视频营销等等

2. 直播电商以直播为手段重构"人、货、场"三要素，其本质仍是电商。直播电商是传统电商在媒介技术动态演变下的发展结果，更是消费升级的核心体现。以下关于直播电商与传统电商的对比描述中正确的是（　　　）。

A. 相对于传统电商，直播电商实现了由"人找货"到"货找人"的转变

B. 直播电商背景下，消费者的购买决策时间得到缩短

C. 直播电商模式更偏向于兴趣电商，而传统电商模式更偏向于货架电商

D. 优秀的直播电商商家除了要懂得如何直播卖货，更要懂得如何做好直播内容

3. 印度市场主流的短视频应用有（　　　）等，月度活跃用户数均在千万量级。

A. Moj（Sharechat 模仿 TikTok 的应用）　　　　　　B. Josh

C. Chingari　　　　　　D. Kwai

4. 以内容或主题、制作方式、呈现形态等为分类标准，短视频可被归为知识类、搞笑类、美食类、生活类、影视解说类、资讯类、传统文化类、虚构类、叙事型等等。那么以下关于不同种类短视频的特点描述，其中正确的是（　　　）。

A. 知识类短视频涵盖了从教育、科技、历史、文化等各个领域。用户希望通过观看这类短视频，拓宽知识面，提升自我素养等

B. 生活类短视频围绕日常生活中的各类话题展开，实用性较强

C. 影视解说类短视频对创作者的声音辨识度有较高要求，在影视素材的选择和画面的剪辑上，也颇有考究

D. 虚构类短视频本质上是一种"舞台表演"，一般的情景短剧、音乐 MV、歌曲"快闪"等都属于虚构类短视频

三、判断题

1. 2017 年前后，中国短视频平台正式开启海外市场拓展，到了 2020 年，短视频实现了全球范围内的快速扩张。短视频已经成为知识传播的主要媒介，并在文化创造、文化交流和思想碰撞等方面起到积极促进作用，短视频已成为全球最受欢迎的内容形式之一。（　　　）

2. 短视频行业产业链主要包括上游内容生产方、中游内容分发方和下游用户终端，其中不包括基础支持方（如技术服务提供商、数据监测商等）、广告商和监管部门等。（　　　）

3. 直播电商中，成功的直播间所承载的更多是从满足商品需求到满足内容和精神需求的转变，融合了物质需要、性价比、独特性、情感共鸣、求真等多个驱动因素。（　　）

四、案例分析题

"网红"营销的显著增长和演变，特别是其在促进品牌国际化方面的潜力，已经对全球营销策略产生了深远的影响，预计到2028年，海外"网红"营销平台的全球市场规模将增至848.9亿美元，较2022年的164亿美元估值大幅上升。2023年，随着品牌与"网红"的全面加入，头部"网红"、品牌自播、中小"网红"短视频、直播带货的全面开启，社交电商呈现出超过传统电商渠道的强大势能，成为全新的价值洼地。

相比2022年的独立站、亚马逊两家独大，随着2023年TikTok Shop的强势入局，品牌出海渠道格局发生改变，TikTok Shop成了品牌出海首选渠道Top3。同时，2023年，品牌投放变得更加垂直和典型化，YouTube不再是品牌投放的主要阵地，品牌投放重点开始迁移至强种草的TikTok。2023年，YouTube、TikTok、Instagram三平台商业化"网红"数量均得到不同程度增长，并伴随商业大环境发展，"网红"商业化空间进一步拓宽，其中TikTok表现尤其亮眼，无论是商业化"网红"还是商单数量均增长迅猛。

资料来源：Nox聚星

简答题：

1. 请对以下主流平台的"网红"层级分布及增粉率进行简要分析。

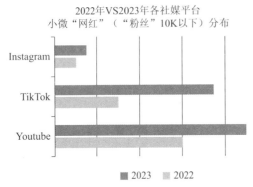

2022年VS2023年各社媒平台小微"网红"（"粉丝"10K以下）分布

■ 2023　■ 2022

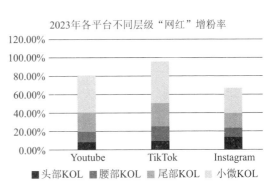

2023年各平台不同层级"网红"增粉率

■ 头部KOL　■ 腰部KOL　■ 尾部KOL　■ 小微KOL

注：小微"网红"（10K"粉丝"以下"网红"），增粉率＝（当前"粉丝"数－之前"粉丝"数）/之前"粉丝"数
数据来源：NOx聚星6300万＋"网红"数据
日期范围：2023\10\01－2023\12\31

2. 请对各平台 KOL 合作层级订单数进行简要分析。

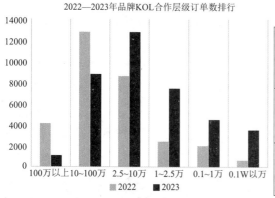

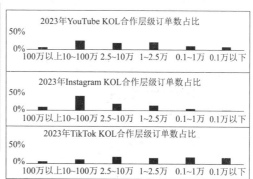

数据来源：Nox 聚星平台抽样 1000 个品牌数据并整理
日期范围：2023\01\01－2023\12\31

3. 请对品牌方 KOL 合作形式数据进行简要分析。

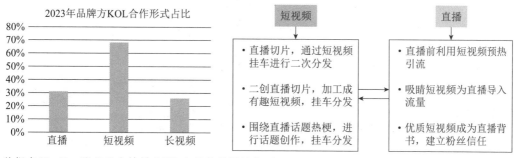

数据来源：Nox 聚星平台抽样 1000 个品牌数据并整理
日期范围：2023\01\01－2023\12\31

▶▶ 实训任务

数字媒体是指使用数字技术创建、分发和消费的任何类型的媒体内容。这包括使用数字工具创建并可以使用数字设备访问的各种形式的内容，例如文本、音频、图像和视频。数字媒体的一些常见示例包括：网站和博客、Facebook、Instagram 和 Twitter 等社交媒体平台、YouTube 和 TikTok 等在线视频平台以及其他音频内容、电子书和其他数字出版物、数字广告。

数字媒体已成为现代社会不可或缺的一部分，其影响力遍及从娱乐、广告到教育和医疗保健等各个行业。2022 年全球数字媒体市场规模为 83.824857 亿美元，预计到 2028 年，其市场规模将持续增长到 159.084897 亿美元。[①]

---

① 资料来源：https://www.businessresearchinsights.com

【任务】

请从海外市场中挑选一个国家，对该国家的数字媒体市场进行分析，形成相应的报告，报告涉及的数字、内容须保证真实、权威，并具有一定的时效性。

报告结构与内容要求：

1.国家概况（国家、首都、语言、币种、人口数量与年龄结构、"Z世代"消费者特点、独特的文化等等；小结）

2.数字媒体格局（智能手机普及率、互联网普及率、移动用户量、社交媒体普及率、社交媒体用户数、上网时间分配占比等等；小结）

3.TikTok在该国（用户画像：收入水平、上班族/学生、教育水平、家庭情况；TikTok给该国用户带来的主要影响；该国用户在TikTok的主要行为特点；小结）

4.总结

第二章　跨境短视频运营

>> 学习目标

1. 了解跨境短视频创作的完整业务流程及市场趋势变化。
2. 熟悉跨境短视频剪辑技巧及选品规则。
3. 熟悉跨境短视频运营技巧、推广引流方法及数据分析。
4. 掌握跨境短视频运营团队的人员配置、岗位职责及工作流程。
5. 掌握跨境短视频创作的实用技巧，包括选题策划、脚本策划、拍摄、剪辑美化等。

>> 课前预热

一双芭蕾舞鞋，一间舞蹈训练室，一位翩翩起舞的舞者。灵动清晰的画面和独特视觉表达，记录的是舞鞋对于舞者的陪伴和意义，记录了伤痕化作勇气与冒险的过程。在舞台上舞鞋像是一位并肩作战的队友，但在失落、放弃时又是时刻提醒自己的一个对手。或许普通人很难体会这样的感受，但对于皇家芭蕾舞团的舞蹈家 Beatriz Stix-Brunell 而言，却是她最真实的舞蹈人生。或许你会以为这是纪录电影，其实这是用小米 10 的手机记录的真实人物生涯和背后的故事。短视频主题"Friend & Foe"，总时长2 分 13 秒。在 YouTube 和 Facebook 等海外社交媒体投放后迅速火爆海外各类社交媒体。用户在关注故事内容的同时，无形中让用户对品牌的认识和识别产生了兴趣。同时，强化了产品的心智，突出产品的核心卖点。这就是"社交媒体平台＋短视频"模式所带来的独特效果。

目前，中国品牌在海外市场的主流社交媒体上的影响力还相对较弱。但小米已经在全球七个主要的社交媒体平台和 75 个市场上设立了官方主页，通过吸引用户参与的互动活动和深入融合当地文化的方式，逐步推广其"米粉"文化，实现了全球范围内的裂变增长，并使其海外社交媒体"粉丝"总数接近 6000 万。同时，小米国际总部账号实现了在国际四大主流社交媒体平台（Facebook、Twitter、Instagram、YouTube）上的"百万"粉丝"大满贯"，其中 YouTube 视频投放量约有 1580 个，TikTok 的官方号投放短视频数 110 个。

为了充分利用社交媒体渠道的流量，小米还在海外推出了多个社交媒体原创 IP 栏目和高质量内容。这些内容包括以"用小米手机拍摄大片"为主题的 Xiaomi Studios、挖掘产品背后故事的 Mi Insider、围绕精彩开箱评测的 Mi-Stery Box 以及介绍小米前沿科技的 Mi Academy 等。此外，小米还结合各类线上线下实时热点活动，如"米粉跑"、"云蹦迪"、游戏直播类活动"Take Mi on"和云拍片比赛"My Home Movie"等，巧妙地融入本地年轻文化热点，视频与文案的精细化输出，不仅丰富了用户体验，缩短了与用户的沟通距离，深化了产品内涵，同时也让海外用户对小米品牌有了更加深刻和丰富的印象。

此外，新品发布也是小米的重头戏。在每次新品发布时，其在社交媒体平台发布的短视频大多数采用鲜明、动感的视频画面风格＋主推机型专属话题（＃）＋适度的 UGC 引入内容，以此让其系列产品获得高曝光、强认知的效果。那么，如何在不同平台发布高质量的短视频内容，帮助产品、个人和品牌走入海外市场呢？一起进入本章的学习内容吧。

第一节　跨境短视频运营团队

一、认识跨境短视频

在数字化时代，跨境短视频已成为一种跨越国界、融合多元文化的强大传播工具。根据其内容类型，我们可以将其划分为娱乐、影视、引流、内容种草、节日促销、产品宣传等多个类别，每个类别都有其独特的吸引力和受众群体。

当我们探讨跨境短视频的发布与运营平台时，不难发现在海外，支持这一形式的平台众多，其中 YouTube 等平台因其用户基数大、功能完善而成为海外视频平台的主流。其他平台也各有特色，比如 TikTok 以其强大的算法推荐系统和丰富的社区互动功能吸引用户。而 Instagram 的 Reels 则从创作和用户主体出发，增加其趣味性与观赏性。总体而言，跨境短视频领域呈现出了多样化的格局。一方面，MCN 机构和个人创作者在娱乐、影视、知识、内容种草等领域占据重要位置。他们通过创作优质内容，积累"粉丝"和影响力，进而实现变现目标。这类视频在 TikTok、YouTube、Facebook 等社交媒体平台上尤为常见，成为用户日常浏览和互动的重要组成部分。

另一方面，企业在跨境短视频领域中也扮演着举足轻重的角色。他们通过短视频进行品牌宣传、引流、产品介绍、节日促销等活动，旨在提升品牌知名度和市场份额。这类内容在 YouTube、Facebook 等社交媒体平台以及阿里国际站、亚马逊等电商平台上广泛存在。企业通常采取全局营销策略，根据营销目标选择合适的平台发布和运营短视频，以实现最佳效果。

总之，跨境短视频作为一种新兴的传播方式，以其方式灵活、运营成本低、用户基础大和传播能力强的特点和优势，正在全球范围内展现出巨大的潜力和影响力。无论是个人创作者还是企业，都需要深入了解其背后的运营策略、文化内涵和技术支持，以便更好地利用这样的新营销方式实现自己的目标和愿景。

二、团队与岗位

当前，跨境短视频正处于快速发展阶段。加之数字化和全球化的深度融合，短视频已成为连接不同文化和市场的重要形式，也是企业拓展海外市场、传播品牌文化的重要手段。然而，在享受其带来的巨大机遇的同时，企业与内容创作者也面临着一系列挑战，如文化差异、版权法律、市场准入规则等。要想短视频能够从中脱颖而出，一个高效的跨境短视频和直播团队不仅需要专业的技能，还需要明确的岗位分工和流畅的工作流程。本节将详细介绍跨境短视频团队的组织架构、关键岗位及其职责，并结合工作流程进行详述。这也是跨境短视频内容创作工作能够有条不紊进行的重要保障。

跨境短视频前期运营工作的重要环节是组建跨境短视频制作团队。要实现快速搭建短视频内容制作团队，最关键的是要确定工作人员和责任划分，再根据具体情况进行相应调整，实现"黄金搭档"工作组。短视频的超短周期和趣味性内容对制作团队的策划和编导能力有一定挑战。由此，编导就成了整个团队的关键人物。由编导带领团队，共同完成内容创作与投放。目前，跨境短视频创作团队通常采用 3~5 人配置。其中人员配比可设置为 1 人 1 岗，但为了实现高效高质量的产出内容，许多企业会设置 1 岗 2 人的情况。要让团队分工更加明晰，可待团队进入成熟期后，再进行人员的增添和工作内容的调整。

明确了短视频制作团队的人员组建后，接下来是确定岗位和职责分工。

（一）编导

编导负责视频创意策划（面向国际观众）、内容和剧本创作、拍摄过程控制和后期制作指导等工作。编导需要根据目标市场的文化背景和观众偏好来策划主题和内容，并撰写剧本和镜头的拍摄运用，确保视频具有吸引力。考虑到跨境的特点，编导应具备一定的跨文化传播能力和面向特定区域的语言能力，以便更好地了解国际观众的喜好与兴趣点，还可以了解不同国家和地区的市场趋势。更重要的是编导须对不同国家关于版权、内容审查等方面的法律法规有一定的熟悉度，避免违规操作。在此基础上，编导可以更有效地构思视频的风格和表现方式，创作出符合当地口味的内容。确保视频具有创新性。在实际执行过程中，编导需要与团队成员紧密配合，确保剧本的顺利实现。由于短视频行业的快速变化，编导也要不断学习新技术，以保持内容的新鲜度和原创度。

（二）摄影

摄影主要负责视频内容的拍摄工作并确保拍摄质量的工作。这包括了从准备阶段到后期制作的全过程。根据视频内容和创意要求，摄影人员对场景进行布置、调整灯光和摄影设备的设置。在拍摄现场，主导整个拍摄过程，把控短视频的现场拍摄质量，确保画面效果符合预期标准。除此之外，摄影师还需要整体把控镜头运用、时长和画面质感，确保视频的专业性，实现预期效果。

（三）剪辑

剪辑主要负责视频成片的内容、后期制作和创意实现的工作，能够独立完成从拍摄到成品的整个制作流程。熟练使用专业的视频编辑软件，如 Premiere Pro（PR）和 After Effects (AE) 等，进行视频剪辑、文案字幕、画面调色和特效制作等。研究并追踪各大跨境直播电商平台的热门视频趋势、爆款产品，以便创作符合市场口味的内容。根据需要，将成片剪辑或制作成 30 秒至 1 分钟的短视频（品牌宣传类视频为 1 至 3 分钟）。由此可以看出跨境短视频剪辑人员须具有创意思维，能了解市场动态，对网络文化有较强的感知能力。良好的沟通能力和团队合作精神，也是剪辑岗位人员不可或缺的素养。

（四）运营

运营是一个综合性较强的职位，涉及内容规划、创意开发、用户增长和数据分析等多个方面的工作。如良好的创意思维和市场洞察力；对视频标题、描述、标签等元素的 SEO（search engine optimization，搜索引擎优化）处理，以及分析用户反馈和行为数据来调整内容策略；管理各类社交媒体账号及对"粉丝"的维护。这个岗位最有挑战的工作内容就是数据分析，即通过对短视频表现的分析，如观看次数、点赞数、分享数等关键指标，来衡量内容的表现，并根据数据反馈进行优化。

第二节　跨境短视频创作

一、短视频创作流程与技巧

（一）短视频创作流程

团队组建之后，将制定具体的工作流程。通常情况下，跨境短视频工作流程可分为四个步骤。即选题讨论会、脚本或大纲编写、拍摄执行与剪辑、审核与投放。

选题讨论会：这是跨境短视频筹备阶段不可缺少的环节。以带货营销短视频为例，团队成员针对本次的产品或品牌，根据受众群体喜好、国家地区特色和产品卖点等方面对视频文案或主题进行讨论，确定内容和风格等。让全体成员参与其中，明确整个内容创作的思路。

脚本或大纲编写：经过充分讨论后，编导将根据确定好的选题和大致内容架构进行脚本或大纲的创作，同时对镜头、画面的运用进行预设。并在团队的合作下修改脚本或大纲。主要是对视频内容、立意表现、产品/品牌识别度等方面进行确认。

拍摄执行与剪辑：大纲或脚本确定后将进入执行阶段，即拍摄和剪辑。这时摄影和剪辑为此步骤的主要参与人员。摄影人员根据大纲或脚本内容进行拍摄，尽可能将产品或故事内容通过镜头还原出视觉表达效果。带货营销类短视频由于时间短、任务多，如果需要现场拍摄的产品则选择一次完成所有脚本的拍摄再交由剪辑人员进行剪辑和后期制作。为保证内容最佳，在剪辑和后期制作时，编导和摄影人员也会同步参与，讨论剪辑和特效等技术的应用。

审核与投放：跨境短视频工作流程的最后一个步骤。经过上述三个步骤创作出的内容还需要经过审核，最终投放至平台的过程。审核阶段是编导对内容、主题、画面、场景、字幕、音乐等进行检查或微调。审核通过后即可输出成片。最后根据预期效果或指定平台进行投放。

在总体工作流程的基础上，要创作出高质量的短视频内容，还需要有创作的方法和技巧。

（二）短视频创作技巧

1. 素材库的建立

在创作初期，想要输出高质量的内容，团队人员可以从素材库中找到符合账号调性和产品特点的内容，还能与所推广产品或品牌进行结合。在构建一个跨境短视频创作素材库时，不仅需要在数量和质量上有所考虑，更重要的是还要确保素材的多样性和国际性。可以从以下五类内容着手，收集整理。

（1）文化元素：收集不同国家和地区的文化符号、节日庆典、风俗习惯等素材，以增加视频的国际吸引力。

（2）音乐与声音效果：短视频中必不可少的元素之一。在不同的热门音乐里，用户沉浸在内容中，短短十几秒的内容，在音乐的配合下可以实现用户点赞、评论或转发。短视频内可添加多种语言和风格的背景音乐及声音效果，以适应不同文化和情感需求。但要注意该类平台对音乐使用的版权问题和政策规定。

（3）图像与视频片段：高清质量的图像和视频片段，涵盖自然景观、城市风光、人物肖像等，特别是那些能够展现多元文化特色的素材。

（4）动画与图形：多语言的动画模板和图形设计，用于解释复杂概念或增加视觉趣味性。

（5）字幕与翻译：收集并区分多语言字幕和专业翻译资源，确保内容在不同语言环境中的准确性和可理解性。

跨境短视频创作是一个长期的内容生产过程，所以要有积累素材的意识。平时浏览相关内容时，可以将不同类型、不同领域的素材分类总结，保持敏感度；或将热门作品加入素材库中，也是一种不错的选择。

2. 策划原则

策划短视频选题的基本原则，包括但不仅限于以下内容：目标设定、观众需求、创意挖掘、热点舆情、价值观输出和选题节奏等方面。

（1）目标设定，遵循垂直化原则。首要步骤是确立明确的内容目标。这些目标可能是提高品牌认知度、促进产品销售、传播特定的价值理念等。内容的最终目标将直接决定内容创作的方向和核心主题。

（2）理解受众需求，坚持接地气原则。内容的成功与否与受众的偏好有着密不可分的联系。因此，在内容策划阶段，必须深入探究目标受众的需求和兴趣点。确保选题具有文化普遍性，避免敏感和可能引起误解的内容。除了浅层次的文化喜好，还要把重心落在用户在平台上的心理需求。考虑用户的"四好"心理作用——好玩、好看、好奇和好知这四类典型的情感目标是否能得到满足。因此，在制作视频时需要考虑用户的不同需求，为他们提供具有吸引力、有价值的内容，以满足他们的情感需求并增强与品牌的联系。

（3）发掘创意，恪守独特性原则。创意的原创性和新颖性是吸引受众的关键要素。在内容策划过程中，积极寻求创新思路，尝试独树一帜的视角和表现手法，以增加内容的吸引力。除了在选题上追求独特性，创作形式本身也可以具有创新性。当前，AI短视频创作技术已经可以实现一键生成视频内容，由此创作者更要专注于"内容创意"。

（4）关注热点与热搜话题，热点导向原则。内容的话题性和时效性对于成功至关重要。密切关注并及时反映热点事件和流行话题，可以有效提升内容的传播力和受众关注度。

（5）传递正确价值。在内容策划中，应当注重弘扬正确的价值观并恰当掌握内容发布的时机。内容应与当地社会主流价值观相符，避免涉及平台的违禁内容，促进文化交流和理解。

在了解上述选题策划原则后，掌握短视频的选题思路，搭建内容矩阵，以实现持续的内容创作与创新。接下来介绍一些选题思路与逻辑。

二、短视频选题

创作一个有机会成为爆款的跨境短视频，一个吸引用户的选题是关键。

不同地域的用户对于短视频的内容与风格有着不同的偏好。例如，在美国和欧洲，用户偏爱新奇事物、户外运动、手工制作和配乐热舞等多样化的内容；而东南亚地区则偏好炫酷、有独特吸引力的本土特色和有关校园的内容。至于日韩地区，涉及清新可爱的校园少年、Cosplay、综艺片段和动漫等内容更受青睐。然而，同一国家内不同区域也可能存在不同的偏好。因此，运营和营销策略需要根据目标国家和地区进行细分或由中心向外扩散。

调查和数据报告显示，海外用户在短视频内容消费上展现出了显著的多元化倾向，可以简单归纳为以下四个方面。

1. 追求个性与自我的表达

与个人生活紧密相关的内容，尤其是能够展现个人价值观、日常生活和积极正向的价值观念的短视频，深受海外"Z世代"的青睐。在 TikTok 等短视频平台上，#fyp、#POV、#me、#StoryTime 等与个人价值向相关的话题标签，其视频浏览量较大，凸显了大部分用户对于个性表达和自我展示的强烈需求。

2. 探索文化体验与跨文化交流

短视频平台已成为海外青年了解全球人文、参与文化交流的重要窗口，如图 2-2-1 所示。通过短视频平台可以观看和参与各类文化活动、体验节日氛围，以及通过特色美食、服饰等内容了解不同地域的文化特色。这种跨文化的体验与交流，不仅拓宽了平台参与者的视野，也促进了不同文化间的相互理解与尊重。

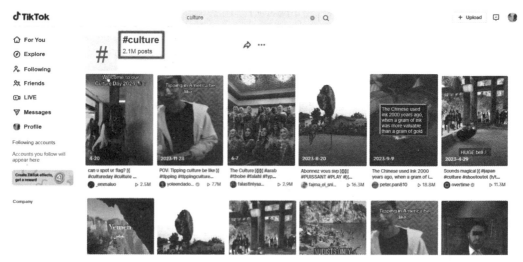

图 2-2-1　各平台文化类话题榜（资料来源：TikTok/Facebook/YouTube）

3. 猎奇心态与情感共鸣

搞笑剧情、恶搞、变装踩点类视频以其创意性和直观性，在海外青年中获得了极高的流行度，如图 2-2-2 所示。这些视频内容通过幽默诙谐的方式，为"Z 世代"提供了轻松愉悦的娱乐体验，并引发了他们强烈的情感共鸣，如在 TikTok 中的 #fun、#comedy video、#humor、#challenge、#feelings 话题。

4. 重视互动交流与社群参与

对话类、街采类、吃播类视频以其双向交流的特性，激发了"Z 世代"的互动和创作热情。他们通过这些视频形式分享自己的观点和经历，同时也从观众那里获得反馈和启示。此外，社群互动、游戏互动类视频也是他们参与平台社交的重要方式，通过这些活动，短视频创作者不仅可以加强与他人的联系，也能增强自身在社群中的归属感。

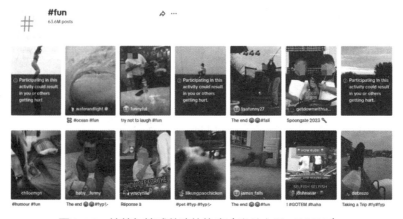

图 2-2-2　搞笑与情感共鸣的热度（资料来源：TikTok）

三、短视频分类

（一）电商营销短视频

选题的多样性，使得短视频的类型也随之变得丰富起来。企业可以在短视频的内容中明确展示产品或服务的独特卖点，如场景演示、用户评价和对比展示。创作者可以分享好物、介绍使用体验、娱乐搞怪等。从跨境短视频的作用和功能角度上分可以简单分成四种类型："种草"类、娱乐分享类、引流类、How-to 类。

1. "种草"类短视频

这类视频明显的特点就是以卖货、带货、分享使用体验、展示商品为主要内容，如图 2-2-3 所示。与其他三类视频相比，种草类短视频有两个明显的优势。其一，变现速度快，路径短。用户在看完视频后点击链接便可直接下单，订单购买完成后，短视频创作者即可赚取佣金。其二，操作门槛较低。短视频创作者只需要在短视频中将推荐"种草"的好物特色展现出来，让用户产生共鸣并激发购买欲，就有变现的机会。例如，大多数手机壳的种草带货类短视频都是以展现外观和特殊性能为卖点。但如果手机壳具备强吸附能力的特点，以时间为挑战，对不同手机壳的吸附力进行测试。最终以目标种草产品胜出为结果。这让用户对质量有了更直观的了解，也满足了尝新的心理。

图 2-2-3　"种草"带货类短视频（资料来源：TikTok）

2. 娱乐分享类短视频

此类短视频涵盖的内容较多，涉及搞笑、才艺展示、生活记录、旅游分享、游戏解说、美食体验等多个领域，满足了不同用户的兴趣和需求，如图 2-2-4 所示。这类短视频通常具有较强的互动性，用户可以通过点赞、评论、分享等方式与创作者进行互动，增强用户的参与感和黏性。同时还具有高度的传播性，一旦内容受到用户的喜爱和认可，很容易在社交媒体上形成"病毒式"传播，迅速扩大影响力。尤其是以推荐当地美食或游戏带货的内容为主的短视频更受用户喜欢。

图 2-2-4　娱乐分享类短视频（资料来源：TikTok）

3. 引流类短视频

在数字营销中，引流作为其中的一个环节，其主要功能就是要让更多用户或消费者知道品牌、产品或服务。同时引流也是提高企业或个人吸引潜在目标客户的方法。引流类短视频在日常运营中还可以细分成直播前的预热短视频、垂类行业短视频等。直播前的预热短视频，其目的是以相对低的成本而获取精准的流量。在拍摄或创作预热短视频时，可以从人设打造、福利预告、展示本场直播的亮点和产品创意展示等角度设计内容，实现种草的效果。从而让用户进入账号主页或转入直播间。

垂直类行业或产品的引流短视频不仅能够提升创作者个人的影响力，还能为直播间带来一定的"粉丝"或目标受众，这类引流短视频具有垂直度高、更新频率稳定、重商品轻人设等特征。通过日常更新垂直类短视频的方式，长期培养潜在买家，既可以为直播间积累原始的自然流量，促成交易，还能增加账号的曝光度。

海外的创作者或品牌方除了选择在站内投放引流类短视频外，还会选择在站外做短视频发布，反向引流到主要的营销平台或独立站中，将流量变成销量。因此，不同类型的平台其引流短视频的特点和转化方式各有不同。在本书中的后续章节中，将结合平台再进行详细介绍。

4. How-to 类短视频

这类短视频的内容非常广泛（如图 2-2-5 所示），涵盖了烹饪、手工艺、科技、健康、美妆等多个领域，满足了不同用户的需求。据 Google 统计数据，大量用户访问 YouTube 是为了学习新技能或解决问题，这也使得 How-to 类视频成为商家营销的重要工具。目前，许多创作者将 How-to 类与"种草"类相结合，在分享产品的同时实现创收。

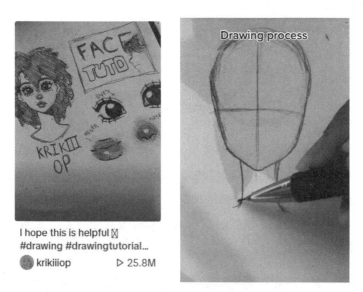

图 2-2-5 How-to 类短视频

（二）文旅类短视频

随着中华文化走向海外，中国传统文化和带有中国特色元素的内容在海外热度持续上升，如图 2-2-6 所示。例如，TikTok 平台带话题标签 #Chinese Culture 的短视频浏览量达到了 41 亿次，带 #Chinese Street Fashion 的浏览量有 37 亿次，带 #Chinese Food 的浏览量高达 217 亿次，可见中华文化在海外已经火出圈了。同样的中国用户对不同国家的文化、城市特色等也保持着浓厚的兴趣。

图 2-2-6 文旅类直播（资料来源：TikTok）

文旅短视频专注于展示不同国家和地区文化、旅游景观等内容。通常具有以下特点：

（1）突出展示目的地的文化特色，如传统艺术、节日庆典、民间习俗等。

（2）分享创作者在不同国家的旅行体验，包括美食、交通和景点游览等。

（3）视频可能包含多种语言，以适应不同国家和地区的观众。

（4）鼓励用户参与讨论增加视频的互动性和社区感。

在内容和形式上，文旅类短视频有其自身的特点。文旅类短视频更注重内容的深度和文化价值，而普通娱乐短视频可能更侧重于即时的娱乐效果和流行元素，目标受众不同。文旅类短视频的目标受众是对特定文化或旅游目的地感兴趣的人群，通过创作者的理解或真实旅行的视角讲述目的地的故事，其目的是促进文化交流、吸引旅游、教育和启发思考。近年来，文旅类短视频结合地标美食、服装、文创等的内容也获得了诸多好评，如图 2-2-7 所示。

图 2-2-7　文旅类短视频示例（资料来源：TikTok）

（三）企业类短视频

除了上述非显性的营销类、推广类短视频，企业或品牌方想要突出特色、展示实力也可以利用短视频进行相关的宣传与营销。

1. 企业文化展现

享受网络技术带来巨大改变的同时，国内外大多数企业都选择在社交媒体或电商平台投放公司的品牌宣传视频。在当今消费趋势和市场偏好的推动下，短视频，不但在内容表现手法方面拉近了企业与消费者之间的距离，而且制作成本也大幅降低。比如全球咖啡连锁企业——星巴克（Starbucks）在 YouTube 和 TikTok 中投放宣传片（如图 2-2-8 所示），通过在职员工的亲身自述或是访谈对话，反映出开放、多元和包容的企业文化。与传统的企业宣传片不同，短视频内容轻松愉快，让观众产生强烈的亲近感，易产生共鸣。

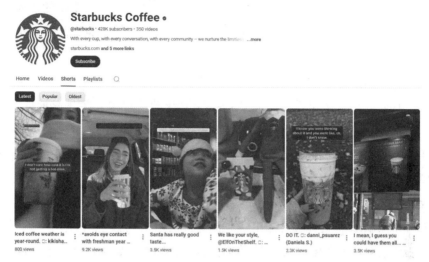

图 2-2-8　星巴克在平台展现的企业文化（资料来源：YouTube）

2. 产品介绍

借助短视频快速传播的特点，对企业的产品和服务进行宣传推广是大多数市场营销人第一时间就会想到的视频选题思路，也是时下热门的营销推广内容。但这类短视频要在有限的时间内进行产品卖点的叙述并非易事。除了运用常规的数据优势、逻辑表达、语言传递，以展现竞争优势和产品差异化外，还可以尝试使用"右脑思维"，谈感受、讲情感，满足客户的情感需求和解决客户痛点。例如：小米 Xiaomi Air Purifiers 4 compact 的产品介绍视频，以居家使用场景为主，配合主机的智慧功能和性能表现，营造安心舒适的居家环境，既让消费者感受到产品的实力，又有较强的场景代入感，如图 2-2-9 所示。

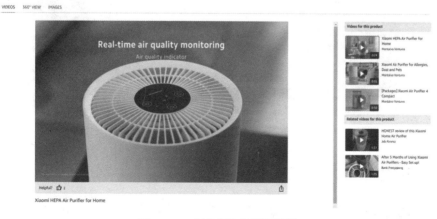

图 2-2-9　小米产品介绍短视频

3. 节日营销

短视频内容创作与节假日相结合，不仅能实现产品销量的增加，也能建立品牌在消费者心中的形象。从节日的寓意出发寻找一些符合品牌和产品定位的切入点，进行内容选题和宣传推广，让情感与内容进行深度结合。实际上，只要能在情感上打动观众，就能获得较高的关注与较多的评论。

4. "红人"营销

"红人"（如 KOL、明星等）出镜，通常能够帮助短视频立竿见影地提升关注度。尤其是在新品上架、品牌更新、拓客宣传时，邀请自带流量的"红人"或名人进行短视频宣传，加上一些娱乐化剧情和冲突情节设置，其内容的影响力和传播力可以迅速得到大幅提升。

5. 讲述品牌故事

具有一定影响力的品牌都有一个耐人回味的故事——如公司的历史、明星产品和创始人故事等。品牌故事是个非常好的选题方向，因为好的品牌故事能让品牌拥护者追捧并主动传播。而（短）视频形式的出现让原本的文字内容有了形象的画面感。这对扩大品牌影响力、传播品牌形象有很大作用。例如，创立于 1984 年的家电生产企业——海尔（Haier），在跨境社交媒体平台发布的品牌故事（如图 2-2-10 所示），让更多海外消费者在使用海尔产品的同时，还能理解中国制造企业的实力。

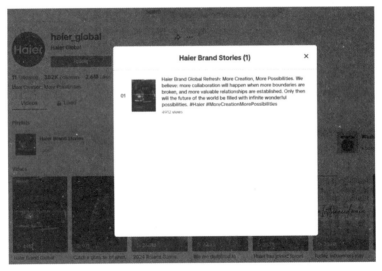

图 2-2-10 海尔品牌在 TikTok 平台示例（资料来源：TikTok）

四、跨境短视频脚本策划

短视频的时间和节奏的设计至关重要。视频开头的 1 秒是吸引用户注意力的关键，可以运用好听的声音、熟悉的面孔等元素迅速抓住用户眼球。接下来的 3 秒则需要点题，明确视频的主题，让用户知道自己即将看到什么。黄金 5 秒是进入剧情高潮的时机，通过刺激用户的好奇心引导他们继续观看。而后则需要清晰地传达出视频的主要观点、产品卖点或品牌特点，因为此时将决定用户是否继续往下看，对完播率来说是一个重要节点。

短视频虽然时长较短，拍摄内容相较其他形式也稍显简单，但是其拍摄或剪辑制作在大多数情况下也离不开大纲提要，即短视频脚本。若从类型上分，短视频脚本大致可以分为执行脚本、分镜头脚本和文学脚本。

（一）脚本元素

通常情况下，无论是何种类型的脚本都有一些必不可少的元素，即预估时长、景别、画面内容、拍摄方式、字幕、音乐等。

（1）预估时长：除了把控视频的总时长外，还要对每个分镜头的时长标注清楚，以提高后期剪辑的效率。

（2）景别：这部分的内容涵盖了镜头的使用。例如采用远景拍摄还是全景拍摄，或是部分内容需要有中景、近景、特写等，用于表现不同的视觉效果和情感。

（3）画面内容：在跨境短视频的脚本中每个镜头要展示的内容都需要进行详细地规划，包括场景、道具、产品角度、背景、人物（模特）动作等。

（4）拍摄方式：选择合适的拍摄手段，如推、拉、移、低角度运镜等，以增强视觉效果，但在拍摄过程中要尽可能保证画面的稳定。

（5）字幕：在跨境短视频中，要让产品或品牌符合全球不同文化背景用户的审美和习惯，在适当的画面中加上关键词字幕或是实时字幕，就显得尤为重要。特别是制作 How-to 或知识分享类短视频时，字幕可以作为台词或旁白使用。

（6）音乐：前面的内容已经提到适当的背景音或音效是短视频中不可缺少的内容，可以制造沉浸的氛围，促成点赞、完播等数据的表现，增强视频的情感表达和观看体验。所以在脚本中需要对音乐音效的选用进行标注。

（二）脚本关键点

脚本是短视频制作的核心，它决定了视频的风格、节奏和信息传递。在撰写脚本时或进行策划时可参照以下的关键点：

（1）清晰的结构：脚本应有明确的开头、发展、高潮和结尾，保持故事流畅且易于跟随。

（2）简洁的旁白或对话：旁白需要直接简单，对于产品卖点或品牌形象直接陈述且与画面同步。如果视频中包含对话，需让对话的内容简洁明了、自然，避免长篇大论。

（3）视觉体验优先：脚本中应包含详细的视觉描述，指导拍摄风格和画面说明，或有草图。

（4）文化参考：语言的准确性、融入目标市场的文化元素等内容，增加用户的共鸣和认同感。

（三）撰写脚本文案

了解短视频脚本的必备元素和策划的关键内容后，要如何编写一份满足实际应用且适合跨境背景的短视频脚本文案呢？

（1）确立核心主题（或观点）。在撰写脚本的初始阶段，必须明确视频所要传达的核心信息、卖点或价值输出，以及希望展现的主题和内容。选择恰当的表达方式至关重要，例如，关于跨境电商的实用技巧、某一个新产品的使用体验分享等。

（2）构建内容框架。核心主题一旦确定了，下一步开始构建内容的基本框架。通过制定详细的大纲，预先规划好人物（或商品）、环境之间的互动关系，确定角色设定或产品（或品牌）、场景布置、时间线和道具清单，进而开始具体的创作过程。值得注意的是，编写跨境带货或营销类短视频脚本时，要对产品全面细致地分析，了解其核心特性；深入研究产品的功能、优势、使用场景等；确定产品的目标消费群体，了解他们的需求和兴趣点。全面充分的市场调研是支撑脚本内容的参考依据，通过竞品分析和热点抓取，以了解竞争对手的内容策略和市场趋势；抓取目标国家（或地区）的时事热点和流行文化，寻找与产品结合的切入点。在内容定位方面，可考虑根据产品特性和市场调研结果设定内容，从而寻找产品的独特卖点，创作更有记忆点的内容主题。若是场景中植入产品推荐，脚本的撰写应注重故事的独特性，可以从情节发展和人物塑造两个维度进行考量。

（3）场景布局设计。短视频的优势在于其简短、直观、快速的形式，以及较低的制作成本。在一分钟甚至几分钟内传达一个主题时，利用真实场景能够增强观众的沉浸感。例如，若要拍摄与办公室相关的短视频，应确保拍摄场景真实反映办公室环境，以增强观众的代入感。

（4）时间管理与控制。时间管理涉及两个方面：一是对视频时长的控制，确保脚本内容不超过预定的时间限制；二是在内容设计上，如在视频开头约10~15秒处设置高潮或反转点，以吸引并保持观众的注意力。

（5）主题深化与结尾设计。许多短视频创作者可能会忽略视频的结尾，但实际上这是一个强化主题、提升视频整体效果的重要环节。可以通过总结内容并升华主题来结束视频，或者放个钩子，激发观众的期待并促进关注，也可以设置预告下一期的内容。此外，引导观众参与互动，比如在评论区留言，或在评论区放置链接，实现跳转引流。这不仅能够增加视频的互动性，还能为创作者提供灵感，发现下一个视频的创作主题。

受语言和文化差异的限制，中国卖家和品牌出海的初期阶段，可运用一些专业的AI 工具生成视频脚本和文案等内容。除了我们熟知 ChatGPT 之外，还有 TikTok 平台推出的"Symphony"系列工具。该工具运用人工智能技术简化平台 Ads 的制作流程，其套件中的"Symphony Creator Studio"——AI 视频生成器，可提高脚本编写和视频制作的效率，同时创作出精彩的内容，如图 2-2-11 所示。当然也可以使用其他的 AI 工具。这些工具可在各大平台搜索并体验。

图 2-2-11　**TikTok Symphony** 页面（资料来源：TikTok）

五、跨境短视频的拍摄与剪辑

短视频的拍摄在脚本策划阶段，可设计镜头的时长和相应的内容。依据脚本进行拍摄。在设备选择方面，在创作拍摄的初期选择手机进行拍摄。一方面是减少成本的投入；另一方面，目前市场中的主流手机，在画质、稳定性等方面都能满足大部分拍摄场景的需求。若条件允许且追求高清晰画质，可以使用单反相机拍摄。

跨境短视频的剪辑其实并没有想象的那么高深那么复杂，为了让大家能有更清晰的思路，本节中将按照六个步骤详解跨境短视频剪辑的逻辑，实操起来也较为简单。需要强调的是，大家在学习时要注意多练习、多模仿、多看且多分析，才能熟能生巧。

（1）剪辑前的准备工作。建立项目文件夹，按时间、地点、场景、主题等分类整理素材，便于后期使用。建立素材库之后，创作者应对素材进行初步了解，确立主题，明确剪辑思路。

（2）明确视频剪辑的主题。导入素材后，筛选所需片段，通过时长、顺序和裁剪等操作，构建视频整体逻辑框架。

（3）调整画面比例。根据平台要求调整画面比例，如 TikTok /YouTube shorts 常用 9∶16 的竖屏画面，Amazon 使用 16∶9 的横屏画面。

（4）粗剪与精剪相结合。初步剪辑的重点在于视频的逻辑连贯性和镜头衔接，确保整体流畅。在此基础上，进行内容、画面的精细化处理，包括音乐节奏卡点、衔接效果等，确保视频有主有次。在此步骤中，建议将素材、背景、文案等切分成数个小段，一方面，方便自查主题、传递核心思想是否明确，视频是否具备重点和创新点；另一方面，在精修时，分段内容便于查找和调整。

（5）视频美化和包装。如添加字幕、贴纸、特效等，丰富视频内容，但要注意保持整体性和统一性，符合视频内容和观众喜好。在这一阶段，短视频的封面设计也是必不可少的内容，因为短视频封面是提高视频点击率和观看率的重要因素。清晰、完整、重点突出与视频内容相呼应的视频封面，可以实现高转化率。

（6）检查视频内容。在导出视频前检查视频内容，确认无误后即可在平台投放发布。

第三节　跨境短视频运营攻略

一、跨境短视频投放

（一）获取流量

短视频制作完之后，则进行投放和运营阶段。跨境短视频的运营最重要的就是流量逻辑，即短视频运营的每个环节始终围绕"流量的多少"。换言之，广大用户感兴趣的、关注的才有流量。

各类平台的流量可简单分为自然流量和付费流量。自然流量是用户通过平台的自然推荐或者是通过搜索找到相关内容或商品获得的。这在跨境电商平台中表现为通过优化产品页面的搜索引擎排名（SEO），提高在搜索结果中的可见性，吸引潜在买家。付费流量则是指通过支付一定费用，如平台广告费（Google Ads, Instagram Sponsored），让内容或商品获得更显著的展示位置，以达到更快和更广泛地触达潜在消费者的目的。在这个用流量证明实力的时代，不管是平台推荐的自然流量还是付费流量，运营人员要想获取足够多的流量，在进行短视频运营时要注意以下几个方面。

1. 关注目标用户与平台的匹配度

在进行跨境短视频投放和推广时，需要深入理解目标市场的特点、习俗、语言和消费习惯，从而确保所制作的内容与当地口味相符。一方面，选择合适的短视频平台，这也是运营的关键步骤。如在北美地区，TikTok、Facebook、Instagram Reels 等可能更受欢迎，而其他市场则可能区域平台的属性较明显。另一方面，想实现更快速的推广、增加曝光率，优化视频标题和标签是在发布、推广前的必备操作。使用关键词使目标受众在搜索时更容易找到视频，同时保持定期发布新内容，以维持观众的兴趣和提高品牌可见度。此外，关键词或标题可以利用平台提供的分析工具来跟踪视频表现（数据），并根据数据调整内容策略。

2. 要具备算法意识

算法在任何一个平台中都是一个必不可少的评价机制。无论是内容创作者（短视频制作，各平台称为"Creator"）还是普通用户（内容消费用户），都身处各平台生态的算法机制中。以抖音为例，平台采用"去中心化算法"让每个视频都享有公平推送的机会，每个产品都有可能成为爆款。算法对于平台而言是管理自己平台的用户数据，并据此改进平台功能，提升用户体验，形成良性循环的平台生态。从用户的角度出发，算法机制可以实现用户喜好分析，定义用户习惯，不仅为内容创作者匹配更精准的用户，还能为消费者或用户推送更有趣的内容。

3. 网感与热点思维

运营是内容传播的支点，根据社会热点和行业热搜话题进行设置是最常见的运营手段。所以，网感和追热点是短视频运营过程中的必要内容。可以从两个方面进行训练或创作。一方面是热搜或爆炸性热点事件、话题。创作者可以根据这些事件、重要节日或话题，制作相应的视频主题和内容。另一方面，根据市场动向和内容喜好的变化趋势，创作出符合未来热点趋势的内容或产品主题，紧跟行业变化。

4. "粉丝"思维

最后，短视频运营的"粉丝"思维很重要。要让产品得到认可、品牌得以宣传，"粉丝"就是关键。通过内容和产品与用户建立联系，建立信任，从而提升用户黏性、增加用户的活跃度，用户能够长时间对产品或创作的内容感兴趣，自然而然就会成为"粉丝"。

（二）广告流量

一般来说，在实际运营的过程中，企业如果想要通过自身运营获得更多自然流量，那么企业在上述所提及的策略和思维方面需要做得更好。如果企业通过自身运营无法获取足够多的自然流量，那么还可以通过投流的方式来增加自己的曝光率。可以从两个方面理解：广告流量、"达人"营销推广。其中，广告流量又可分为信息流广告、开屏广告两大类。

1. 信息流广告

信息流广告主要指出现在兴趣电商或社交电商用户的好友动态，或短视频平台内容流中的广告，是一种非常有效的推广方式。通过标签（用户画像：年龄层次、性别、地区等）进行精准投放，帮助创作者和品牌方吸引更多目标客户、提升品牌曝光从而增加销量。例如，在 TikTok 上，信息流广告通常会出现在用户的推荐页面上，品牌方可以用十几秒左右的短视频向目标客户展示自己的产品或者品牌理念。所以想要通过信息流广告进行推广或引流，就需要短视频运营或创作者增加广告的创意，同时创作出画面优质、立意新颖的内容。

2. 开屏广告

开屏广告是用户进入 App 应用时弹出的内容，一般展示时间只有 5 秒钟。开屏广告支持图片和视频形式，播放之后则自动进入该产品或品牌的短视频页面，部分平台会自动关闭。若投放开屏广告，目标市场的所有用户在打开 App 时，都可以看到此广告。感兴趣的用户可以直接点击跳转至落地页了解更多详情。开屏广告有覆盖广、流量大、强曝光、目的性强的特点，是一些有实力的产品方和品牌方首选的推广形式，投入成本也相对较高。如图 2-3-1 所示为 TikTok 开屏广告示例。

图 2-3-1　**TikTok 开屏广告的视频**（资料来源：TikTok）

对于大部分跨境短视频运营人员来说，会选择当地的"达人"（或是范围更大的"网红"、influencer）合作。由于"达人"创作的种草类、开箱类、体验类等短视频以原创自制和真人出镜的内容较多，其自身的影响力和"粉丝"量都有一定的基础，通过其推荐提升产品曝光度和信任度，在"达人"或"红人"的号召或鼓励下，观众参与和互动的效果也较好，这也是提高推广效果的关键。

除上述推广引流的方法之外，短视频创作者或运营团队还可以通过举办挑战、问答或投票活动，在视频中设置限时优惠、满减等促销活动，刺激消费者购买欲望等从而提高短视频在平台中的表现。

简而言之，跨境短视频推广不应局限于单一平台，应将内容跨多个平台推广，以覆盖更广泛的受众。在此过程中，要始终遵循当地的广告法规和社交媒体政策，确保推广活动的合法性。综上所述，跨境短视频推广需要深入了解目标市场，制作高质量的本地化内容，与当地"网红"合作，鼓励观众互动，定期发布新内容，并通过数据分析不断优化策略，以达到最佳的推广效果。

二、跨境短视频数据分析

在短视频运营中，数据分析是一个重要的工作内容。有哪些核心数据或指标值得特别关注呢？根据各类跨境短视频平台，综合一些共性的数据指标，总结出四个数据维度，如图 2-3-2 所示。

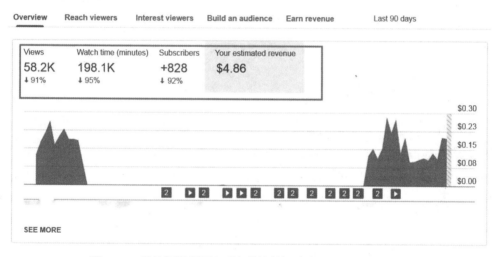

图 2-3-2 跨境短视频平台后台统计数据（资料来源：TikTok）

1. 固定数据

固定数据，即视频在制作和发布过程中产生的数据内容，如发布时间、视频时长和发布渠道。这些属性在视频发布后便成为固定值，是评估视频的基本维度。

2. 播放量与完播率等相关指标

播放量是短视频运营中最为关注的指标之一。它不仅包括累计播放量这一实时产生的数据，还包含了与同期视频或相近题材视频的对比。通过对这些数据的分析，可以更全面地评估视频的播放效果，找到流量规律，从而更好地优化视频内容。至于完播率，在跨境短视频的后台会出现与其相关的数据，如播完量、播完率和平均播放进度。从数据曲线图反映的数据情况来看，可以找到观众跳出视频的集中点，从而优化下期视频内容，提升观众的观看体验。

3. 互动数据

互动数据是跨境短视频数据分析的重要内容之一，指的是用户在观看视频后产生的互动行为，如评论、转发、收藏、点赞等，这组数据也是评估视频效果的重要指标。互动数据不仅影响平台的流量推荐，还能从侧面反映出观众的需求和体验反馈。此外，真正的"互动"还涉及创作者与观众、"粉丝"之间的双向交流——评论区的管理，这是建立稳定"粉丝"群体的关键。

4. 关联数据

关联数据是两个数据相互作用的结果显现。例如，播荐率（播放量与推荐量之比）、评论率（评论量与播放量之比）、点赞率、转发率和收藏率等。这些指标能够全面地反映视频在多个方面的表现，帮助我们准确地评估视频的质量和效果。

对短视频数据进行分析不仅能帮助内容创作者深入了解观众喜好，优化内容创作策略，提升视频质量；还能为平台提供用户行为洞察，了解海外用户或消费者的偏好，以便提供更个性化的内容和用户互动。此外，数据分析还能指导广告投放策略，提高推广和引流的效果，并为企业出海、跨境运营等业务的发展提供参考依据。

三、跨境短视频电商选品

不管什么类型的短视频，都需要进行短视频投放与数据分析，但跨境电商短视频运营中，还有一个重要环节，那就是选品。无论我们未来选择在亚马逊、速卖通、eBay、SHEIN、Temu、TikTok Shop、阿里国际站还是 Shopify 等平台投放短视频进行销售，产品的选择都是跨境电商运营中至关重要的一个环节。良好的选品策略能够确保内容与目标市场的相关性，满足消费者需求，并最大化投资回报率。那么跨境电商短视频选品要如何进行呢？接下来这一内容进行介绍。

（一）跨境短视频选品方法

选品之前，我们要明确短视频电商的模式。短视频电商是近年来备受欢迎的营销方式之一。不仅丰富了产品的使用场景、精准切中用户痛点，还让不同的用户主体从中实现收益，扩大了品牌影响力。目前，比较常见的模式有两种：自营品牌电商和平台电商。前者是通过各大平台的商品橱窗呈现，内容创作者开通平台的橱窗功能或视频带货权限后，可在短视频中添加商家或品牌方的产品。后者则是短视频创作者与商家合作，通过制作符合产品或商家要求的短视频，为其推广、售卖产品，从中赚取佣金。但无论是哪类视频内容、何种合作方式，产品就是其中的重要环节。跨境短视频选品与跨境直播电商选品有许多共同之处，但仍有差异存在，这样的差异亦可作为跨境短视频选品的方法。

首先是商品价格。跨境带货或营销类短视频的价格首选客单价在 10～80 美元的商品。因为在短视频平台上，大多数用户都属于冲动消费，若客单价较高则可能造成转化率低。举个例子，用户在同一平台中看到的同款、同质量的服装，但价格是 39.9 美元和 110 美元，在购物心理上就会更倾向于低价产品。但也不是越低越好，因为还需要考虑到物流运输的成本。若是低于 10 美元，其利润空间也就随之压缩。

其次是内容创意。与国内短视频电商类似，跨境短视频电商的选品更侧重于考虑使用创意和剪辑技巧吸引用户的注意力，突出产品的核心卖点，从而刺激用户点击购物链接。选品阶段也可以搜索目标平台中同款产品的销量和视频内容的数据表现，以此模仿或修改爆款短视频内容。

最后就是商品的稀缺度。在跨境短视频平台中，往往是稀奇古怪的产品容易激起用户的兴趣，所以在选品时可以考虑一些市面上不常见但能解决一部分用户问题的产品，为后续的短视频制作提供更多的内容和看点。

除此之外，物流配送、消费群体分析、市场定位等内容与直播电商选品类似。可以在后续跨境直播的内容中进一步学习。

（二）跨境短视频选品技巧

在选品过程中可以参考以下技巧，组建一个自己的产品档案。

首先，运用热点选品法。关注高热度但竞争弱的产品，需要注意的是热点产品一般有一定的时效性，这就需要融入趋势选品法：从目标市场的销售走势、评论量和上线时间观察，选择处于产品生命周期上升阶段的产品。选品时可多关注海外新闻和海外媒体的热门事件，为短视频的制作提供更多的参考内容。借助热门关键词检索工具（如 Google Trends、Ad Spy 等），搜索爆款产品时同步搜索关联产品，即爆款产品的周边及配套产品。

其次，突显视觉欣赏又实用的产品。短视频在视觉方面带给用户的冲击要比图文或直播的方式更大，选品时和短视频内容创作时可以尽可能将产品的颜值最大化；但产品的实用价值也要同时兼顾，产品要真的能解决用户的实际问题。由此也不难发现，选品的过程也能够为短视频提供创作思路。

最后，利用电商平台、社交平台、同行独立站等选品（如图 2-3-5 所示），找灵感、找思路，如 Amazon、Pinterest、Facebook、YouTube、TikTok 等。如此一来，选品可避免海选，更有针对性，效率也更高。

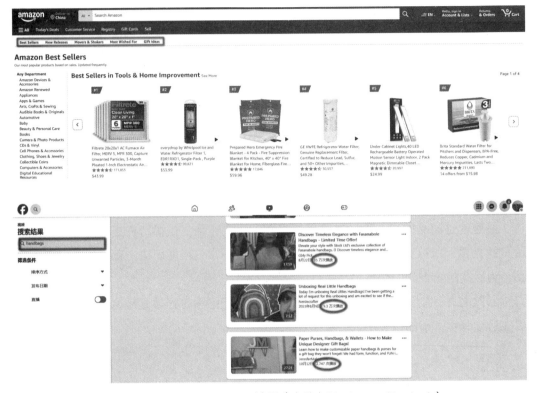

图 2-3-3　**Amazon 和 Facebook 选品**（资料来源：Amazon/Facebook）

以下是可供参考的选品渠道：

（1）Amazon Best Sellers (www.amazon.bestsellers.com)：了解不同类别的畅销产品。

（2）Jungle Scout (www.junglescout.com)：提供亚马逊产品研究和市场分析的工具，但此平台需要开通付费会员才能查看详细内容。

（3）Google Trends (trends.google.com)：探索不同地区的搜索趋势，发现热门产品。

（4）AliExpress Dropshipping Center (dropshipping.aliexpress.com)：全类目平台，为跨境电商提供热门商品的数据库。

（5）阿里巴巴国际站（https://www.alibaba.com/）：提供海量的商品资源，适合寻找供应商和产品灵感。

▶▶ 思政案例

点亮全球：小米的国际化征程与市场战略

在央视财经频道的《国货之光》专题片中，小米集团的总裁王翔用三个令人印象深刻的数字，向我们展示了小米在全球舞台上的辉煌成就。想象一下，如果你的口袋里装着小米的海外营收——409 亿元人民币，你可能会觉得自己像个亿万富翁。这不仅仅是一个数字，它代表了小米在2021年第三季度海外市场的惊人增长，同比增长超过50%，占到了小米总营收的半壁江山。更令人瞩目的是，小米在全球59个国家和地区的市场排名都挤进了前五，西欧市场的出货量更是稳居前三。

这背后的故事，不仅仅是关于数字的增长，更是小米如何用科技和人文艺术的深度融合，讲述了中国品牌走向世界的新篇章。小米不仅仅是在卖手机，而且是在传递一种生活态度，一种科技让生活更加美好的信念。全球的米粉们，因为小米的产品而感受到了科技的温度，这份热爱和认可，让小米的品牌形象在全球市场上更加鲜明。

小米的海外品牌战略，就像一个精心构建的稳定三角结构，依托产品力、运营力和品牌力，构建了一个适合自己的战略框架。小米通过新产品的发布，像一场场战役一样，不断积累优势，将营销创新转化为品牌资产的积淀。

在这个战略指导下，小米2021年的海外营销策略可以总结为三大点：一是以影音体验为主线，强化产品的高端体验；二是与电影艺术元素深度融合，提升品牌的质感；三是利用 TikTok 挑战等创新形式，与用户共创品牌的精神内核。通过这些具体的营销手段的不断创新和升级，小米在全球范围内成功构建了一个高端、前沿、普惠的科技品牌形象。

层层推进，两代旗舰系列稳固高端站位：挺进高端市场是小米在全球市场上的重要策略。小米在海外市场的高端定位对于其整体的高端化布局至关重要。利用海外市场的丰富资源，小米围绕两代高端旗舰机型的发布，在营销布局和节奏上层层推进，稳固了其在海外市场的高端地位。

高举高打，小米电影节升华影响力营销：以营销布局为基石，小米力求在海外市场将自身产品与社会生活、电影艺术深度结合，贯通了人文与科技之间的界限，提升了品牌内涵和质感。通过赋予手机产品"电影艺术共创者"的角色，小米向海外用户传达了科技让人文情感表达更普惠的理念。

强化互动，TikTok 挑战打动新世代"粉丝"：与全球米粉保持密切互动是小米深入海外市场的重要策略。结合 Redmi Note 10 系列产品发起的 TikTok 挑战赛就是一个典型案例，通过创新的互动形式，激发用户的参与热情，帮助品牌与消费者建立情感连接。

资料来源：中国日报·中文网

▶▶ 同步习题

一、单选题

1.在创作一部针对海外市场的短视频剧本时，（　　　）因素是编剧最需要考虑的。

A. 视频长度　　　　　B. 文化差异　　　　　C. 演员选择　　　　　D. 特效使用

2. 对于跨境短视频制作，（　　　）是提高视频质量的重要因素。

A. 使用最贵的设备　　　　　　　　B. 持续编辑和后期处理

C. 视频内容的创意和原创性　　　　D. 视频时长

3. 在拍摄跨境短视频时，正确处理语言和文化差异问题的是（　　　）。

A. 忽略本地文化元素　　　　　　　B. 使用字幕或配音

C. 只聚焦一种文化　　　　　　　　D. 避免使用语言

4. 跨境短视频推广中，（　　　）平台不适合进行产品展示。

A.TikTok　　　　　B.Instagram　　　　　C.LinkedIn　　　　　D.YouTube

5.（　　　）可以提高跨境短视频观看率。

A. 使用热门话题和挑战　　　　　　B. 频繁发布内容

C. 忽视评论反馈　　　　　　　　　D. 避免使用标签

二、多选题

1. 在编辑跨境短视频时，音乐选择应考虑（　　　）要素。

A. 歌曲的版权问题　　　　　　　　B. 音乐风格是否与视频内容相符

C. 音乐节奏是否适合视频节奏　　　D. 音乐在不同文化中的接受度

2. 在跨境短视频带货中，（　　　）做法有助于提升销售转化率。

A. 提供详细的产品信息　　　　　　B. 评论区互动

C. 创造紧张感促使快速购买　　　　D. 设置合理的价格

三、判断题

1. 在编写跨境短视频剧本时，编剧不需要关注目标文化的习俗和敏感话题。（　　　）

2. 对于跨境短视频来说，应使用大量的俚语和地方性语言可以增加视频的本地化程度，从而更容易被国际观众接受。（　　　）

3. 在多个平台上发布相同的短视频内容，会有助于提升视频的总观看量。（　　　）

四、案例分析题

以下是跨境短视频平台的一个开箱短视频。请根据图片画面和相关提示，结合本章所学知识回答以下问题。

文案：

I'll never iron or take my clothes to a dry cleaner again thanks to my amazing machine! #homehacks#hometips#laundryhacks

旁白：

Somebody tell my husband, I'm never going to iron again.

From now on, this fancy machine is gonna do it all for me. Just hang your clothes press start and walk away, so he can do his own shirts because I'm done.

简答题：

1. 请描述视频内容与产品呈现是如何有效吸引观众并激发购买欲望的？

2. 视频文案和旁白自述如何通过情感共鸣策略来吸引目标受众，并说明这种策略对提升产品吸引力的作用。

3. 视频背景音乐如何与视频主题和氛围相协调，增强用户体验？

>> 实训任务

任务背景：

随着数字时代的到来，跨境营销已成为中国企业走向国际化的重要组成部分。某知名化妆品品牌"美丽之名"，通过精心策划的跨境营销短视频，成功进入了东南亚市场。该品牌深入了解了目标市场的文化习俗和消费者喜好后，创作出了一系列富有地方特色且现代感十足的短视频，通过社交媒体和在线视频平台广泛传播，不仅提升了品牌知名度，还带动了销售的大幅增长。当前，该品牌计划将在马来西亚推出彩妆系列产品。现需针对新产品在各平台进行短视频投放。

任务要求：

通过本章学习，根据所掌握的跨境营销短视频策划、制作与推广流程，尝试并完成本次实训任务。

1. 分组完成实训任务，每组 3~4 人，明确分工，协同合作。

2. 根据任务背景要求，进行跨境营销短视频的策划与制作。

3. 短视频内容需符合目标市场的文化习惯和消费心理，能够吸引目标受众的注意力并激发购买欲望。

4. 短视频时长控制在 1~2 分钟内，要求画面清晰、剪辑流畅、背景音乐得当。

5. 完成短视频制作后，须制订推广方案，包括推广渠道、推广时间、预算分配等。

任务过程：

1. 市场调研与选题：分析目标市场的文化背景、消费习惯、市场需求等信息，结合产品或服务的特点，确定短视频的选题和风格。

2. 策划与脚本撰写：根据选题和风格，策划短视频的内容结构、拍摄场景、角色设定等，并撰写详细的脚本。

3. 拍摄与后期剪辑：按照脚本进行拍摄，后期注意剪辑技巧、转场效果、配乐选择等，使视频更加流畅、生动。

4. 推广方案制定：根据目标市场的特点，制订合适的推广方案，包括社交媒体、视频平台、广告投放等多种渠道。

5. 成果展示与汇报：在课堂上进行成果展示，汇报短视频的制作过程、推广方案及预期效果。

评分标准：

创新性（20 分）、策划与执行（30 分）、视频质量（20 分）、推广方案（30 分）。

第三章　跨境直播运营

▶▶ 学习目标

1. 掌握跨境直播带货的完整业务流程及各流程主要事项。

2. 熟悉跨境直播运营团队的岗位人员组成及各岗位的定位、职责差异。

3. 掌握直播前的主要工作事项与实用技巧，重点包括直播选品、直播策划、直播脚本撰写。

4. 掌握直播过程中的主要工作事项与实用技巧，重点包括掌握完整话术结构、学习各环节话术、维护直播氛围。

5. 掌握直播后的主要工作事项与实用技巧，重点包括分析各项数据指标作用、掌握数据分析思路、复盘优化措施。

▶▶ 课前预热

Anna 是英语专业毕业生，2023 年毕业后从事 TikTok 运营工作，半年后开始做一家彩妆公司的兼职主播。"一场 5 小时的直播，推流的时候场观能到七八千，平均场观也有两三千"，Anna 还介绍，美国女性酷爱化妆，眼影盘、假睫毛、穿戴甲、假发、塑身衣等都是畅销产品，消费人群覆盖从十几岁的青少年，到五六十岁的阿姨，她们注重与主播的交流。"美国'粉丝'对'直播带货'还没有很强的认知，大多以交朋友的心态进到直播间，一些老粉几乎每场直播都会看，甚至在直播间申请当管理员，主动帮忙回答新'粉丝'的问题。"

在 Anna 看来，跨境直播，不只是换一种语言卖货这么简单。要打动外国消费者并最终达成交易，就要站在当地人的视角充分了解本土文化，再配以或真诚或幽默的表达方式，这才是对大部分主播来说真正困难的部分。

同时，有些品类天然适合跨境售卖，具有性价比的平替产品，"新、奇、特"商品，是大部分国外受众青睐的。Anna 公司卖的眼影就是典型代表，一套眼影组合成本只要100多元，在直播间可以卖到50~60美元。选品不仅要看是否受欢迎，还要考虑成本、利润空间。一方面，跨境物流本就成本很高，一旦退换货又会增加成本，所以选品非常关键；另一方面，跨境商品需要和美国当地商家PK，只有产品价格更优惠，直播间的成单率才会更高，主播也能从中抽取更多佣金。

第一节　团队与岗位

跨境直播带货电商的成功除了依赖于优质的产品和吸引人的内容以外，还需要通过科学的经营策略和有效的运营来维持和增长，每一个环节都相互关联、相互作用。商家团队只有全面考虑并合理分工实施这些策略，才能在竞争激烈的直播电商领域中获得成功。直播电商经营方法论中的"七力"如表3-1-1、图3-1-1所示。

表3-1-1　直播电商经营方法论：七力

货品力	合理的选品、组货和排品是成功带货的根本	通过深入了解市场需求、消费者喜好以及产品本身的吸引力，精选适合的产品，并进行有效的产品组合销售，合理安排商品在直播中的展示顺序，能够吸引更多消费者的关注并促进购买行为。
策略力	数据策略赋能直播更加科学有序	利用数据分析来制定并优化科学合理的直播策略，包括直播内容、时间安排、互动方式等，形成标准化的直播流程，确保每一环节都能高效运作。
口碑力	短视频种草是直播带货的关键基石	通过制作有趣、吸引人的短视频，精准捕捉目标受众的需求和兴趣点，吸引潜在消费者的关注、提升消费者对产品的认知与购买欲望，为直播带货的成功奠定坚实基础。
引流力	广告投放为直播间引入更多精准公域流量	利用各种在线广告工具和平台，通过精准的广告投放，将目标受众引导至直播间，增加直播间的曝光度和观众数量，提高销售机会。
分销力	"达人"直播分销，扩大销售通路	与有影响力的"达人"合作，进行直播分销，借助他们的"粉丝"基础和影响力，将产品推广给更多的潜在消费者，扩大销售渠道。
自播力	商家自播长效保障销量稳定	商家自主开设直播间，定期进行直播带货销售，建立稳定的品牌形象和高黏性的消费者群体，保障销量的增长和稳定。
"粉丝"力	私域把控力决定了直播的复购力	通过优质、个性化的直播内容、产品以及客户服务，建立和维护与"粉丝"的良好关系，增强"粉丝"的忠诚度和复购意愿，实现直播销售的持续增长。

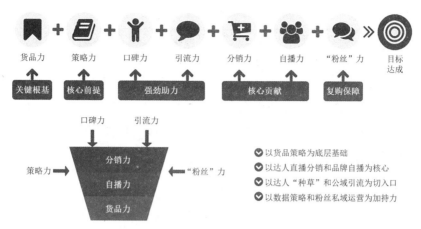

图 3-1-1 直播电商经营方法论：七力

　　跨境直播电商运营流程是将直播电商经营方法论具体化、实践化的过程，其常见的运营链路如图 3-1-2 所示。商家团队需能够掌握运营链路中每一个流程的技巧，组建相应的团队，并进行合理的人员分工。团队成员具备相关的专业知识和技能后，方能高效地执行每一步流程，并确保整个运营过程的顺利进行，保证运营成果。

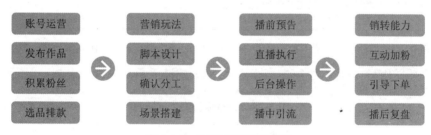

图 3-1-2 直播电商运营链路

一、团队搭建

　　一支专业的直播电商运营团队，通常包括主播、副播、助理、直播运营、中控运营、内容运营、数据运营七类人员，各类人员及职责如表 3-1-2 所示。而小型团队一般由两个或四个人员构成即可。

表 3-1-2 直播电商七类人员

主播	熟悉直播产品的相关知识与信息，了解直播活动信息 把控直播间氛围与节奏，定期对直播进行复盘优化等等
副播	协助直播产品展示以及直播间评论解答，引导观众关注直播间 配合主播进行控场，拍摄直播切片等等
助理	配合直播间内的各种琐事，包括传递直播产品、道具等等
直播运营	负责直播玩法策划、直播产品组合与排款 开展直播脚本策划及策略等统筹工作

（续表）

中控运营	负责商品库存管理以及商品上下架、商品改价以及优惠券发放等后台操作
内容运营	负责账号定位以及视频脚本策划、拍摄制作、引流等工作
数据运营	负责直播数据采集、数据分析、总结优化建议以及商业投放等工作

在直播购物中，两人小团队通常由主持人和运营经理组成，每个人在确保成功和吸引人的直播购物过程中扮演着至关重要的角色。这种团队结构旨在优化运营效率，并提供强有力的后勤支持，确保每个直播购物活动对观众和品牌都能顺利有效地进行。两人团队人员及职责如表 3-1-3 所示。

表 3-1-3　直播电商两人团队

两人团队人员主要职责	
主播	直播策划以及商品展示介绍
	与观众进行互动交流并把控直播间氛围
	分析直播效果并总结优化方向
运营	商品以及库存管理并进行后台管理操作
	制定商品定价策略以及上下架
	处理直播过程中的技术性问题

在超过两人团队的设置中，四人小团队引入了更多专业化的角色，包括专职助理和专业直播操作员，以及主播和运营经理。四人团队人员及职责如表 3-1-4 所示。

表 3-1-4　直播电商四人团队

四人团队人员主要职责	
主播	直播策划以及脚本编写
	商品展示介绍与直播互动
	把控直播间氛围
中控运营	商品以及库存管理并进行后台管理操作
	商品改价以及促销管理
直播运营	直播视频画面管理与设置
	直播各流程策略制定
	直播引流与推流
助理	直播间相关事项配合
	商品上下架以及管理
	直播工具应用

对于复杂和大规模的直播购物活动，如产品发布、主题节日或假日促销，四人小团队是必不可少的。这种结构可以提供全面的覆盖范围，轻松处理品种繁多的产品和更大的观众群体。

每个成员都发挥着重要的作用，从管理观众互动到处理技术细节，确保在这些充满活力和高能量的场景中实现流畅运营和吸引力。在直播购物中，由主播和运营经理组成的两人小团队高效地管理产品展示和技术方面，确保吸引人和顺利的直播购物过程。与此同时，四人小团队添加了专业角色，非常适合复杂的大规模活动，增强了和观众互动的力度。这两种结构对于成功的直播购物体验至关重要。

二、成员分类

1. 运营人员

直播运营人员的工作职责包含直播内容策划与执行、直播平台管理与优化、商品管理、直播营销推广、直播团队协作与管理以及直播风险管理与应对等多个方面。他们需要具备丰富的直播运营经验、敏锐的市场洞察能力、良好的沟通协调能力和应对突发状况的能力，以确保跨境直播活动的成功举办和持续优化，其工作职责主要包括以下几个方面：

（1）直播内容策划与执行：运营人员需要策划有趣、有吸引力的直播内容，包括确定直播主题、制定直播流程、准备直播道具等。在直播过程中，他们需要确保直播内容的顺利执行，及时调整直播节奏和互动方式，以保持观众的兴趣和参与度。

（2）直播平台管理与优化：运营人员需要熟悉并掌握不同直播平台的功能和规则，以便在不同平台上进行有效的直播推广。他们需要定期分析直播数据，了解观众行为和喜好，优化直播内容和形式，提升直播效果和观众满意度。

（3）商品管理：运营人员负责管理商品列表，适时更新调整价格，确保直播过程中能够准确地展示相关商品；运营人员还需负责管理后台商品库存，确保所有展示的商品库存准确、合理，并进行实时更新、调整。

（4）直播营销推广：运营人员需要制定并执行直播营销策略，通过各种渠道和手段吸引观众参与直播，包括利用社交媒体、邮件营销等方式，提前预热直播活动，扩大直播影响力。同时，他们还需要与其他部门协作，如产品、销售、客服等，确保直播活动的顺利进行和后续的客户维护。

（5）直播团队协作与管理：运营人员需要协调和管理直播团队成员，包括主播、摄像师、编导等，确保团队成员之间的良好沟通和协作。他们需要对团队成员进行指导或培训，提高团队整体的专业素质和执行力。

（6）直播风险管理与应对：运营人员需要关注直播过程中可能出现的风险，如技术故障、网络问题、版权纠纷等，并提前制定应对措施。在直播过程中，他们需要密切监控直播情况，及时发现并解决问题，确保直播的顺利进行。

2. 场控人员

直播间场控的主要目的就是活跃直播间气氛和"粉丝"互动，处理突发状况等等。场控是直播现场的管理者和组织者，他们负责协调整个直播活动的进行，包括布置现场、准备道具和设备，确保直播顺利进行。场控需要具备良好的组织和沟通能力，能够协调不同人员的合作，确保直播活动的顺利进行。他们还需要具备一定的主持和表演能力，能够在直播现场进行必要的互动和引导，其工作职责主要包含以下几个方面：

（1）维护直播间秩序：场控人员需要确保直播间秩序井然，避免出现恶意刷屏、人身攻击等不良行为，保持直播间的和谐氛围。

（2）管理弹幕评论：场控人员需要对直播间的弹幕和评论进行实时监控，对于违规言论和广告信息要及时进行删除或封禁处理。同时，他们还需要关注观众的反馈和建议，为主播提供改进意见。

（3）礼物管理：场控人员需要对观众赠送的礼物进行统计和管理，确保礼物收入的准确性。他们还需要在适当的时候提醒观众送礼，以增加直播间的收入。

（4）互动环节组织：场控人员需要协助主播组织各种互动环节，如抽奖、答题等，以增加直播间的趣味性和观众黏性。他们还需要在主播与观众之间搭建沟通桥梁，促进双方的互动交流。

（5）应急处理：场控人员需要具备一定的应急处理能力，如遇到网络故障、设备故障等问题时，能够迅速采取措施解决，确保直播的顺利进行。

3. 主播

主播是直播带货主角，既是产品的解说员，也是产品的销售员。一场带货直播的场观、销售等数据，很大程度依赖于主播的综合实力。对于跨境直播电商，其主播的工作职责涉及多个方面，包括具备良好的外语能力、沟通能力、带货能力、市场与文化禁忌的敏感度。优秀的带货主播，往往具有能够吸引人的个人特色或者准确的个人定位，充分了解自己所要带的商品，具备商品推荐、商品"种草"等专业能力，同时，能够学会与观众做朋友，运用良好的口语表达能力、肢体表现能力以及特殊情况的应变能力，适时调节、把控直播氛围，带动观众进行互动，其工作职责主要包含以下几个方面：

（1）直播内容策划与准备：带货主播需要根据目标受众的需求和兴趣，策划吸引人的直播内容，包括选择适合的产品、设计互动环节、准备话题等。同时，主播还需要提前了解产品的卖点、优势和适用场景，以便在直播中准确地传达给观众。

（2）直播表演与互动：在直播过程中，带货主播一般需要通过生动的语言、丰富的表情和动作，展示产品的使用效果和特点。同时，主播还需要与观众进行实时互动，回答他们的问题，解决他们的疑虑，以提高观众的购买意愿。

（3）外语沟通：作为跨境直播电商主播，需要具备良好的外语能力，能够运用外语与海外观众进行沟通。主播需要了解不同国家和地区的文化差异，以便更好地与观众建立联系，提高直播的吸引力。

（4）适时复盘：带货主播需要关注直播数据，如观看人数、互动次数、转化率等，以便了解自己的表现和直播效果。通过对数据的分析，主播可以找出直播中的优点和不足，进而调整策略，优化直播内容和形式，提高直播效果。

（5）团队协作与配合：带货主播需要与团队成员保持良好的沟通和协作，如与运营人员、摄影师、化妆师等共同完成直播任务。在直播过程中，主播需要与团队成员密切配合，确保直播的顺利进行。

4. 主播助理

主播助理的工作职责涉及直播的各个方面，涵盖从前期准备到直播结束的整个流程，旨在支持主播的工作，并确保直播的顺利进行。他们需要具备良好的沟通能力、组织能力和技术知识，以应对各种挑战和需求。在直播电商业务中，主播助理的工作职责主要包含以下几个方面：

（1）前期准备：主播助理需要与主播一起讨论和规划直播的内容，确保直播的主题和内容符合观众的兴趣和需求，包括策划相关的主题、收集资料、整理信息、准备产品样品等。

（2）气氛烘托：负责准备直播中的互动环节，激发观众的参与热情，同时配合主播进行秒杀、限购等活动，增加直播的紧张感和观众的购买冲动；根据直播内容准备相应的道具，增强直播的趣味性和观众的观看体验，从而提升产品的吸引力。

（3）配合主播：通过与主播的有效互动，增加直播的趣味性和观众的参与度；直播过程中，及时给主播提供产品信息、销售点的提示，确保主播能够流畅且准确地传达产品信息给观众；实时向主播报告销售情况并处理售后问题，主播不在时，助理需充当副播角色维持直播继续。

5. 其他人员

除了以上人员外，直播团队一般还包含以下三类人员。

（1）副播：副播主要负责协助主播策划并完成直播任务，实时关注直播间的细节问题，确保直播过程顺利进行，包括直播内容策划、介绍和展示产品卖点、引导"粉丝"购买、把控直播节奏、活跃直播间氛围等等。

（2）中控：中控人员负责直播控制中心的管理和监控，包括直播信号的转换和传输，控制直播画面和音频的切换，以及对直播设备和技术进行监控和维护。他们通常在后台操作，保持设备运行正常，并及时解决可能出现的技术问题。中控需要具备扎实的技术知识和技能，熟悉直播设备和控制系统的操作。他们需要了解信号传输和处理的原理，并具备解决技术问题和排除故障的能力。

（3）客服及售后：作为带货直播的客服，应具备良好的沟通能力和快速响应的能力，以便能够及时解决观众的问题，需要确保在直播过程中能够及时回应观众的问题和需求，包括解答产品相关问题、提供购买建议、处理订单等。而在售后环节，客服人员需要负责处理各种售后服务，包括处理退换货请求、解决产品质量问题、处理投诉等。客服人员还应具备解决问题的能力和处理纠纷的技巧，以确保观众的权益得到保障。

第二节 直播前

带货直播开播前的主要工作是多方面的，需要整个团队进行全面的准备和策划，以确保直播的顺利进行，并取得良好的销售效果。直播前工作主要包括直播选品、直播排品策略设计、直播脚本撰写、直播间搭建与布置、直播引流预热、直播彩排和测试等等。

一、直播选品

（一）直播选品通用模型

根据产品的不同定位，产品可分为五种选品类型，即剧透款、宠粉款/引流款、爆款、利润款和特供款，如图3-2-1所示。五大选品类型环环相扣，五环合一。直播间合理的选品策略能最大限度地实现商家的利益。

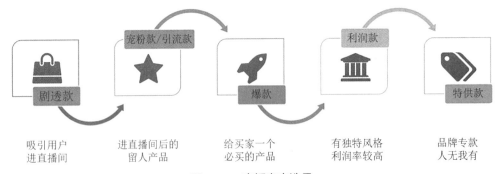

图3-2-1 直播电商选品

1. 剧透款（开播前发出的产品）

应考虑消费者为什么要进直播间，并选择大家熟知的产品作为剧透款，再用价格优势、特定话术来吸引消费者。

2. 宠粉款/引流款（吸引消费者长时间留在直播间的产品）

应着重考虑消费者为什么要留下来，然后选择知名度高、高频使用、便宜、限量等产品作为该类选品。

3. 爆款（下单最多的产品）

需提前评估产品质量、库存、物流，以免出现过多售后问题影响商家销售额，爆款选品主要应考虑四个方面：低价、高频、刚需类产品；展示性强的产品；市场热度高的产品；引起共情类的产品。

4. 利润款（最赚钱的产品）

通常会采用"组合拳"模式售卖，比如化妆品＋若干小样模式。利润款的主要考量因素：先看利润，毛利50%以上比较合适；再看转化率，商家需根据自身的成本计算出相应的阈值；然后看是否有其他"达人"带货同款商品并查看其数据表现；之后，看消费者的反馈与评价；最后，考量库存及供应链压力。

5. 专供款（品牌款）

品牌方特有的产品，做到一定量级时，需靠品牌背书。

（二）直播选品五要素

直播选品事关商家的利益，一般需要关注选品的多样性、品相、品质、价格和品牌。

1. 多样性

"达人"选品首先要做多样性的测试，提高产品更新率。假如选了20个产品，做测试的时候发现其中5个转化比较高，那么你就可以根据这5个产品的特征去选择下一次直播要带货的产品。假如你直播间总共就几个产品，"粉丝"都不喜欢，就没办法测试出"粉丝"们到底喜欢什么样的产品。另外还有一点就是提高产品的更新率，保持"粉丝"新鲜感，增加"粉丝"黏性，而不是一个星期、一个月只卖五六个产品。

2. 品相

优先选择能从外观、质地、使用方法以及使用效果等各种方面对感官具有冲击力的产品。直播带货是具有场景感、沉浸感的互动式带货，人都是视觉动物，好品相的产品也更能激发"粉丝"的购物欲望。

3. 品质

商品品质是直播选品的核心要素之一，品质往往直接影响着消费者的购买决策和满意度，优质的商品能够吸引更多的消费者关注和购买，从而提升销售额和口碑。

4. 价格

直播销售中，价格的定位需要考虑到目标消费群体的购买能力和消费习惯。合理的价格定位能够吸引更多的消费者购买，增加销售量和市场份额。同时，价格也是消费者比较和选择的重要参考因素之一。

5. 品牌

品牌背书利于转化，能选择有一定知名度的产品就选择有知名度的产品，质量有保障，避免售后问题，同时也能提高直播间转化率。

（三）直播选品的六个步骤

对于中小型的直播团队或新手直播团队，由于其缺乏自建品牌、自建供应链的能力，因而需要通过招商来进行选品。通过招商进行选品，一般有以下 6 个步骤。

1. 根据用户需求确定品类细节

选品的第一步，是要根据用户需求确定选品的细节。例如，对于服装类商品，用户偏爱什么风格、什么颜色、什么用途的服饰；对于家居用品，用户希望商品有什么样的基本功能，喜欢什么样的商品造型，对商品包装有什么样的要求等。

2. 查看法律风险

对于某些商品品类，直播间是不允许销售的，直播团队应注意规避。另外，对于涉嫌抄袭原创设计品牌的商品，如果直播间上架销售，会影响主播和直播团队的声誉。因此，对于看起来像爆款的商品或自称独家设计的商品，直播团队要注意审查是否会涉及侵权。

3. 查看市场数据

选品的第三步，是查看商品的市场数据。直播团队在选品环节，要注意查看的数据是具体商品的"直播转化率"，即了解商品销量和商品关联直播访问量的对比。这个数据能够帮助直播团队判断目标商品的市场需求有多大。

4. 了解专业知识

选品的第四步是了解商品所属领域的知识。一方面，在竞争激烈的市场环境中，直播团队只有尽可能多地了解目标商品所属领域的专业知识，才可能把握商品的生命周期，在有限的时间内挖掘出商品的全部信息。另一方面，在当前市场几近透明的状态下，如果直播团队对商品有较强的专业认识，即使所销售的商品在直播平台竞争激烈，也能赢得用户的信任和支持。

5. 精挑细选，反复甄选

选品的第五步，是反复且细致地甄选。根据二八法则，20% 的商品一般能带来80% 的销量。直播团队的甄选目标是要尽可能地发掘出畅销的 20% 的商品。在这个筛选过程中，直播团队的专业程度决定筛选结果。

6. 品类升级

任何一款商品，都是有生命周期的。在直播间，今天的爆款商品，明天或许会被市场淘汰；今天发现的新品，明天或许就会被其他直播间跟风销售。对于直播团队来说，爆款商品被淘汰、被"跟风销售"是无法避免的。因此，直播团队在获得用户支持之后，要及时地进行品类升级。

二、直播排品策略

在直播电商业务中，直播间的商品排品（商品排列）策略设计是至关重要的一环，其货品策略和排品设计需要根据直播间的特点和市场需求灵活制定。有的直播间货品类型会比较多，引流款、爆款、利润款、品牌款、常规款都有；而有的直播间货品品类比较少，可能只有引流款和爆款两种。尽管各个直播间可能会因其定位与策略的差异而拥有不同类型和数量的商品，但制定排品策略的核心逻辑存在共通性。事实上关于排品，其重点多数都是针对引流款、爆款和利润款这三类去进行设计。所以如果是货品品类比较少，那也可以把爆款和利润款归为一类，仅针对引流款和爆款去做排品设计。理解并应用核心逻辑，同时根据实时数据进行调整，能够有效提升直播的销售效果和观众满意度。

在直播电商运营中，运用流量结构逻辑设计排品是很实用的一种策略。直播间的流量结构对其推流逻辑和排品策略有着显著的影响。根据流量来源的不同，直播间可以分为纯自然流量直播间、纯付费流量直播间以及混合流量直播间（自然流＋付费流）。每种类型的直播间都有其独特的运作方式。不同流量结构的直播间，其排品策略也存在差异，如表 3-2-1 所示。

表 3-2-1　直播电商排品策略

排品策略	纯自然流量直播间	混合流量直播间	纯付费流量直播间
流量逻辑	拉流量—稳流量—转化流量—拉流量	拉流量—补流量—转化流量—刺激流量—拉流量—稳流量—转化流量	转化流量
排品逻辑	引流款—爆款—爆款/利润款—引流款	引流款—爆款—引流款—利润款—引流款/爆款/常规款（测款）	（引流款）—爆款—爆款/利润款—常规款（测款）

1.纯自然流量直播间

针对纯自然流量的直播间，其推流逻辑是先拉人，通过引流款，先拉人、聚人、锁客，然后再通过爆款来稳定流量，并且要实现流量转化，做成交模型。之后，当流量出现下滑的时候，就又需要继续去拉人，接着就是再稳流量、做转化。它就是这样循环的过程，所以，这类型的直播间，其整个流量循环划分为三大部分：拉流量、稳流量（促成交）、提 GMV（增加直播间利润）。

而其排品逻辑也是类似，在拉流量环节，运用引流款拉人进来，去做停留、去拉升直播间在线人数；而在稳流量环节，运用爆品来稳定流量，去做成交密度，去刺激平台给到更多的精准流量；到了提 GMV 环节，则利用利润款去做更多的成交，拉升直播间的 GMV，提升直播间的整体利润，然后等流量下滑之后，再重新回到第一步，运用引流款继续去拉人。

2. 混合流量直播间

这类直播间的逻辑跟纯自然流量的直播间存在共通性，其主要的区别在于整个流量循环周期存在差异，例如，在经过引流款后，直播间迎来付费流量时，需要能够进行切品，改成主推爆款，来做成交转化。这时，如果流量可以持续上涨，便可以顺势推出利润款，如果流量上不去了，付费流量会开始慢慢下滑，这时可以重新回到引流款，继续拉人。夹杂有付费流量的直播间，其核心目的就是来补流量，主要补的就是引流款所带来的流量。如果一切顺利，你的直播间整体节奏就会比较快，从引流款到爆款，再到利润款，快速过渡，就已经走完一圈了。

3. 纯付费流量直播间

纯付费流量直播间的排品思路，跟前面两类是完全不同的。纯付费流量的直播间，其流量来源主要是通过广告投流来给直播间圈一些意向比较高的人群。因此原本承担引流作用的引流款，就不再是一个必要产品。因此，纯付费流量直播间的排品逻辑，主要是先运用爆款，把这些通过付费进来的流量稳定住，然后再用利润款，去提高 GMV。如果整个的流量能够稳得住的话，就可以来测试一下常规款。

在实际操作中，关于排品的策略制定，不同的商家往往能总结出更加适用的逻辑、技巧，包括有的商家在开播前，就已根据历史直播数据，以及各个商品的测款数据反馈，先做出了排品计划；而有的商家则根据当场直播的实时数据反馈，来调整排品策略。

三、直播脚本

俗话说"不打无准备的仗"，为确保每一场直播能顺利进行，直播运营人员需要提前准备一份清晰、可执行的直播脚本。通过直播脚本，运营人员可以把控直播节奏、规范直播流程，达到直播的目标。直播脚本的策划内容主要包括直播内容、直播流程、直播活动及人员分工等等。在撰写直播脚本的过程中，运营人员需要与主播沟通，以确定直播脚本的可行性。

1. 确定直播主题

运营人员首先需搞清楚本场直播的目的是什么，是新品上市宣传还是大型的活动促销？如果是新品宣传，主播需通过直播让"粉丝"了解新品的功能作用、上市时间以及渠道购买方式。如果是活动促销，主播则需要对活动产品、优惠折扣进行重点讲解。除此之外，一些电商类的营销节点非常适合作为直播主题，如"双十一"、圣诞节、斋月活动等。

2. 制定直播目标

确定直播主题后，运营人员需根据主题制定直播目标，大致可分为以曝光量为主的人气目标和以成交量为主的销售目标两大类。在实际操作中，大部分品牌商家是抱着产品成交为目的而进行直播的，因此会更注重考核 GMV 等与销售额相关的数据。

人气目标关键在于品牌通过直播触到了多少用户，运营人员可通过观看人数、实时在线人数、最高在线人数、涨粉数量等数据对直播的效果进行考核。

销售目标可分为总体目标和单品目标，总体目标的衡量标准为整场直播需要达到的成交金额、成交件数等。在实操的过程中，品牌商家会通过直播进行产品测试，因此运营人员除了关注整场直播数据还需要关注单个商品的数据，针对单品目标参考维度有商品曝光次数、CTR、创建订单数、支付订单数、成交金额等。

3. 确定开播时间

运营人员需根据自身情况制定直播的开播时间，如果是"粉丝"量较少的直播间尽量避开直播高峰期，这样可以有效地增加账号的曝光度。有一定"粉丝"量的直播间最好在固定的时间进行直播，这样方便"粉丝"掌握直播规律，养成按时观看的习惯。同时，运营人员要设定直播时长，一般建议在 2~4 小时左右，只有确定了直播时长，才能更好地进行脚本流程设计。

4. 活动策略

活动策略是直播间节奏的调和剂，运营人员可通过开场满送、整点抽奖、限量秒杀、入团福利、神秘福袋等营销方式吸引消费者进入直播间并进行产品购买。

5. 岗位明确

品牌商家制定好了主题、目标、时间、活动策略的框架后，接下来就要对工作人员进行岗位分工和责任分配了。在直播过程中的执行力和团队配合度是十分重要的，其中包括主播的话术、副播的助力、后台运营的配合等，整个团队的氛围都会影响用户的停留时长和转化率。

四、直播间场景搭建与布置

根据不同的需求和特点，带货直播可以分为三种类型：品牌专场直播、工厂类型直播和实体店铺直播。不同类型的直播间，其场景搭建策略也存在差异，其搭建的各个细节也应根据直播间的类型以及影响策略进行制定、实行。

品牌专场直播是指针对某一特定品牌的产品的直播销售活动，该类型直播间场景的搭建重点是突出品牌形象、有效展示产品特点。其直播间的背景、道具和装饰应与品牌形象相符，以增强品牌认知度；可以使用品牌 LOGO、标语等元素，让消费者一眼就能识别出品牌。同时，其直播间内应设置专门的展示区域，通过实物展示、模特试穿等方式，将产品的特点、优势展现出来，让消费者更直观地了解产品。

工厂类型直播是指在生产现场进行的产品直播销售活动，可以让消费者看到产品的生产过程，增加信任感。其直播间场景搭建重点是展示生产线、强调公司实力及品质保证。可以将直播间设置在生产线附近，让消费者看到产品的生产过程。这样不仅可以增加消费者的信任感，还可以让消费者了解到产品的质量和工艺。在直播间内，可以设置专门的工厂／公司展示或品质保证区域，展示产品的检测报告、认证证书等，让消费者放心购买。

实体店铺直播是指在实体店内进行的产品直播销售活动，可以让消费者看到实体店的环境，增加信任感。其直播间场景搭建重点是展示店铺环境、突出产品陈列，可以将直播间设置在店铺的显眼位置，让消费者看到店铺的整体环境；在直播间内，可以设置专门的产品陈列区域，将热销产品、新品等摆放得整齐有序，吸引消费者关注。

1. 直播间布景

站播：通常在 20 平方米的区域，站立直播，适用于服饰／家纺／家具／箱包。

坐播：通常在 10 平方米的区域，坐着直播，适用于美妆／珠宝／玩具／饰品。

2. 直播设备

拍摄及灯光设备：直播间灯光设备通常由主灯（偏主播位置上方）、补光灯（放于两边不要出镜）和辅助背景灯（视情况及场地定，可不用）组成；灯光的合理使用可以增强直播间清晰度，营造出更高端大气的感觉。

服饰、美妆：使用白光，接近自然光的色温，利于在镜头前展示服装和化妆品、护肤品等产品的状态，减少色差。

家居：使用暖光，使得家居家纺更温馨。

珠宝类：结合珠宝类型和光泽，再决定是白光还是暖光。

3. 经典直播间搭建方案

常见的直播间搭建方案包括三灯设置、五灯设置以及双机位设置等，如图 3-2-2、图 3-3-3 所示。同时，在实施过程中需根据需求灵活调整，包括：绿幕的摆放一定要注意，保持与主播距离在 1.5 至 2 米之间；绿布必须平整，同时布光均匀，灯光最好要带柔光箱，另外灯光摆放不要直射，会导致光线过硬不柔和，而且对主播眼睛损伤较严重；机位摆放高度在与眼睛齐平上下的位置，这样较为自然，不要仰视视角，可以稍微采用俯视视角。

三灯设置：

五灯设置：

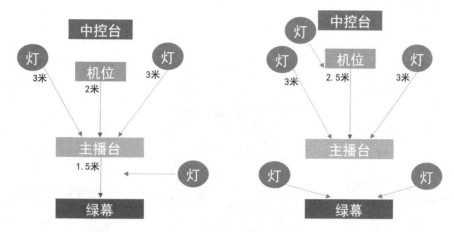

图 3-2-2 三灯与五灯设置

双机位设置：

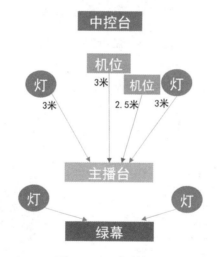

图 3-2-3 双机位设置

4. 直播间场景布局

在对直播间场景布局时，商家可参照"121"的竖屏构图特点进行规划，如表 3-2-2、表 3-2-3 所示：

（1）上部：1/4 留白放置品牌 logo/Slogan、产品贴图；

（2）中部：主播半身出镜，占屏幕的 1/2，保持眼睛对视镜头；

（3）下部：前景操作台占 1/4，放置主要产品。

表 3-2-2　直播间场景布置（资料来源：TikTok）

工厂 / 仓库直播	半无人直播	坐姿半身直播
适用行业：日化、食品饮料等	适用行业：珠宝首饰等小配件	适用行业：日化母婴、食品饮料、美妆个护、数码电子

特点：以工厂为背景，突出产品从工厂直销更低价	特点：适用于需要特写的小商品	特点：便于展示产品，以及主播模拟使用产品的过程和效果

表 3-2-3　直播间场景布置（资料来源：TikTok）

站姿半身直播	站姿全身直播
适用行业：家纺、服装、箱包	适用行业：鞋服、假发

特点：用于展示商品与整体场景，特别是家纺类商品能更好地展示使用场景	特点：能完整展示主播全身效果，特别是下半身的服饰等

5. 直播间色彩建议

（1）实景直播间：建议以实木／深色／莫兰迪色等低饱和度的颜色，可以在墙上装饰上品牌 logo，强化客户心智；使用背景布，以任意更换，给买家带来新鲜感，成本不会很高，可以考虑选用；直播间搭建的软装配色应该与品牌调性一致，或者与直播主题相吻合。

（2）虚拟直播间：建议主播穿着深色系的服装，衣服边缘清晰，抠像效果较好；直播间的打光应提早进行测试和调整。以免因灯光问题，导致产品色彩出现偏差，从而使得产品被绿幕扣掉。

五、直播引流预热

商家要想在直播间提高商品销量，需要在直播前通过引流短视频、广告投放等方式将更多的站内外用户引入直播间。跨境电商直播业务中常用的直播引流推广的方法概括如表 3-2-4 所示。

表 3-2-4　直播推广引流方法

商家官网	可以是跨境电商卖家的官方网站，也可以是独立站，或者是跨境电商平台。商家可以在直播之前，提前发布相关的直播预告，把商家官方网站的自然流量或推广流量引向直播间
个人主页	商家可以在其直播账号的简介处写上直播预告，包括直播时间和直播内容等，让"粉丝"养成习惯，定时定点观看直播
直播预告短视频	• 商家需提前策划预告短视频的相关内容，进行拍摄、创作编辑并发布至直播平台或其他相关渠道进行预热推广 • 预告视频内容可以是预告直播产品、预告福利活动、预告出镜主播（特别是"网红"主播） • 视频内容应保留悬念并不失一定的吸引力，切勿将所有的亮点、福利都提前透露，避免用户对直播内容失去兴趣
引流短视频	• 直播间高光型／切片短视频（制作要点：气氛） • 商品卖点"种草"型短视频（制作要点：效果） • 突出商品利益点型短视频（制作要点：活动）
广告引流	商家可以通过投放信息流广告来进行引流，例如，TikTok 平台的 Promote（付费广告工具）
社交平台／自媒体平台	商家可以在其海外社交媒体或自媒体平台矩阵的相关平台账号中发布直播预告相关信息，将其社交媒体／自媒体平台的用户群体引流至直播间

六、直播彩排和测试

为了确保带货直播过程的顺利进行并取得最大的销售效果，正式开播前的彩排和测试工作是必不可少的环节。表 3-2-5 梳理了在直播带货业务中，团队人员如何做好开播前的彩排与测试的主要事项。

表 3-2-5　直播彩排 / 测试注意事项

技术测试	直播账号检查	确保直播账号处于正常状态，无违规记录导致的限制，以及开启直播权限
	网络速度测试	使用网络测速工具检测直播时使用的网络环境，确保上传速度满足直播要求，避免画面卡顿影响观众体验
	功能可用性测试	测试直播间内各项所需功能是否正常并开启，保证直播过程的顺畅进行
	音频测试	调整麦克风和扬声器的音量，确保主播声音清晰、背景音乐舒适，提升听觉体验
	弹幕系统检查	确认弹幕系统能准确显示观众评论，并且主播能够便捷地回应，维护直播互动性
	商品管理功能测试	确保直播带货期间，商品能够顺利上架与下架，价格变动及时生效，保障交易顺畅
	连麦测试	如果直播包含连麦环节，提前测试连麦功能，确保音视频同步，交流顺畅，没有技术障碍
内容与环境准备	设备检查	检测摄像机或其他拍摄设备是否运作正常，避免直播中出现技术故障
	产品讲解流程梳理	提前准备好产品的讲解脚本和流程安排，以便在直播中逻辑清晰、重点突出地介绍产品
	摄像头与现场布置	检查摄像头角度和镜头成像，避免镜像问题；确认直播现场布置合适，包括灯光、背景等，营造良好的视觉环境
	化妆与形象调整	主播应提前完成化妆，换好直播服装，确保在镜头前展现最佳形象
团队协作演练	后台操作熟悉	直播团队成员应熟悉直播中使用的各种功能和玩法，包括商品上下架、互动环节控制等，以便及时响应直播中的各类情况
	脚本核对与彩排	团队人员需要与主播一起核对直播脚本，进行至少一次的全流程彩排，以确保直播内容的准确性和流畅性
	节奏沟通	与主播或合作"达人"明确直播的节奏和过款策略，包括产品介绍时间、互动环节设置、促销活动时机等，保证直播的销售转化效果

第三节　直播中

在带货直播过程中，每个团队成员的工作职责都至关重要，不管是镜头前的主播还是幕后的运营、场控、中控等人员，团队成员必须协同合作，确保直播的顺利进行。主播是整场直播活动的主角，不仅是商品信息的传递者，更是销售的推动者和观众互动的桥梁。一个成功的带货直播间不仅仅依赖于产品本身的质量和价格，营造并保持一个吸引人的直播间氛围也尤为关键。直播中的工作需要注意直播带货话术、直播间氛围维护、直播内容雷区等。

一、直播带货话术

（一）直播带货话术作用

直播带货话术在直播销售中扮演着至关重要的角色，它不仅能够吸引观众的注意力，还能有效地传达商品信息、激发购买欲望，并增强与观众的互动。

1.话术的意义

话术不代表语速快、口才好，而是要分析人性，促成销售。话术可以帮助商家和主播控制直播、完善主播特色、营造直播氛围。

（1）销售话术定义：电商主播是以商品为核心，进行详细生动的宣传推销，同时引导用户参与直播互动，最终影响用户购买的决策。而这个过程中，影响购买者的语言表达称之为话术。

（2）话术的运用场景：欢迎—宣传—互动—带货—活动—催单—引导—感谢。

2.话术的作用

直播话术选用得当，可以直接促成成交和复购。

（1）控制直播：优秀的话术体系，可以帮助主播及商家控制节奏。

（2）打造主播特色：完善个性化的话术，可以塑造账号属性及主播 IP 人设，增加信任感。

（3）氛围营造：用话术来带动秒杀、活动、直播间氛围、主播与"粉丝"之间互动，放大从众心理。

（二）各流程话术

对于带货直播而言，直播过程中主播的话术是非常重要的一环。主播的语速、逻辑、语音语调、口音等等都会对直播效果有巨大的影响，同时主播话术的使用在很大程度上能够拉近与观众的距离，对于直播间观众的观看、留存、下单以及持续关注，直播起着非常大的作用。在此基础上，标准话术的使用既可以使新手主播快速拉近各直播环节与观众的沟通技巧，又可以让主播在"标准"的基础上根据自身习惯、商品特性等做出个性化的修改，从而更好地实现商品宣传、观众互动和业绩提升。

每个观众来来回回平均观看时长普遍就 30 秒到 3 分钟，主播需要把握好每个 3 分钟，把这个秀做好，其话术逻辑主要为吸引注意、降低心理防线、洞察需求、抛矛盾、给方案、行动指令、营销逼单，详细步骤如表 3-3-1 所示。

表 3-3-1　直播带货话术思维

第一步：聚人	• 活动热场（秒杀 / 优惠券 / 送礼） • 引导点关注、点赞、点击小黄车
第二步：锁客	• 放大场景痛点 + 产品出现，难题解决 • 主播代入自身经历 + 清晰表达，情感共鸣
第三步：举证	• 实验或者试用产品，展现特性及试用穿搭效果 • 销量、资质证明、"达人" / 明星背书
第四步：促单	• 限时间、限数量、限身份、限订单量 • 描定对比 + 成本拆解 + 回答评论 • 倒计时下达抢购指令

一场完整的带货直播通常涵盖不同环节 / 流程话术，包括开场 / 欢迎话术、互动 / 宣传话术、带货话术、活动话术、逼单话术、感谢 / 结束话术等等。

1. 开场 / 欢迎话术

开场 / 欢迎话术的核心就是让观众体验到"被看见和被重视"，从而引导观众在直播间观看、停留以及产生后续的互动，以达到提升直播间热度的效果。常用的欢迎话术种类包括：

（1）通用开场类

① Welcome to our live streaming room. This is Clara's channel. Thank you guys for watching us today.

② Hello, every cute lady. This is Jenny. Welcome to our live show.

③ Hello everyone! Welcome to our live. I'll just introduce myself first. I'm Lily and I am super glad to see you guys in my live.

④ Don't forget to follow us and tap the screen. Thank you for the support and thank you for the following.

⑤ Hello and welcome to this Amazon live tech stream.

（2）名称（用户名称）开场类

① Hi my dear friends, how are you guys?

② Hi XXXX, welcome, how are you?

③ Hi XXXX, where are you from? I love your beautiful name!

④ Hi XXXX, welcome my new friends! Is there any interesting story in your name?

（3）内容开场类

① Welcome to my livestream. Today I will show you the … don't forget to follow me, so that you can find me easier.

② Hello guys, today I want to guide you guys on low-cut basketball shoes here.

2. 互动／宣传话术

互动／宣传话术的核心是让观众对我们直播间和商品有一个初步、大概的了解与记忆，对观众有一定的吸引力，能够使直播间产生更多的停留与评论等有效数据，同时也营造出更加热闹的直播氛围，进而提升观众对商品的购买欲望。

（1）强调直播时间段（适用于直播时间稳定、有规律的直播间，可以增强"粉丝"黏性）

① Thank you for staying here with me, my friends! Our livestream lasts from 6p.m. To 12a.m. every night.

② Please click "Follow" button so that you can find me next time.

③ For those who have followed me, please come to my live stream very often. I want to see you guys!

（2）宣传直播内容（用最短的时间让新粉对直播间有一个大概的了解）

① Welcome to my livestream, friends! I am XXXX, and I will bring interesting products to enlighten your life!

② Follow me and let's meet interesting things very often!

③ For more interesting and relaxing life, please follow me!

（3）发问式互动话术（通过发问可以让观众有一个与你互动的理由）

① Hi friends, are you skillful enough to use what I showed you?

② Anyone who has experience of using this product?

（4）指令式话术（用于主播控场，引领直播间节奏）

① Hi guys, press "1" to let me know you like this dress OK?

② Anyone who wants this free gift? Send me a "want" in the comment section OK?

3. 带货话术

电商直播间往往是主播不断向观众销售商品的过程，而带货话术在电商直播中是话术的核心，因此话术中要有着充分的引导转化逻辑，一步一步让消费者从进入直播间，到观看直播，再完成最后的成交。

（1）商品展示型话术

主播进行直播带货时，要能带入商品使用场景，清晰、生动地描述、传达商品的质量和使用感受，能够让观众清晰、直观地感受到商品的效果，从而心动、下单购买。

① Check this out, the appearance, the solid color makes the bikini quite upscale.

② This color is suitable for everyone. It is the basic color that you must have.

③ It has lace up design at the back, and ties in the front for a flattering look, and it makes a girly and energetic look on you.

（2）商品夸赞型话术

直播带货中，产品夸赞话术的作用是多方面的，包括提升产品吸引力、增强品牌形象、创造购买氛围、提高销售转化率和增加用户黏性等等。通过运用合适的夸赞话术，可以有效地推动产品销售，提升直播带货的效果。

① This is number 1, girls. Actually, I think my outfit for today, it just looks like a spy. This is a really cool model.

② The stitching is also nice. It's really well done there. Just a really well-made high-quality sneaker.

③ The cable is of very very nice high quality. I've not really seen too many products that come with cables like this.

④ They are so cute. They are so fun. They're great for birthday. You name it. You cannot go wrong with these. I love them.

（3）人设担保型话术

直播带货有两个很大的弊端，一个是观众、"粉丝"无法接触到商品，只能通过主播的描述来熟悉商品；二是直播画面所能展示的内容只能触达观众的听觉与视觉，针对卖点集中于触觉、味觉的商品则很难表现。这时，主播需要让观众对主播及商品建立信任感，信任是转化的基石，观众有了信任的基础，下单购买也才能更容易。

① They're both really really really nice. Every color is really nice, you really can't go wrong.

② So, either one I could recommend safely. I'm a long time Apple Watch user.

（4）专业型话术

在推荐 / 介绍商品时，主播以专业的视角，针对一个商品及其同类商品进行对比讲解、提供自己贴切的看法建议，能够指导观众根据自己的情况选择商品，用专业的知识获得观众的信任，进而促使观众下单。

① Look at this strap, it's adjustable, feel free to match your size. The padding are removable, so you can wear it with or without them according to your situation.

② Actually, this collection is our bone china material with 40% bone ash. The product has a smooth and milky white surface.

③ It uses the complex and ordered pattern design to offer you this unique perspective on food service presentation.

4. 逼单话术

促单 / 逼单话术是直播间促成成交中常见的一类话术，目的是让正在犹豫的观众不再犹豫，激发观众的消费欲望，促成立即下单。

① And again, this is on sale today. We are doing the summer sale on TikTok.

② After one minute, it will be changed back to 60 dollars original price. Girls hurry up now.

③ Alright, this is for number 1, anyone like it? Just need 24.9 dollars, only 6 pieces left.

④ Now I have offered you guys free shipping and sale price 24.9 dollars only. Just click our yellow shopping basket to get those items, OK? Go for it honey!

5. 感谢 / 结束话术

感谢话术的目的是感激观众对直播间、对主播的各种支持与陪伴，增强观众与直播间的黏性，与"粉丝"深度交流，培养"粉丝"的长期价值，产生与直播间的长期、有效互动。统计数据表明，大多数直播间 60% 以上的 GMV 往往都是由老粉 / 老用户贡献。

① Daisy, thank you! You're so sweet, thank you so much!

② Thank you for the hearts! Thank you for sharing our live! We really appreciate it.

③ Thank you guys for staying in our live room. And thank you again for all the orders, comments.

④ Make sure to hit the follow button, so you can easily hear me talk about the wigs next time.

⑤ If you wanna know more details, welcome to contact us freely during June 15th to 24th on Canton Fair live show.

二、直播间氛围维护

（一）提升直播间气氛策略

在直播销售领域，商家常常利用多种策略来提升直播间的活跃气氛，增加观众的黏性，并最终促进产品的转化。这些策略包括借助群体效应、增强"粉丝"的归属感以及打造具有仪式感的直播间等。

首先，群体效应是一种非常有效的手段。商家在进行直播时，不仅要依靠提供有价值的内容（如干货）和新鲜有趣的事物来吸引观众，还可以通过群体的力量来留住他们。这需要商家深入考虑其"粉丝"人群的特征与直播间内容的匹配度，也就是说，要分析进入直播间的观众是否真的有可能对展示的产品进行购买，以及这些购买了产品的用户是否会因为满意而产生口碑效应，从而带动更多的销售。群体效应主要体现在两个方面：一是以 KOL 为主的领导导向，二是以亲友的建议为主的口碑传播。

其次，增强"粉丝"的归属感也是至关重要的。直播间的观众不仅包括长期关注商家和主播的忠实"粉丝"，还有许多是通过广告、短视频引流等方式首次进入的新观众。为了留住这部分新用户，主播需要通过各种互动方式增强他们的归属感。例如，当一个新"粉丝"进入直播间时，主播可以念出其 ID，这样简单的互动就能让新"粉丝"感受到被重视和欢迎，从而愿意在直播间停留更长时间。主播应通过此类互动不断加深与"粉丝"的联系，提高他们的忠诚度。

最后，打造有仪式感、有价值的直播间对于提升商家品牌形象和观众黏性同样重要。商家应根据自身商品、品牌的特色和调性，设计独特的直播风格和画面，这样可以有效地延长观众在直播间的停留时间。此外，商家还可以通过分享专业知识或行业内幕，让观众感受到直播间的价值，不仅仅是购物的场所，更是获取信息和知识的平台。

（二）气氛维护的主要方式

在直播带货的过程中，维护直播间的气氛对于吸引观众、提高销售额至关重要。表 3-3-2 罗列的是一些常用的维护方式及做法，建立积极、互动的氛围，对吸引并留住更多的观众，进而实现直播带货的目标具有重大作用。如表 3-3-2 所示。

表 3-3-2　直播间气氛维护的主要方式

维护方式	做法
增加信任	• 直播间设置并屏蔽相关敏感词 • 主播提前熟悉敏感禁忌内容，避免直播时犯错 • 针对敏感的评论内容，主播须能进行灵活应对并正确引导
观众互动	• 及时回应弹幕或评论区的问题，如同与朋友交谈般自然流畅 • 可以在直播中提出有关产品展示顺序、配色选择等决策问题，让观众通过投票来参与决策，使直播内容更加贴近观众的意愿
有价值的直播	• 将产品介绍融入故事中，通过生动有趣的故事情节带领观众了解产品 • 进行产品的使用教学，鼓励观众跟着主播一起互动，增强对产品的学习体验 • 邀请行业专家探讨专业知识，为观众提供行业内幕或技巧分享，增加直播的知识价值
开展特色活动	• 在直播开始、中场和结束时设置不同轮次的抽奖，以维持整场直播的观众热情 • 开展有趣的抽奖游戏，如转盘抽奖、答题赢奖等，增加观众参与的乐趣
引导关注	• 直播过程中引导用户关注主播 • 互动环节设置特定的快捷回复评论 • 针对开播热场以及直播末尾，设置相应的欢迎语、谢场回复语

（续表）

维护方式	做法
弹幕飘屏	直播开场阶段，助理等相关人员可充当观众适当发表评论，提高直播间人气以及观众互动率
念观众名字	根据公屏弹出的提醒消息，念出相应用户的名字，欢迎用户的到来等，拉近关系、增加留存

三、直播内容雷区

不同的跨境直播电商平台在直播违规规则政策上存在一定的差异。这些差异反映了不同的平台对于合规经营的不同理解和重视程度。对于违反规则的行为，各跨境直播电商平台的处罚措施有所不同，包括但不局限于警告、封禁账号、冻结资金等等。商家及直播团队人员在选择合作平台以及策划开展带货直播时，应充分了解并遵守平台的相关规则及当地相关法律法规，以确保直播活动的顺利进行。同时，直播内容也应严格避免涉及政治、宗教、色情、暴力、恐怖主义等相关敏感以及违法内容。常见的跨境电商直播内容违规行为如表 3-3-3 所示。

表 3-3-3 跨境电商直播内容常见违规行为

发布不允许发布的信息	• 发布敏感信息或违法信息 • 发布涉及歧视、仇恨、暴力、色情、骚扰等内容 • 违规推广产品 • 平台不允许发布的内容
直播封面违规	• 封面出现血腥／色情／暴力／政治敏感等违法违规元素 • 盗用他人封面 • 封面与平台标准规范有出入
违规推广	• 假货违规推广 • 线下引流 • 贬低其他商家和产品
不当使用他人权利	• 未经授权／许可，不当使用他人的相关合法权利
易导致交易风险的行为	• 引导线下交易 • 虚假宣传、诱导观众转账、购买虚拟礼物等方式进行欺诈
无有效内容输出	• 空播：无真人主播出镜，连续 5 分钟内无有效内容输出 • 挂播：在直播间内没有进行任何有互动意义的活动（如商品介绍或卖家与用户之间的有效互动），直播过程中以纯幻灯片的形式宣传推广商品 • 直播中出现静止画面或静态场景
直播内容重复	• 单平台同一主题、场景 • 多账号同时直播相同内容

（续表）

跨境电商直播内容常见违规行为	
其他行为	• 使用未成年人主播或未成年人参与直播互动 • 内容涉及危害生命的行为 • 打架、殴打、恐吓等任何形式的暴力行为

* 以上仅罗列常见违规行为供参考，实际业务中，应详细参照各个平台的相关规则政策

第四节　直播后

一、直播后的主要工作

在直播电商业务中，每场带货直播结束后，仍有不少工作需要直播运营团队去完成。这些工作主要包括数据分析和评估、内容整理和回顾、与观众互动和回应、二次宣传和推广等，如表 3-4-1 所示。

表 3-4-1　直播后的主要工作

数据分析和评估	需要对直播的数据进行分析和评估，了解直播的效果和受欢迎程度，为后续的改进和调整提供依据。
内容整理和回顾	需要对直播的内容进行整理和回顾。这包括将直播过程中的高光、重要片段剪辑成视频或音频文件，以便后续的宣传和推广。同时，也可以对直播中的表现进行回顾和总结，找出不足之处并加以改进。
与观众互动和回应	需要与观众进行互动和回应。这包括回复观众的留言，解答他们的问题，以及感谢他们的支持和关注，增强与观众的联系和互动，提高观众的满意度和忠诚度。
二次宣传和推广	需要进行宣传和推广工作。这包括将直播的精彩片段和亮点分享到社交媒体平台上，吸引更多的人关注和参与。同时，也可以通过合作媒体或平台进行宣传推广，扩大直播的影响力和知名度。

其中，直播后的数据分析和评估是直播后复盘工作必不可少的一环。它能够帮助商家更好地了解直播效果，找出问题并加以改进。在复盘工作中，直播运营团队需要回顾目标、评估效果、分析原因并进行经验总结。复盘工作的主要内容如表 3-4-2 所示。

表 3-4-2　直播复盘的主要工作

回顾目标	在直播开始之前，团队通常会设定一些目标，比如吸引多少观众、达到多少销售额等，而回顾这些目标可以帮助团队了解直播是否达到了预期效果。

（续表）

评估效果	这包括观众数量、销售额、评论数量等成果数据，通过对比这些数据和设定的目标，团队可以了解到直播的实际效果如何、评估投产比。
分析原因	如果直播未能达到预期效果，团队需要找出原因，其中可能是因为产品不够吸引人，或者是因为直播技巧不够熟练，通过分析原因，团队可以找出其中的问题并加以改进。
总结经验	无论直播的效果如何，团队都可以从中学到一些东西，其中做得比较好的，团队可以总结其中的经验和方法并应用到后续的直播中，其中有做得不足的，团队也能够总结出失败的教训，以便下次避免同样的错误。

在直播复盘工作中，商家团队及各成员可利用直播内容质量自检清单评估直播各流程的效果以及工作质量，辅助团队可更加高效地开展直播复盘工作。常用的直播内容质量自检清单主要包括以下自检事项。

（1）直播未全程使用外语（如英语）进行直播，中英文夹杂，或外语（如英语）不流利；

（2）不注重原生感画风问题，场景混乱且随意；

（3）直播间布置视觉效果差（导致平均在线时长低，跳失率高）；

（4）主播状态低迷，不够吸引人（直接影响直播推荐的点击率和进入直播间以后的跳失率）；

（5）选品受众不喜欢（导致无法留住人，客户不愿意为了自己根本不想要的商品停留和互动）；

（6）活动设计与互动执行有问题（节奏控制差，互动率差）；

（7）主播引导商品下单少或者未有相关话术，导致转粉率低；

（8）内容不垂直，导致流量不精准引起的转化率低（需要排查内容质量与垂直度）；

（9）内容视觉调性差，客户信任感缺失，导致转化率低。

二、数据指标

坚持复盘对直播非常重要，通过对各项数据的分析，商家能够找到直播中的问题，进而找到对应的解决方法，更好地完成下一次直播。对于直播带货来说，运营人员通常可以从两个维度的数据来进行分析：直播数据、电商数据。

（一）直播数据

直播数据包含场次、日期、直播时长、观看人次、当场直播的 UV、"粉丝"流量占比、评论人数占比、平均在线人数、平均停留时长、在线人数峰值、"粉丝"人均观看时长、新增"粉丝"数、互动率、转粉率点击率等。

（1）观看人次：观看人流量的大小，决定了直播间处于哪个流量池等级内，是衡量直播间人气的关键指标。

（2）UV 价值：UV 价值 = 直播交易额 / 直播场观指每个进入直播间的观众带来的成交金额。UV 价值越高，代表单个用户对直播间的价值贡献越高；相对地，UV 价值越高，平台也会更愿意给这样的直播间推流。因此，UV 价值对于直播团队而言是一个重要指标。

（3）平均在线人数：该数据直接决定了账号是否具有直播带货的变现能力，通常平均在线人数能够达到数百，就具备了带货的基本条件。影响直播间平均在线人数的关键因素有：直播间曝光率、点击率、直播间"粉丝"基数、主播表现力等，一般来说，直播间在线人数会随着直播间"粉丝"数量的积累而逐步增长。

（4）平均停留时长：反映了直播内容是否具有吸引力，一般取决于主播的留人能力和团队的选品能力。影响直播间人均在线时长的关键因素有：主播表现力、控场节奏、逼单话术、定时福利、互动状况等，主要和主播能力有关。主播想要提高人均在线时长，就需要精炼话术。

（5）在线人数峰值：单场直播中最高人气巅峰数据。关注人气峰值的前后片段，进行录屏复盘，可以帮助主播逐渐掌握卖货节奏、积累直播金句，了解自己直播间的人气规律。学习成为一名优秀的主播，从复刻自己的高光时刻开始。

（6）互动率：反映了与用户的互动情况，与一些直播技巧相关，比如新观众的欢迎语、互动游戏、商品卖点介绍。

（7）转粉率：反映了直播间的拉新能力，优秀的主播通常能做到 5% 以上，与主播个人能力、商品与场景息息相关。

（8）点击率：（click-through-rate，CTR），CTR= 直播间点击数 / 直播间页面展示。点击率越高，曝光率就越高，场观就越高。高点击率决定着流量的获取能力，因此点击率对直播间是十分重要的。影响 CTR 的关键因素有：直播间直播观感；直播间标题、文案；主播的表现力、话术；所售卖的商品。想要改善点击率，可以从以上 4 个方面改进。

（二）电商数据

电商数据包含成交人数、销售额、转化率、"粉丝"下单占比、UV 价值、客单价等。

（1）交易总额（GMV）：GMV 是衡量带货主播带货能力的最重要考核指标。

（2）成交人数：可以用来评估直播间的流量价值和潜在客户群体的转化情况。

（3）转化率：用来评估直播的带货效率，通常行业平均水平在 1% 左右，优秀的主播能做到 3% 以上。

（4）客单价：客单价反映了直播间用户的购买水平，产品的定价、销售政策、选品组合等均会影响客单价的高低。

（5）千次观看成交金额（GPM）：GPM=GMV×1000/每场观看量，千次观看成交金额，顾名思义，指每 1000 次观看带来的成交量，衡量直播间的卖货能力。GPM 越高，越能反映主播流量转化能力强。

（6）投入产出比（ROI）：ROI= 销售额 / 单场投入成本费用，直播间的 ROI 比例越高，盈利空间就越大。

▶▶ 思政案例

SHEIN 的直播卖货之道

在"网红"直播带货风靡的当下，SHEIN 作为海外知名电商平台，成功地引领了全球的带货潮流。通过与当地的 KOL 和 KOC 合作进行直播带货，SHEIN 在不同地区迅速扩张业务。本文将深入探讨 SHEIN 在直播卖货领域的成功策略以及与"网红"和明星的合作，共同开拓全球市场的精彩之路。

一、早期合作——以 KOC 为主的推广模式

SHEIN 在早期阶段，面对资金有限和海外市场格局不同的情况，选择与具有一定"粉丝"基础的 KOC 合作，通过合作伙伴试穿产品并提供佣金或独家折扣，实现产品转化。这种低成本、高回报的策略帮助 SHEIN 迅速在世界各地树立了良好的声誉，并帮助合作的 KOC 提升了个人品牌影响力。

二、规模扩大——与全球 KOL 和 KOC 的合作

随着 SHEIN 的快速发展，SHEIN 开始与各种类型和规模的 KOL 进行直播卖货合作。通过与头部的顶级 KOL 合作，SHEIN 借助他们的影响力引领各国的服装潮流，提升自身品牌形象。随后，通过与中尾部的 KOL 和 KOC 的合作，扩大品牌的影响力和知名度。这一策略使得 SHEIN 在全球范围内建立了坚实的基础，取得了令人瞩目的成就。

在全球范围内，SHEIN 与各国知名的 KOL 和 KOC 展开了紧密的合作。无论是学生组织的校园大使，还是国外的"李佳琦"们，都在 SHEIN 的推动下成了海外带货的佼佼者。他们通过直播和社交媒体分享自己的购物心得、穿搭技巧和对 SHEIN 产品的推荐，为品牌带来了大量的流量和销售额。

三、与明星合作——走向全球的明星联名与直播活动

随着 SHEIN 规模的不断扩大，他们开始与著名明星展开合作，进一步扩大其影响力。比如，海莉·比伯作为贾斯汀·比伯的妻子，在 Instagram 上直播为"粉丝"推荐 SHEIN 的服饰搭配；与美剧《河谷镇》明星玛德琳·佩琦合作推出了明星联名款服饰，并拍摄了产品大片；此外，SHEIN 还邀请凯蒂·佩里等知名音乐人举办全球直播活动

SHEIN Together。

这些与明星的合作不仅为 SHEIN 拓宽了市场，提升了品牌的知名度，还进一步增强了 SHEIN 在流量和销售方面的竞争力。通过与明星的合作，SHEIN 直播卖货成功将自己的品牌形象与明星的个人魅力相结合，吸引了更多"粉丝"和消费者的关注。

四、SHEIN 直播卖货的成功之道

SHEIN 之所以能在直播卖货领域取得巨大成功，主要有以下几个关键因素：

1. 精准的合作选择：SHEIN 在合作对象的选择上非常准确，从 KOC 到顶级 KOL 再到知名明星，都能找到与品牌定位和目标受众相匹配的合作伙伴。

2. 优质的产品与低廉的价格：SHEIN 以其优质、时尚的产品和合理的价格获得了消费者的青睐。这为直播卖货提供了坚实的基础，吸引了更多人的关注和购买。

3. 强大的营销策略：SHEIN 善于利用社交媒体、直播平台等各种渠道进行推广和营销。他们充分发挥 KOL 和 KOC 的影响力，通过直播带货、购物分享和推荐等形式引导消费者。

4. 地域化的战略：SHEIN 在不同地区推广采取了适应当地文化和市场特点的策略。他们与当地的 KOL 和 KOC 合作，提供符合当地需求的产品和服务，更好地满足消费者的需求。

通过与各国 KOL、KOC 和明星的合作，SHEIN 成功打造了全球性的直播卖货现象。他们凭借精准的合作选择、优质的产品、强大的营销策略和地域化的战略，引领了跨国带货的新潮流。在未来，随着直播带货的进一步发展，SHEIN 将继续通过与各界合作伙伴紧密合作，扩大品牌影响力，提供更多优质购物体验，成为全球消费者的首选之一。

资料来源：连连国际

▶▶ 同步习题

一、单选题

1. 主播及助理应避免的话术雷区不包括（　　　　）。

A. 政治　　　　　　　B. 宗教　　　　　　　C. 色情　　　　　　　D. 商品卖点介绍

2. 以下关于跨境直播话术作用的描述说法错误的是（　　　　）。

A. 话术可以促成成交和复购

B. 优秀的话术即代表语速快且口才好

C. 优秀的话术有助于塑造账号属性及主播 IP 人设

D. 话术有助于带动直播间氛围、增进主播与"粉丝"间的互动

二、多选题

1. 针对店铺直播的中期阶段，四人的直播团队人员主要由（　　）组成。

A. 主播　　　　　　　B. 助理　　　　　　　C. 编导　　　　　　　D. 运营

2. 跨境直播助理的主要作用体现在（　　）等方面。

A. 前期准备　　　　　B. 气氛烘托　　　　　C. 现场应对　　　　　D. 配合主播

3. 以下商品品类更适用于坐播的是（　　）。

A. 美妆　　　　　　　B. 饰品　　　　　　　C. 珠宝　　　　　　　D. 服饰

4. 直播带货团队结构中，一般的大型团队可以配置 7 个人员岗位，包括主播、副播、助理、直播运营、中控运营、内容运营、数据运营，那么，以下说法错误的是（　　）。

A. 直播运营主要负责玩法设计、产品组合、排款、脚本设计及策略等统筹工作

B. 内容运营主要负责短视频制作、账号定位、视频策划及脚本、拍摄剪辑、引流等

C. 助理主要负责协助展示解答产品、引导关注与加入"粉丝"团、配合主播控场、拍摄直播切片等

D. 副播主要负责配合直播间内各种琐事、传递商品与直播工具等

三、判断题

1. 在虚拟直播间中，主播最好是穿着深色系的服装，衣服边缘清晰，抠像效果较好。（　　）

2. 直播间应有"121"的竖屏构图特点，即上部：1/4 留白，放置品牌 logo/Slogan、产品贴图；中部：主播半身出镜，占屏幕的 1/2；下部：前景操作台占 1/4，放置主要产品。（　　）

3. 为确保每一场直播能顺利进行，直播运营人员需要提前准备一份清晰、可执行的直播脚本。通过直播脚本，运营人员可以把控直播节奏，规范直播流程，达到直播的目标。（　　）

4. 如果是"粉丝"量较少的直播间应尽量在直播高峰期间开展直播，这样可以有效地增加账号的曝光度。有一定"粉丝"量的直播间最好在固定的时间进行直播，这样方便"粉丝"掌握直播规律，养成按时观看的习惯。（　　）

四、案例分析题

在 TikTok Shop 美国店开通后，许多国际知名美妆个护品牌纷纷入驻了 TikTok Shop 美国站。从运营策略上来看，这些品牌在 TikTok Shop 这个渠道的经营偏向多元化：除了积极邀约"达人"短视频带货，规律更新自有账号的短视频内容与广告投放之外，还有一些品牌店已经率先布局直播带货。

Benefit Cosmetics（中文译名"贝玲妃"，以下简称"贝玲妃"）就是其中一个"先

锋"。贝玲妃隶属于全球奢侈品集团路威酩轩 LVMH 集团，是增长较快的权威美妆品牌之一，由一对美国双胞胎姐妹于 1976 年创建，目前已覆盖五大洲的 59 个国家，在全球拥有超过 3000 家眉吧和 6000 名眉部设计师，是眉妆产品和眉部美妆服务的双重标杆。

在 2023 年 4 月，贝玲妃拿到 TikTok Shop 美国站的内测资格，开始布局小店，主要销售品牌旗下的明星产品，并取得了卓越的成绩。除了短视频带货，贝玲妃的运营团队也充分重视直播带货：在直播运营初期，他们曾在近 30 天内完成小店直播 34 场，关联直播"达人" 13 人，场均销量 68 件，场均销售额达到 1500 美元，并且超过 90% 的销售额都是由店播账号带来的。

直播中人气最高的是 12 月 12 日的一场，由贝玲妃总公司拥有 10 年零售经验的女性美妆专家担任主播。这场直播总观看人数达 6.47 万，开播 8~10 分钟左右在线人数到达约 1100 人的峰值，平均在线人数达 698 人，超过峰值人数的 60%，直播场观表现良好。[①]

本场直播中直播间共上架了 43 件商品，直播时长主要用于讲解各种产品的特性以及折扣信息，形成价格对比—卖点介绍—细节展示—限时开价的四段式话术逻辑，总共产生了 1200 件订单，带来了 2.6 万美元的 GMV，带货转化率 1.907%。整场直播节奏快，信息密集，而流量分析也显示不仅单场涨粉 300 余人，评论、点赞、转发等互动数据也持续上升，可见直播内容的引流和转化都较为精准，对观看者的吸引力较强。

---

① 资料来源：https://www.cifnews.com/article/153487

概览

73.8 K	64.7 K	1.1 K	698	113.6 K	4.9 K
成看人次	成看人数	在线峰值	平均在线	点赞数	评论数
311	43	1.2 K	$26.7 K	1.907 %	$0.41
涨粉数	带货商品数	销量（件）	销售额	带货转化率	UV 价值

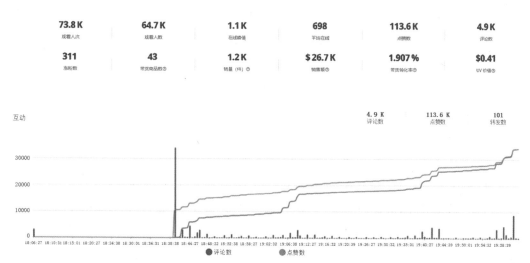

在场景布置上，该小店使用常见的封闭式直播间，由简洁白板背景和发光大字体LOGO构成，起到了展示品牌名和打光的视觉效果。

总体流程中，主播开场就介绍了身份和促销活动，将客单价最高的眉笔产品的5折信息直接带出与原价进行对比并作为钩子产品挂出，并不断在互动话术中强调直播时长短和限时折扣两个信息，以时间紧迫为由营造紧张气氛引起观众的期待心理来吸引观众停留。

主播在整场活动中以"朋友对话"的形式，将自己的人设打造为观众的知心好友，不断以"姐妹""亲爱的"等亲昵称呼与观众进行互动，通过回应"粉丝"评论和回答提问来增加观众的参与度，从而吸引观众停留。善于使用"利他"话术也是主播的特点，诸如"我希望你们可以拥有我们的优质产品""为了让更多人可以低价享受到我们的产品"之类的话术展示出为消费者着想的利他思维，能够引起观众的共情。

在人数到达峰值时，主播立刻开始了针对产品的内容塑造话术。通过提及开场自我介绍的眼妆专家身份，主播铺垫了自身的可信度，快速地介绍了产品的易于使用、渗透强、颜色显眼不易干、容易清理等优势来提炼卖点，并在镜头前涂眉来直观展示上妆效果。

随后主播将每款产品都涂在自己的手臂上展示不同款式的区别，并用手链划分开5折折扣和3折折扣的款式，巧妙地将卖点，细节展示和折扣信息结合到一起，使视频内容更具说服力的同时，引导消费者按需下单选择。

宣导稀缺性是主播的进阶话术之一，主播不断强调直播时间短暂和快速限时折扣并在折扣价抢单期间进行倒数或报出剩余时间来宣导时间和价格的稀缺性，同时频繁提及产品经常快速售空，并在抢单结束后作愢惜状，循环报出售空产品的品名来宣导产品的稀缺性来加强产品的吸引力，从而激发观看者在每轮抢单中的冲动消费。

除了稀缺性促单外，主播也时而提到某款产品销售一定数量后将开始介绍下一款产品，并不断对销售额进行报数来达成视觉成交，营造产品的热销氛围，给予观众可视化目标的同时以转款作为条件吸引观众的成就心理和对下一款产品的好奇心理，进行冲动消费引导。

数据表明，这种直播促单的运营方式，使得店铺账号收获大量流量和曝光，店铺的销售额也在短时间内便实现了快速的成长。

简答题：

1. 贝令妃直播间带货商品多达 40~80 款价格分布在 10~25 美元区间的眼部美妆产品，价格区间覆盖到了大多数青年女性、高校学生和工薪家庭。请简要总结其开播时间的特点。

2. 简要总结贝令妃在直播带货流程中的技巧。

3. 请简要总结贝令妃主播的话术技巧。

▶▶ 实训任务

Pearl Paradise 成立于 1996 年，2000 年开始线上服务，现已发展成为全球知名的线上珍珠产品销售公司。公司能够提供不同于任何其他在线或线下珍珠卖家的精选珍珠。Pearl Paradise 致力于向顾客提供低于零售价 80% 价格的商品，加速了企业的发展。迄今为止，Pearl Paradise 已累计有超过 25 万满意的客户。对质量、客户服务、价格和商品的承诺帮助 Pearl Paradise 成为互联网上珍珠首饰的主要卖家。

跨境直播带货已经成为 Pearl Paradise 开拓全球市场的一个重要途径。以下为源于其官网的直播日程安排的相关资料信息。

● LIVE SCHEDULE

HOW IT WORKS   UPCOMING LIVE STREAMS   PAST LIVE STREAMS

Apr 3

Pick of the Pearls from The
Hong Kong Gem Show
Hosted by Hisano Shepherd
Wed, Apr 3, 1:00 p.m., P.S.T.

MAR 17

Live from Sea of Cortez Pearl
Farm Pt 3
Hosted by Hisano & Douglas McLaurin
Sun, Mar 17, 10:00 a.m., P.S.T.

MAR 16

Live from Sea of Cortez Pearl
Farm Pt 2
Hosted by Jeremy, Enrique & Manuel
Sat, Mar 16, 5:00 p.m., P.S.T.

Nov 15

Little H Virtual Pop-Up Event
Hosted by Hisano Shepherd
Wed, Nov 15, 1:00 p.m., P.S.T.

Nov 8

Tahitian Pearls Have Arrived!
Hosted by Hisano Shepherd
Wed, Nov 8, 1:00 p.m., P.S.T.

【任务】

接下来请组成一个 5~7 人的直播团队，策划一场关于 Pearl Paradise 珍珠饰品的跨境直播，通过人员分工、团队协作共同商讨具体的实施细节、完成该场直播的策划方案，并编写一段开场 2~3 分钟的话术。

1. 直播方案要求：

涵盖直播目的、直播主题、直播形式、直播商品（涉及的商品以及提取主推商品的卖点等等）、直播时长、人员分工（主播、运营、场控、客服、助理等等，包含直播前、直播中、直播后的相关工作）、直播实施流程（直播开场 / 直播中 / 直播末尾）等内容。

2. 开场话术要求：

（1）开场须能吸引观众注意并介绍直播主题；

（2）包含对目标受众的文化和习惯的考虑；

（3）明确展示产品亮点和优势；

（4）鼓励观众提问和参与互动；

（5）语言清晰，适合受众群体所在国家的语言习惯。

第四章　TikTok 直播与短视频运营

▶▶ 学习目标

1. 了解 TikTok 平台的发展过程。

2. 掌握 TikTok 平台账号注册及维护的方法。

3. 掌握 TikTok 短视频的剪辑和发布技巧。

4. 掌握 TikTok 直播流量逻辑与带货方法。

6. 熟悉 TikTok 平台运营规则。

7. 熟悉 TikTok Shop 的注册与基础操作。

8. 了解平台数据分析规则。

▶▶ 课前预热

　　抖音国际版——TikTok 已成为全球范围内最受欢迎的社交媒体平台之一。那么你知道 TikTok 和抖音有哪些不同吗？使用 TikTok 的用户喜欢什么内容呢？在跨境直播和跨境短视频中都需要做哪些准备工作呢？请带着以上问题，进入本章内容的学习。

　　作为中国品牌出海的重要营销阵地，TikTok 为跨境商家提供了一个展示产品、与目标用户互动的舞台。要在 TikTok 平台探索世界，抓取全球有趣的内容，与全球用户分享自己的创意与想法，抑或是计划在平台获得收益，都需要熟悉并遵守平台规则，学习平台机制。在本章中，将围绕 TikTok 直播与短视频的核心运营方法，结合实际运用情况，带领大家深度学习 TikTok。

第一节　认识 TikTok

TikTok 自上线以来,以其全球化视野和短视频社交创新模式而快速崛起,成为我国互联网产业在全球发展的重要突破口。作为字节跳动旗下的社交平台,TikTok 通过不断优化产品和提升用户体验,成功打破了发达国家市场的壁垒。截至 2024 年 4 月,TikTok 的全球下载量已超过 49.2 亿次,月度活跃用户数超过 15.82 亿,是全球互联网最活跃的应用之一。其成功不仅为我国互联网产业带来了巨大的商业价值,也为全球互联网市场注入了新的活力。TikTok 改变了信息分享的方式,形成了独特的"短视频+直播"模式,同时融入电商平台的业态模式,为品牌和商家提供了更多商机和变现途径。图 4-1-1 所示为 TikTok 总部一角。

图 4-1-1　TikTok 总部(资料来源:TikTok)

一、TikTok 账号注册技巧

目前,通过各类平台都能找到 TikTok 相关账号注册教程,但仍存在注册失败或使用方面的问题。好的开始就是成功的一半,一定不要忽略 TikTok 的下载、注册和账号维护。TikTok 平台的账号类型主要有两种,即个人账号(personal account)和企业账号(business account)。

注册个人账号,即成为该平台的使用者、创作者。个人账号用户是 TikTok 上最基础的账户类型,可在平台中浏览平台内容、制作并发布原创作品、与其他用户互动等。

注册企业账号,品牌和企业可以在 TikTok 上使用自建的营销工具,制定对应的营销策略,以此实现为品牌、零售商、组织和服务提供商量身定制的营销功能。

下面介绍 TikTok 应用下载和账号注册的详细步骤。

（一）TikTok 的下载方法

无论使用的设备是 iOS 系统还是安卓系统，都能在应用商店中搜索到此应用。在本教材中，我们选择官方下载方式。操作方法如下：

（1）准备一台专门用于 TikTok 的手机设备；

（2）模拟真实使用环境（刷机）；

（3）使用正规合法的科学上网工具；

（4）进行 IP 检测和伪装度检查；

（5）下载安装 TikTok。

需要注意的是，如果使用 iOS 系统的手机需注册海外 Apple Store ID。

以上步骤完成后即可进入账号注册环节。

（二）账号注册

应用安装完成后，进入 TikTok 开始进行账号注册。平台支持以下三种注册方式。

（1）通过海外手机号注册。由于海外手机号的获取难度较大，且成本较高，在首次注册或 TikTok 小白阶段暂不考虑此方法。

（2）通过邮箱注册。这是最稳定且比较容易注册成功的方式，推荐使用 Gmail、Outlook 邮箱，注册过程便捷、难度小、成本低。

（3）通过 Apple ID、Facebook、Instagram 等第三方平台注册。

从使用的稳定性和便捷性来看，建议选择通过邮箱注册。首先，进入账号注册界面（Sign up for TikTok），选择使用手机或邮箱注册方式。其次，进入基本信息填写界面，依次完成头像、用户名、个人简介、社交账号链接（或带货账号）等编辑。确认以上信息后提交即可。图 4-1-2 所示为账号注册示例。

图 4-1-2 账号注册示例（资料来源：TikTok）

账号注册成功后可对账号类型进行切换，即个人账号可切换为企业账号。进入个人主页（Settings and privacy）后，选择账号（Account）选项，进入后选择账号切换

（Switch to Personal Account）选项，根据提示完成操作即可。账号属性切换步骤如图
4-1-3 所示。

图 4-1-3　账号属性切换步骤（资料来源：TikTok）

二、TikTok 养号方法

　　每一位创作者在 TikTok 中，都渴望自己的声音能够被更多人听见，自己的作品能
够受到更多人的喜欢。精心养号成了每位创作者的必经之路。

　　养号是保持创作者自身风格和受众定位的一种方法。了解 TikTok 的推荐算法和社
区文化，可以帮助我们更准确地定位内容，更加契合平台的调性。精心策划和发布符
合平台要求的内容，不仅能够提升账号的曝光率，还能吸引更多"粉丝"。在此过程
中，创作者还需要注重与"粉丝"的沟通和互动。创作者与"粉丝"的及时互动不仅
能增强"粉丝"的归属感和忠诚度，还能为创作者提供宝贵的反馈和建议，帮助创作
者不断优化自己的内容和策略。精心养号要做到以下三点。

　　（1）完善个人资料。如有辨识度的头像、有记忆点的昵称、一段简洁有力的个
人简介等。此部分以准确反映账号内容、品牌或产品定位为主，这能帮助用户更好
地记住创作者，并在众多账号中快速找到创作者。如果是为将来带货准备的账号，
简介部分可包含品牌介绍、主营产品、联系方式等信息。同时，定期更新和优化这
些信息，能让账号始终保持新鲜感和活力，吸引更多用户的关注。

　　（2）定期发布内容，以提高账号权重。养号最重要的是以内容为导向，发布高质
量、有创意的内容。而其中最重要的是，在发布前，作品文案要添加标签，选择与品
牌或产品相关的热门话题标签，这样可增加曝光度，账号的权重也会得到相应提高。

　　举例来说，你的账号定位是做女性服装穿搭和服装品牌推荐，我们先通过养号让
TikTok 知道我们是干什么的后，TikTok 就更有可能将我们的视频推送给合适的女性用
户，从而作品的点赞、评论、完播率等指标会不断上升，这为之后的变现打下基础。

　　（3）积极参与 TikTok 的社区互动。无论是参与热门话题的挑战，还是与其他创作
者进行友好的互动，都能让创作者的账号在更多用户面前亮相。这种互动不仅能够增

加账号的活跃度，还能帮助创作者建立更广泛的社交网络，为未来的合作和发展铺开道路。

因此，精心养号是实现 TikTok 账号曝光率提升的重要途径。深入了解平台文化、精准定位内容方向、积极参与社区互动、保持账号信息专业性和一致性以及注重与"粉丝"的沟通互动，这将会为未来的创作之路奠定良好的基础。

三、TikTok 推荐的底层逻辑

在养号阶段中，与养号同样重要的工作就是了解平台规则和推荐算法。在发布作品之前，要了解 TikTok 平台推荐算法是如何运行的。掌握平台的底层逻辑，才能让作品精准推送给目标用户。

（1）用户的喜好和兴趣。换言之，要思考为什么 TikTok 这么了解你喜欢的内容，甚至会有一种感觉，为什么平台比自己还了解自己呢。因为在平台推荐的算法中，平台会根据用户的历史行为，如观看停留时长、点赞、评论、转发等，主动推荐相关内容。在 TikTok 中，首页的"For you"就是以此机制实现的。

（2）内容质量。优质、原创、有趣的内容更容易获得后台的推荐，增加作品观看率。

（3）时效性。热门话题或紧跟趋势的内容会得到更多的曝光机会。

（4）社交关系。用户的关注对象、互动对象以及地理位置等因素也会影响推荐。

接下来我们根据漏斗型流量池推荐机制（如图 4-1-4 所示），进一步了解作品进入系统后是如何被分配流量的。

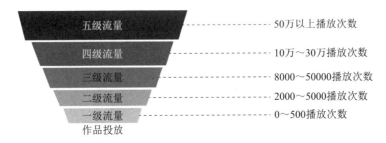

图 4-1-4　漏斗型流量池推荐机制

在数字营销的时代，内容的分发和推广对于创作者来说至关重要。尤其对于（短）视频创作者而言，理解并掌握流量推送逻辑是成功的关键。在视频作品的推广过程中，流量推送将从一级到五级递进，每个阶段都有其特定的数值和目标用户群体。

一级流量，也就是启动期流量。主要推送目标是账号 IP 地址所在范围内的部分用户。这一阶段是为了初步测试作品的市场接受度和用户反映情况。如果作品在这一阶段的表现良好，例如观看时长、点赞、评论和分享等指标均超过预设阈值，那么作品就有机会进入二级流量池。

当作品来到第二、三级流量池后，系统会对作品的内容如画面质量、背景音乐、剧情设计等多个方面进行深度分析，筛选出高质量、高价值的作品，为它们提供更广泛的推荐机会。当作品处于第四、五级流量池后，将会面临更为严格的审核。通过审核的作品将有机会被推荐给 IP 所在地的所有用户，或者根据内容特色推荐给符合某些国家特色的地域性用户。

从整个流量推送逻辑来看，视频内容的质量和特色是决定作品能否脱颖而出的关键。而流量规则和算法逻辑的存在，则是为了筛选出这些优秀、有价值的作品，帮助它们实现留存和大范围传播。因此，对于创作者来说，精心打磨作品内容、注重细节和特色，是提升作品曝光度和吸引力的关键。

值得注意的是，由于不同国家和地区的文化背景、审美观念和价值观可能存在差异，因此在进行创作时还需要关注国家、地区的属性和用户喜好的差异。通过深入了解目标用户的喜好和需求，创作者可以更有针对性地调整作品内容和风格，提高作品在特定地区的受欢迎程度。

第二节 TikTok 短视频运营

上一节我们学习了账号的注册和养号的技巧。内容至上的平台，对作品的质量要求相对较高。而短视频是平台最重要的部分，它关系到账号的曝光率、推荐程度以及后续的变现能力。所以，能持续输出高质量的作品就是成功的关键。目前，短视频营销是最有力的传播媒介和营销方式，故在本节中将梳理 TikTok 短视频的创作、运营、数据分析等内容，帮助大家创作出优秀的作品。

一、TikTok 短视频的特点

与海外早期的视频分享或社交媒体平台不同，TikTok 的视频时长通常在 15 秒到 60 秒之间。此时长的视频易于在社交媒体上分享，符合用户的分享需要，同时也更容易引起共鸣，增加传播的可能性。TikTok 平台强调创意和挑战，15 秒到 60 秒时长的视频更容易激发用户的创造力和参与度。

简言之，TikTok 短视频的设计是为了适应现代用户快速且具象获取信息的需求，同时也能激起用户更多的创意灵感和参与度。

二、TikTok 短视频的种类

无论是抖音还是 TikTok，或是其他社交、电商平台，以短视频呈现内容已成为重要形式，也成为用户最先接触产品的渠道。在学习 TikTok 短视频创作之前，需要对短视频的分类有清晰的认识，以制作出更精准的作品。

目前，从市场的角度来看，短视频可分为六大类：兴趣类、知识类、才艺类、剧情类、生活类和其他类。根据 Statista 的调查数据显示，随着全球网民数量的不断增加，当前最受欢迎的内容是兴趣类和才艺类。其中，音乐舞蹈（创作与合拍）、生活小妙招、生活好物分享、标签挑战的热度最高。

如果从运营或营销的角度来看，TikTok 短视频可分为三大类："种草"类、引流类、娱乐营销类。

"种草"类短视频，需要创作者在作品中融入产品，从产品本身场景、功能、特色出发去创作视频，从而传递产品价值，实现用户心智种草。如果在"种草"类短视频中采用商品深度讲解的方法，可以邀请外籍 KOL 或"红人"出镜，因为这对外语表达的流畅度和"粉丝"基数有一定的要求。多维度讲解一款商品的卖点、特性、价位等信息，让用户更加了解商品。同时，针对特定商品和品牌，可以分享使用心得，介绍外国人感兴趣的相关背景及科普知识。

引流类短视频，主要的作用是引导关注、直播预热等，通过植入最核心的直播预告信息，引导关注，同时以创意制作的表达方式为直播预热。该部分在第二章中已作过介绍，这里不再详述。

娱乐营销类短视频，是通过好玩有趣的内容获取平台的推荐流量，可以帮助品牌实现增粉、互动、加强黏性、传播品牌价值观等目标。此类视频包括搞笑剧情、魔术表演、街头采访、游戏片段、音乐舞蹈和时尚美妆等类型。品牌或创作者可以通过这类视频提升知名度，在轻松愉快的氛围中促成产品或服务的推广。

三、TikTok 短视频创作流程

TikTok 是一个娱乐平台。用户在使用它时不需要具有强烈的购物意识，而以娱乐为主。所以视频内容以产品为核心，添加情感、娱乐等效果是成为爆款的重要因素。

一般情况下，短视频创作流程可分为四个步骤，即筹备阶段—策划阶段—拍摄实施阶段—剪辑、上传阶段。为了打造具有影响力的 TikTok 视频，上述制作流程需要严格执行。下面我们就对各环节进行详细梳理。

1. 筹备阶段

需要选择符合视频需要的拍摄设备和场地，以确保每一帧都具备较好的视觉效果。

首先要在设备中安装最新版的 TikTok 应用，条件允许时，可搭配补光灯在内的一些专业工具，以提升拍摄效果。对于设备的选择，以带货类短视频为例，目前市面上的主流工具都可以满足拍摄需要。在本书中，建议选择 iPhone 11 及以上型号的苹果手机、华为 P40 以上的安卓手机或类似配置的其他品牌手机。对于场地的选择，在环境安全的前提下，挑选一个宽敞且具有鲜明特色的场地，降低噪点，为视频制作提供理想的氛围。

2. 策划阶段

首先，产品策划。在带货短视频中，先对产品进行深入的研究，准确提炼出其核心卖点，解决用户痛点是重要环节。搭建一个合适的场景，使产品在视频中更具吸引力，激发用户的购买欲。构建视频内容时，除以产品为核心外，要融入情感和娱乐元素，致力于打造热门视频。鉴于 TikTok 平台用户以年轻人为主，加入一些幽默有趣的元素，可以使观众在轻松愉快的氛围中感受到产品的魅力。

其次，制定详细的"镜头脚本"。脚本需详细列出每个镜头的拍摄要求和场景布置，用以实现高效完成每个镜头的拍摄工作，避免遗漏或重复的情况发生。脚本也可为后续拍摄和复盘提供有力的指导。

再次，进行文案策划。创作时，一般考虑五种类型的文案，即提问类、设问类、共鸣类、回答类和回答金句类。这些文案特色鲜明，能够满足不同观众的需求。通过运用这些文案技巧，可以有效提升视频的吸引力，并为观众提供有价值的信息。同时，文案必须要简洁明了，避免冗长或烦琐的叙述，确保观众能够快速理解视频的核心内容。

最后，选择背景音乐。要注意背景音乐与视频内容的契合度。背景音乐对于情感的渲染和氛围的营造具有至关重要的作用。例如，我们想要制作茶叶及茶相关的短视频，添加一段幽静、舒缓的音乐，既能展现出茶的特性，还能营造舒适的感觉。如果要让视频展现出科技感、时尚感，就要匹配节奏感强，律动欢快的音乐。从 TikTok 的带货短视频来看，节奏轻快、律动感强的音乐是首选。这样的短视频可以从视觉和听觉上给用户带来观感上的冲击。

在制作上，运用剪辑工具中的"卡点"功能，实现画面、音乐、产品展示等三维联动，从而带动用户的情绪。这也能在一定程度上促进成交。

在使用背景音乐时，一定要注意版权方面的相关问题。视频音乐侵权可能导致视频被平台删除，或被静音处理。以个人创作者账号为例，在创作者账号（Creator Account）下，点击主页的"+"，进入作品发布页面，点击"Add sound"进入音乐选择菜单，列表里的音乐均为可选用音乐。

3. 拍摄实施阶段

拍摄实施阶段不仅要严格遵循脚本要求，还要确保每个镜头的清晰度和稳定性。

每一个镜头都要有主角和焦点，产品和品牌必须言简意赅。

4. 剪辑、上传阶段

所有爆款短视频都不是拍摄后一键上传的，而是利用多种软件工具对视频进行后期处理后上传的。经过精心处理，这些视频不仅可以吸引大量用户的关注和喜爱，还可以为品牌和产品树立良好的口碑。需要注意的是，在剪辑和传输过程中应尽量避免画质下降。

四、短视频制作工具

简单的食材，也需要精心地烹饪，色香味俱佳的美食才能更诱人。短视频拍摄得再好都离不开后期的剪辑和美化。下面就介绍关于短视频制作的工具。

1. 视频剪辑工具

目前，应用商城中的视频剪辑工具不胜枚举，如 Adobe 公司开发的视频剪辑软件 Premiere Pro、苹果公司开发的专业视频编辑应用 Final Cut Pro、达芬奇剪辑（DaVinci Resolve）等。这些应用在视频表现、功能选择、场景特效等方面表现突出，且功能强大，但对于需要时间短、数量大且具有带货或营销性质的短视频则有些"大材小用"了。从效率、操作的难易程度来看，剪映（CapCut）这类轻量级、易掌握的剪辑软件，足以解决在短视频创作时的大部分需求。

2. 剪映

剪映是由字节跳动推出的一款手机视频剪辑软件，可以与抖音账号实现互通，当视频剪辑、制作完成后即可一键发布到抖音平台。剪映分专业版、企业版、网页版三个系列，可满足不同场景的需求。随着 TikTok 在海外的发展，剪映海外版——Viamaker，也成了很多海外用户的选择。Viamaker 与 TikTok 账号绑定后也可实时发布作品。Viamaker 除语言和人物形象和剪映有差异外，在剪辑的功能、特效和场景的使用上与剪映并无太大不同。剪映可用于移动端、PC 端，兼容安卓和 iOS 等系统，包含付费和免费内容。因此，本节从平台属性和内容展示角度出发，以剪映 PC 版为例说明 TikTok 短视频的剪辑和制作方法。

接下来简单介绍剪映常用的功能。

（1）下载并安装剪映 App，进入主页。

（2）进入应用程序首页，点击"开始创作"按钮，进入视频编辑页面。点击"媒体"选择文件夹中拍摄好的或想要剪辑的视频，导入到媒体素材区，并将文件拖拽到视频轨道中。此时，功能区域的音频、文本、贴纸、特效、转场、滤镜、调节、模板等都呈现使用状态，如图 4-2-1 所示。素材导入成功后，开始对视频进行剪辑操作。

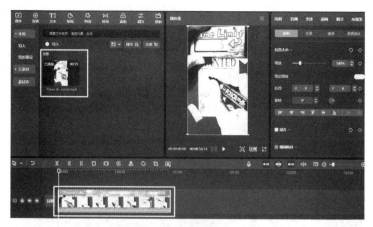

图 4-2-1 添加素材步骤示例（资料来源：剪映）

音频功能主要提供了背景音乐素材、音效素材的添加，但要注意音频的版权问题，如图 4-2-2 所示。

图 4-2-2 音频功能示例（资料来源：剪映）

文本功能有普通文本编辑、花字编辑和歌词识别。普通文本编辑可以设置文本的位置、字体大小，以及样式。还可以设置文本的动画。也可以通过文本选择适合的声音朗读。

贴纸功能可以在视频画面中添加马赛克或各类图片，这对视频画面起到装饰作用，给视频增添趣味性。

特效功能提供了场景特效和任务特效，可以让视频的视觉效果更有冲击力。但不要使用过多，以免造成画面的杂乱。

蒙版功能可以实现对视频画面的某一部分进行遮挡，即在视频画面上覆盖一层可调整透明度的蒙版。通过调整蒙版的形状、大小和透明度，创作者可以实现对视频画面的局部遮挡或调整（如图 4-2-3 所示）。例如在制作文化旅游类短视频时，利用蒙版功能对画面中的路人或无关紧要的部分进行遮挡，更能突出景点本身，制作出更有创意的内容。

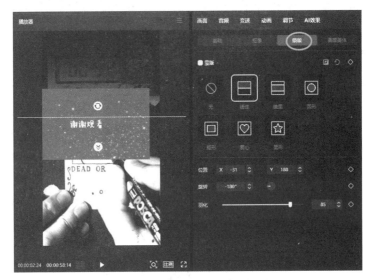

图 4-2-3　蒙版的使用示例（资料来源：剪映）

分割功能即在一条完整的视频中，在某个节点中可以将视频切割成两个部分，方便后续加入其他元素和内容，如图 4-2-4 所示。

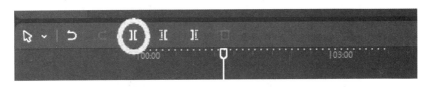

图 4-2-4　分割功能示例（资料来源：剪映）

在剪映中还有很多功能，如画面色彩调节、抠像、声音调节、动画、转场特效等，本书不再一一列举。有文字的指导固然重要，但更重要的是亲自操作，获得最直接的体验。在这个过程中，也可能会产生很多奇思妙想。现在可以尝试在剪映中使用这些功能，尽情发挥创意并制作出精彩的视频。

五、TikTok 短视频内容设计与文案

众所周知，TikTok 这类短视频社交平台，综合了内容分享、新电商功能。那么用户是基于什么在平台吸引"粉丝"，实现变现的呢？这也是接下来我们具体学习的部分——短视频内容创作。要让短视频有吸引力，想让直播吸引更多的观众，就要做好内容的设计。

不妨设想一个场景，如果你想推荐一款极具性价比的美妆产品或数码产品，首先想到的就是介绍产品的品牌，再说明产品的功能、材质等信息。这样的文案看似内容全面，实则枯燥无趣。若是将产品和实际的使用环境、操作方法相结合，产品的亮点也就能凸显出来。

所以，选对了产品，下一步的取胜关键因素就在内容的设计上。如果再加上简练、有记忆点的文案，那就具备了成为爆款短视频的条件。内容设计就是要创作者创作出吸引受众、激发购买欲的内容。

还处于短视频创作"小白"阶段时，大多数人都会认为视频应该有复杂、多元的剧情，有极具创意的情节才会吸引"粉丝"，这样的思考也不无道理。但其实，这取决于短视频预期的目的和效果。带货短视频重点在产品，知识分享类短视频的重点在知识点的输出和表现方式，还有一些休闲娱乐、个人分享的短视频都有各自的侧重点。现在以 TikTok 带货短视频为例，学习如何进行内容创作。

先对制作带货短视频的底层逻辑做一个梳理。带货短视频核心内容的源头是商品。其内核是产品样式、使用场景、效果评估、痛点问题。基于这样的逻辑顺序可以如何设计内容呢？

（1）产品样式＋使用场景＋效果评估。以这样的形式构建内容，侧重点在产品的使用效果。例如一个面部面容仪的短视频，展示的是产品的使用过程和使用后的变化。

（2）痛点问题＋产品样式＋使用场景＋效果评估。以这样的逻辑构建内容，是许多短视频创作者们首先会采用的顺序。内容首先为用户展示生活、工作中出现的难题，其次通过说明产品如何解决这样的问题，然后是产品的使用方法，最后将效果展示出来。

以上两种逻辑顺序只是常见的表现形式，其他的内容逻辑需要充分发挥创造力，在原有基础上进行排列组合，制作优质内容。

大家都知道，短视频除了在内容和形式上"短小精悍"，其文案和音乐的运用更是营销带货类短视频中的重要组成部分。当我们要做 TikTok 账号运营时，在短视频或账号主页面中加入合适的文案能起到锦上添花的作用。那么，应该在哪里添加这些文案呢？这里提供三种方法供参考。

第一，在视频画面中添加文字。在制作视频时可在视频画面的中上部添加文案或文字提示如图 4-2-5 所示。通常使用 3~6 个单词，字体不宜过大。由于短视频的时长有限，文案要简洁直白。

图 4-2-5　中上部的文案效果展示（资料来源：TikTok）

第二，注重编辑视频标题文字。不要忽略短视频发布前的文案编辑，即在浏览视频时页面下方出现的视频标题。短视频标题不宜太复杂，也不能太简单。太复杂的文字表达会造成视频画面显示不全，过于简单的文案无法实现流量精准投放。所以标题文案不仅要让用户快速理解内容，还要实现过滤目标用户的作用。

此外，语种的选择也是重要的文案策划内容。TikTok 覆盖了全球各地区的用户，如果账号定位或产品目标国家是美国、英国等英语类国家，那么英语就是首选语言，系统就会自动筛选掉非英语语言用户。

值得一提的是，在标题文案中一定要为视频打标签。可以使用细分标签和概括标签，例如，#suncream、#moisturecream、#eyeshadow 等，如图 4-2-6 所示。

图 4-2-6　文案与标签展示（资料来源：TikTok）

第三，添加视频评论区文案。视频评论区很容易被创作者忽略，在此添加文案内容可以为用户提供更详尽的介绍或解释，对引导用户关注或下单具有重要作用。

视频制作和文案编辑完成后，还有一项必不可少的元素——音乐。在前面的章节中已经介绍了音乐的添加方法和注意事项，在此就不再详述。

接下来一起学习高效制作短视频的一些创作技巧。要增加账号曝光率，高效且大量产出短视频内容，通常采用原创和二次创作两种方法。二次创作顾名思义是在已有视频素材的基础上进行修改、剪辑或重新编排，创作出新的视频作品。如此一来能够节省时间和成本，但需要注意四个方面：

第一，需要选择优质素材。从表现较好的已有短视频或广告中挑选具有潜力的片段或元素，确保所选素材具有足够的创意空间和改编可能性；

第二，注重二次创意重构。运用剪辑、拼接、特效等手法，对原始素材进行重新解读和构建。可以借助 AI 工具，去水印、添加新的元素，以赋予素材新的意义和情感。

第三，保持原创性。加入个人或团队的独特视角和风格，避免过度模仿或抄袭，确保作品具有一定的原创性和创新性。

第四，尊重版权。尊重原始素材的版权，在合法范围内进行二次创作，如需使用受版权保护的素材，应提前获得相关授权或许可。

二次创作的方法相较于自主原创，虽能实现高效运营、批量产出的目的，但不建议作为长期运营的方法。在 TikTok 平台中，要想实现收益持续上涨的目标，建议沉淀积累坚持输出原创内容。

从整体而言，无论是从原创还是二次创作的角度出发，高效产出跨境短视频都需要创作者具备敏锐的洞察力、丰富的创意储备和扎实的制作技能。同时，了解 TikTok 平台规则和趋势的变化，注重文化适应性和版权意识，都是确保视频内容质量和传播效果的关键因素。

第三节 TikTok 直播基础与运营

近年来，华为在其新品发布会上巧妙地利用了 TikTok 直播功能，成功吸引了大量国际观众的关注。华为通过直播展示了新款智能手机的功能和特点，并在直播过程中与观众进行了实时互动，解答疑问，不仅增强了品牌形象，也有效推动了新品的销售。通过 TikTok 进行海外市场推广的企业还有很多。通过它们我们可以看出 TikTok 直播在品牌营销中的巨大潜力。无论企业规模是大是小，无论是初创企业还是成熟品牌，都可以通过 TikTok 直播来推广产品，增强品牌影响力。

正在使用本教材学习的你，是否也对跨境直播行业充满好奇？是否也想学习如何利用 TikTok 直播为品牌或产品打开新的营销渠道？在本节中，我们将深入探讨如何利用 TikTok 直播进行有效的营销和推广。学习内容包括直播流程、直播运营、主播技能等，让我们开启探索 TikTok 直播领域的精彩之旅。

一、TikTok 直播基础

在开启直播带货前，我们需要先确定 TikTok 账号是否具备直播功能以及开通直播功能之后是否可以在直播间进行带货。

我们先了解申请开通 TikTok 直播权限的方法。

（1）通常情况下，用户需要遵守平台的规则进行权限申请。账号注册完成后，在账号满足"粉丝"数量达到 1000 粉（各个国家或地区的数量要求不一样）且之前的短视频和其他内容没有违规记录、主播年龄满 18 周岁条件后，平台会自动开放该账号的直播权限（开通直播权限的账号主页如图 4-3-1 所示）。通过该方式获得的直播权限，适合有一定"粉丝"基础、没有小店也不是商家的"达人"进行带货。

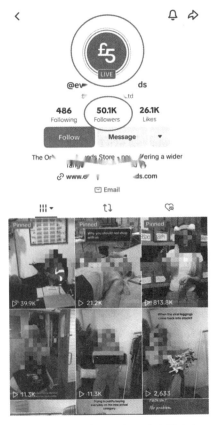

图 4-3-1 开通直播权限的账号主页（资料来源：TikTok）

（2）零"粉丝"申请电商和直播权限。这适合有一定商业积累和品牌优势的用户申请。将已经注册的账号直接与 TikTok Shop 小店绑定，进入 TikTok Shop，选择"我的账户"，下拉左侧导航栏，找到"绑定 TikTok 账号"，点击之后主页右上角出现"链接新账户"按钮，如图 4-3-2 所示。由于绑定的账号有时间和数量限制，所以要确定可以长期运营的账号后再进行绑定。

图 4-3-2　绑定 TikTok 账户操作页面（资料来源：TikTok）

直播权限开通后，即可开启直播模式。启动 TikTok 应用（确保已更新至最新版本），在应用主界面点击正下方的"+"图标，选择"LIVE"，根据页面提示编写有吸引力的直播标题和简介，根据需要调整直播设备如摄像头、麦克风等，最后点击"Go LIVE"按钮，开启正式直播，如图 4-3-3 所示。

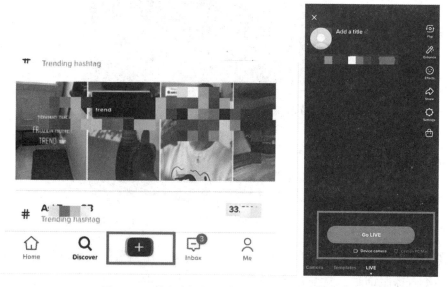

图 4-3-3　进入直播模式（资料来源：TikTok）

二、TikTok 直播间场景搭建

为方便理解和操作，本节内容可与第三章结合学习。在 TikTok 直播的过程中，场景的搭建决定了直播间给观众的第一印象，所产生的感觉在一定程度上决定了能否吸引观众留在直播间。同时，场景的搭建也决定了直播间的特点。

初次涉及跨境直播行业时，大部分人都认为要把直播间打造得高端华丽。其实，直播间的场景搭建和当场产品的特点、直播福利活动或是主播的个人风格相关。

试想这样的场景，如果用户进入到一个服装品类的直播间，场景搭建成了夜市流动摊的风格，这既不能体现产品特色，也不适合在线上直播。TikTok 面对的是全球的用户，场景的搭建就特别重要。从真实的跨境直播间来看，其形式多样，例如手播（不露脸）、真人半身或全身出镜展示、镜子播等等。再加上一些专业收音设备、幕布、屏幕和灯光等等。

接下来先欣赏几个直播间的案例。

第一个是 3C 数码类直播间（如图 4-3-4 所示）。由于品牌的特性相对于其他品类更讲究科技感，在布置直播间的时候，可采用投屏的方式将产品信息投放至背景板，增加直播间的科技感。通过投屏展示，主播在讲解产品卖点时，用户能够更清晰和明确地了解产品功能。

图 4-3-4　3C 数码类直播间（资料来源：TikTok）

第二个是服装类直播间（如图 4-3-5 所示）。灯光所营造的氛围偏暖和一些。尤其是在冬季直播服饰时，温暖的感觉就更能烘托气氛，也能展示出产品的特色。比如直播间的地面铺上绒面的地毯，背景墙设置成暖色，主播穿上厚厚的服装。镜头将全部画面展示出来，再加上一些细节的处理，整个直播间的场景搭建和产品相得益彰。

图 4-3-5　服装类直播间（资料来源：TikTok）

第三个是假发类直播间（如图 4-3-6 所示）。直播间将不同类型的假发当做背景并逐一编号，只要观众看到就能快速知道直播的产品，方便直播间与观众之间的互动。再加上主播的现场展示，更能让观众感受到直播间的氛围。

图 4-3-6　假发类直播间（资料来源：TikTok）

以上三种是最常见的直播间形式。但还有一些直播间采用手播的形式，主播不出镜或部分出镜，产品展示才是直播的核心（如图4-3-7所示），比如水晶、鞋子、文具、手表等类型的直播间，让产品充满画面，营造一种饱和感。此类直播间对直播的画质、直播间灯光等硬件设备的要求不会太高，反而容易带给观众一种接地气的感觉。

图4-3-7 其他直播间场景搭建（资料来源：TikTok）

通过对以上直播间的分析可以得出以下结论，在进行直播间场景搭建时，背景是直播间最吸睛也是最显眼的部分。在背景之外，可以将直播间画面分割成上、中、下三个部分。

上部，也就是在画面上方的1/4区域。通常会设置为留白区，根据直播需求决定是否放置内容。如有需要，一般会放置品牌logo、产品贴图、宣传语、特色产品等，提升品牌曝光度和认知度，吸引用户的眼球。

中部，在直播画面中间的1/2区域，是直播画面的核心区域。主要用于主播出镜向用户介绍、展示产品，或与观众互动。还可以放置利益提示、福利贴片，例如买一送一、组合售卖、直接减价等几种形式。在不影响直播画面的情况下，后台会根据直播销售需求将贴片放置在中上部的位置。

下部，通常情况下会作为前景操作台，或是促销信息区，这个区域可能位于屏幕的边缘或角落，用于显示折扣信息、促销活动、小黄车、信息互动等。合理运用这个区域可以有效引导用户下单，并增加转化率。

三、TikTok 直播带货

我们在前面学习了 TikTok 直播权限的开通和直播间场景的搭建。那么如何在 TikTok 上进行直播带货呢？

1. 直播封面和直播设置

开播后卖家可通过 "take a photo"（拍照）或者 "select from library"（从相册中选择）设置直播封面；设置好直播封面后，卖家可输入直播标题（最长 32 个字符）。

设置直播标题封面时有一些小细节需要注意。首先，设置直播标题可以使用流行语或者关键词 Hashtag（话题标签），也可以使用 emoji 符号、标点（感叹号等），创建大范围标签，用一些关键词与特定的群体联系起来，比如斋月大促、男装专场等。其次，标题、封面要和直播内容相关，避免使用文不对题的标题，而导致直播间人气下降。但可以突出直播特征，比如名人嘉宾、美妆博主等。

以上内容填写完成后，可以尝试界面右侧的其他功能。例如：可点击 "Effects" 选择不同的视频特效；点击 "Share" 分享直播间至 TikTok 好友或个人其他社媒主页，如 WhatsApp、Facebook 等；还可以设置直播间礼物、进入直播间的问候语和设置直播间屏蔽词。

2. 直播商品上架

作为一个带货的直播间，商品的展示和下单购买是必不可少的部分。在 TikTok 中可以实现这样的操作。在商家直播界面找到购物袋图标，并点击 "Add from Shop" 为直播间添加商品，如图 4-3-8 所示。

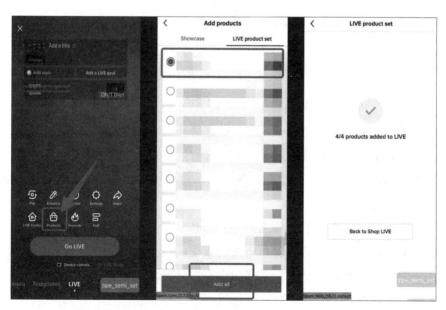

图 4-3-8　直播间商品添加步骤（资料来源：TikTok）

直播间商品的添加，支持开播前或直播中从 TikTok Shop 店铺中添加商品。商品添加完成后，在主页点击"+"进入直播界面，按上述步骤设置直播封面和标题后，点击"Go LIVE"开启直播。

已添加到直播间内的商品，在 TikTok 平台支持增加、置顶、删除、Pin。如果主播正在讲解 1 号商品，点击"Pin"后，1 号商品的信息就会出现在直播间，一般持续时间是 30 秒。Pin 下一个商品时，下一个商品信息就会出现在直播间。

直播结束后，点击"关闭"按钮，确认结束直播。之后主播和运营团队可以看到直播的相关数据统计，如直播间观看人数、新增"粉丝"、用户观看时长、打赏观众及累计点赞数，如图 4-3-9 所示。

图 4-3-9　直播结束后的数据显示（资料来源：TikTok）

四、TikTok 直播间流量逻辑

从直播间搭建到氛围营造，再到平台开播方法与技巧，我们已经对 TikTok 直播有了初步的了解，但这些对于完成一场完整的直播还有一段距离。由于直播的成本相对于短视频而言要高一些，因此我们对团队的配合和运营逻辑的掌握要更全面、更专业。在本节中我们将一起学习 TikTok 直播流量推荐逻辑、直播间运营和相关数据分析的部分。

1. TikTok 直播间流量机制

TikTok 面对的是全球用户，庞大的用户群体本身自带巨大流量，而我们要做的就是尽可能多地获取流量。因为流量是直播间成交的主要因素，直播间流量越大，成交量越高。和短视频推荐机制类似，直播间也有自己的流量推荐逻辑。这里简单介绍站内流量和站外流量两个方面。

　　TikTok 站内流量主要来源于自带的直播广场（LIVE）、Feed 流、信息（Message）等流量口。直播广场是 TikTok 直播功能的一个集中展示区域，用户可以在这个页面中浏览或搜索最新、最热门的直播内容。Feed 流的流量主要由"For You"的视频页面提供，用户直接点击"For You"页面的视频头像进入直播，还可通过上下滑动视频页面寻找心仪的直播间。

　　吸引 TikTok 站外流量常用的方式就是制作并发布直播预热视频。卖家或品牌方可以发布高质量且有足够吸引力的短视频，对即将直播的内容进行介绍，展示特别优惠或亮点产品，激发潜在观众的兴趣。同时设计高质量的直播封面和标题，提高用户的点击率，确保它们与品牌和直播内容紧密相关。由于此视频在直播前发布，需要及时查看短视频的表现，给曝光率高的短视频增加投流，为直播间吸引更多的流量。

　　除上述两种流量形式外，投流也是 TikTok 直播间增加流量的重要方式，即付费流量。一般情况下，品牌方会选择 TikTok Promote 投放、Google Ads 广告投放等方法吸引流量。发布的预热短视频除获得自然流量外，还可以进行 Promote 投放，Promote 是 TikTok 官方推广工具，可以帮助卖家的直播预告接触到更多潜在买家。用户刷短视频时，看到直播间的预览内容，一键点击屏幕即可进入直播间。另一个 Ads 投放，可以为品牌增加曝光率和产品点击率。

2. 影响直播间流量的关键因素

　　接下来关注直播间流量推荐的关键指标，以及直播间的标签对直播间有何影响。

　　首先，要让直播间的流量得到提升有两个关键部分，第一部分是直播间互动数据，也就是在直播过程中出现的点赞数、评论数、观众停留时长、直播间转发量等等。第二部分就是交易数据，主要涵盖产品点击率、订单转化率、独立访客数量等。如果从权重或数据占比的角度来看，礼物打赏、停留时长、商品点击率、订单转化率这四项数据的权重较高。目前，随着 TikTok 在不同国家或地区开展业务，这些数据也将更加细化。

　　其次，直播间的标签可分为两类。一类是看播用户画像标签，包括性别、"粉丝"结构、年龄、所属国家与地区等，这是平台给直播间打的标签（如图 4-3-10 所示），用来标记该直播间的潜在观众。在这个数据标签中可以看出，直播间的内容是否有吸引力，主播是否受欢迎以及直播间的场景和氛围是否符合观众的喜好。另一类则是支付用户画像标签（如图 4-3-11 所示），用来标记该直播间的潜在购买用户群。从这个标签中，可以了解直播间商品和营销策略的有效性。这两项数据相辅相成，在一般情况下要尽量让两组数据的数值接近。假设商品是男士服装或男士用品，那么图例的数据表现说明直播定位较精准，在直播的时候多和美国的用户互动，从而增加美国地区用户的停留时长，平台也就自然将流量更多分发给美国地区的用户。

图 4-3-10　看播用户画像标签（资料来源：TikTok）　图 4-3-11　支付用户画像标签（资料来源：TikTok）

转化率是交易数据的核心。如果我们想提升订单的转化率，提高成交额，可以让主播强调"It's a bargain, buy 1 get 1 free on this live broadcast today."等话术，安排后台配合直播商品链接的弹出，以此增加订单转化率。

五、直播数据分析

直播结束后的复盘工作是非常有必要的，其具体的流程和方法在本书第三章中已有详细解析。这里将对 TikTok 平台的直播数据做详细介绍。在复盘的过程中最重要的一项就是直播数据。

直播间运营的数据可以在直播大屏上查询。在 TikTok 后台可以自主选择很多数据指标，比如商品曝光次数、创建订单数、支付订单数、成交金额等，如图 4-3-12 所示。由于数据维度较多，我们仅对关键数据进行说明。

图 4-3-12　TikTok 直播数据大屏与数据选择（资料来源：TikTok）

1. 直播间观众数量

直播间观众数量是衡量 TikTok 直播效果的关键指标。观众数量的增减能够直观地反映出用户对直播内容的兴趣和投入程度。若观众人数上升，则表示当前的直播内容正吸引着用户的注意力并获得了他们的认同；反之，若人数下滑，则应迅速调整策略，以更具吸引力的内容来挽回观众。这时可以从引流视频、直播间场景等综合考虑。

2. "粉丝"参与度

在 TikTok 直播中，"粉丝"的参与度是一个不可忽视的指标。包括他们发送的弹幕、点赞和评论等，这些从侧面反映了"粉丝"对主播的关心和支持程度。主播应积极回应"粉丝"的互动，这样不仅能提升"粉丝"的满意度，还能进一步增强他们对主播的忠诚度和直播间的整体活跃度。在直播大屏中可以直观地看到评论互动率，一般情况下评论人数要占到观看人数的 10% 以上，如果低于这个占比就说明互动引导较少或效果不理想。

3. 创建订单数和支付订单数

创建订单数和支付订单数的差额需要重点关注。如一场直播有很多用户创建了订单，但没有支付，可能是物流时效长或是支付方式有困难等原因。如果出现这样的情况，可以在后台发送订单提醒或了解具体原因。

4. 商品点击率

由于大部分用户都使用手机观看直播，受到手机型号和品牌的影响，直播间的小黄车弹出的商品列表一般只显示前 4~6 个，因此商品要如何排序对商品的点击率有很大的影响，也决定了观众对直播间的第一印象和成交率。这个数值和主播的话术也有一定关联，需要主播引导或制造紧张感促使用户下单。

5. 成交密度

成交密度是直播间单位时间内成交的件数，该数据在后台的大屏中没有直接统计，需要自行计算。计算方法是直播总时长除以成交件数。假设直播总时长 180 分钟成交件数 141 件，则成交一件所用时间为 1.3 分钟，成交密度就是 1.3，1.3 分钟成交一单是非常优秀的直播表现了。影响成交密度的原因有很多，包括主播话术和临场应变能力、商品的品牌效应或吸引程度以及流量精准度等。根据这个数值可以决定直播是否继续或后续直播的策略。直播大屏数据如图 4-3-13 所示。

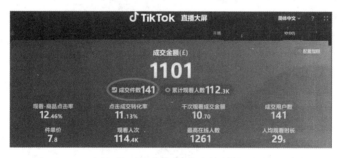

图 4-3-13　直播大屏的成交密度（资料来源：TikTok）

其余数据同样具有参考意义，在实际工作环境中根据情况采用。数据表现的好坏和直播间处于的发展阶段有关。新开播的账号或开播了三四天的账号没有流量或流量低都属于正常现象。经过一段时间的积累，平台会给直播间推更多的流量，权重也会慢慢提高。同时，直播间的数据也会逐渐提升，目标用户也会更精准。

第四节　TikTok Shop 小店运营

TikTok Shop 是字节跳动旗下的一站式电商解决方案平台，旨在为推动 TikTok 上的商品销售和品牌成长。借助 TikTok Shop，卖家可直接在 TikTok 上通过信息流视频、直播和"橱窗"选项卡销售商品。Shop 支持商品发现、商品详情、结账付款以及后续的活动，所有这些活动都可以在 TikTok 应用内完成。目前已经在英国、美国、马来西亚、菲律宾、泰国、越南、新加坡等市场正式上线。Shop 的主要形式有：本土 TikTok Shop 小店、跨境 TikTok Shop 小店、TikTok"达人"购物车等。

一、TikTok Shop 的入驻及设置

成为 TikTok Shop 卖家需提前准备好一些必备材料，如对应国家或地区的 TikTok 账号或一个新的邮箱、营业执照、法人身份证照片等，然后进行注册操作。

1. 注册店铺账号

电脑网页端打开 TikTok Shop 注册的网站 https://seller.tiktokglobalshop.com/account/register，填写手机号、邮箱地址、密码等必填项目，或使用 TikTok 账号注册。

2. 选择目标市场

账号注册完成后就开始进行入驻材料填写和审核。入驻前要先选择开通的市场及销售地区。入驻方式有两种，即普通入驻和邀请码入驻，二者在本质上没有太大区别。

（1）普通入驻：进入市场选择页面，选择"普通入驻"，来到"市场及售卖国选择"，选择希望开通的售卖国家。例如，点击东南亚市场可以看到下拉国家的表单，有马来西亚、泰国、菲律宾、越南、新加坡五国，可单选或多选，如图 4-4-1 所示。

图 **4-4-1**　**市场选择**（资料来源：TikTok）

（2）邀请码入驻：需要根据官方客户经理给出的验证码进行操作。选择公司主体所在地，务必根据自己的营业执照信息进行选择。公司主体所在地有两种选项："中国大陆"或者"中华人民共和国香港特别行政区"，如图 4-4-2 所示。此处的选择会影响后续"资质认证"环节提交的资料类型。如果选择"中国大陆"，必须提交内地的资质证明，即公司营业执照；如果选择"中华人民共和国香港特别行政区"，则提交香港企业相关资质，即公司注册证明书、商业登记证等。

图 **4-4-2**　**选择公司主体所在地**（资料来源：TikTok）

3. 验证公司、法人信息

上传清晰彩色营业执照等相关信息，并如实填写具体内容，如图 4-4-3 所示。

图 4-4-3　中国内地、中国香港公司资质（资料来源：TikTok）

公司资质提交完成后进入"验证法人信息"，如图 4-4-4 所示。需上传身份证正反面照片，填写信息必须真实可查。

图 4-4-4　验证法人信息（资料来源：TikTok）

4. 店铺基础信息

设置店铺名称，需是英文填写且全网唯一。店铺注册成功后，需要注册与 TikTok

Shop 命名一致的 TikTok 账号进行绑定。选择主营类目，一个商家账号仅支持选择一个主营类目，该账号在所有国家站点只能发布主营类目的商品，无法发布非主营类目的商品（选择完成后，会根据商家选择的主营类目显示所需缴纳的保证金金额，如需要了解更详细的缴纳规则，可以点击"具体规则详见"）。

5. 填写仓库信息

在入驻流程里，不论是中国大陆主体，还是中华人民共和国香港特别行政区主体的卖家，均可选择填写一或二个发货仓库信息（如图 4-4-5 所示），必须至少填写其中一个。在入驻之处的流程中填写一个仓库信息即可，之后在"商家后台"—"商家资料"里编辑新增。仓库信息填写完成后还需填写退货仓库信息，这在实际业务流程中也是必不可少的部分。

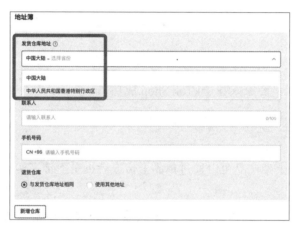

图 4-4-5　填写发货仓地址（资料来源：TikTok）

6. 提交信息

提交注册信息后，即入驻完成，之后仅需等待审核即可。审核结果将通过邮件告知，如果遇到被拒绝的情况，可根据邮件里的原因，修改后重新提交审核。

7. 缴纳保证金

资料审核通过后就可以登入店铺后台，但要真正开始运营还需要缴纳店铺保证金，操作步骤如下。PC 端登录商家后台找到"资产"，点击"保证金"，在页面右上方，点击"充值"，进入到充值页面。根据提示输入充值金额，系统直接进入充值收银台，根据不同的支付渠道会明确告知用户汇率及手续费等详细信息。确认后即进入结算收银台，选择付款方式。点击"付款"，选择适用的支付方式完成付款。付款成功后，页面会提示充值成功。卖家如果遇到系统自动开户失败的偶然情况，只需点击"开户保证金账号"按钮完成保证金开户。如点击后依旧无法完成保证金开户，请联系平台客服处理。店铺保障金的缴纳页面，如图 4-4-6 所示。

图 4-4-6　店铺保证金的缴纳（资料来源：TikTok）

完成以上步骤后，商家入驻 TikTok Shop 成功。

二、产品上架方法

在 TikTok Shop 上架产品可以通过单品上传或者批量上传来实现。

1. 单品上传

首先，登录 TikTok 商家后台，进入 TikTok Shop 卖家中心，点击"商品"—"管理商品"—"新增商品"。

然后依次填写"商品名称"（要和目的国家或地区语言对应的语种）、"商品类目"（类目选择一定要准确，不然会影响买家精准搜索到我们的商品，还有可能造成审核不通过的情况），如图 4-4-7 所示。

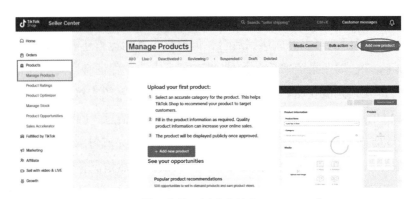

图 4-4-7　单品上传示例（资料来源：TikTok）

最后完善产品的其他信息，比如仓库、品牌、商品详情、物流和保修等，尽可能完整填写产品信息，完成后点击"发布"，即可完成产品发布并等待审核。值得注意的是，商品图片每次最多可上传 9 张。物流和保修信息中的商品重量与商品尺寸这两项要填实际数据。以上所有信息填写完成后，点击右下角的"发布"按钮，系统提示后即发布成功。之后管理商品页面就可以看到产品信息，如图 4-4-8 所示。

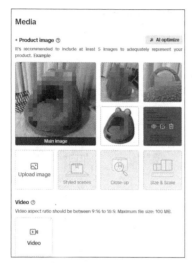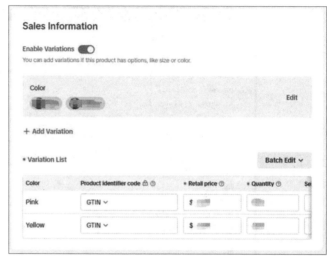

图 4-4-8　上传商品销售信息（资料来源：TikTok）

2. 批量上传

随着店铺体量的增加，商品的数量也随之增长，这时候手动上架单个商品耗时耗力，就需要用到平台的批量上传功能。首先进入后台系统 https://seller.tiktokglobalshop.com/product，左侧菜单栏找到"商品"选项，点击进入"管理商品"操作页面。右上角选择"批量工具"，选择"批量上传商品"，如图 4-4-9 所示。

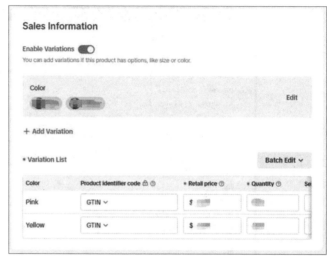

图 4-4-9　批量上传示例（资料来源：TikTok）

之后页面跳转至模板下载。根据商品的关键词搜索目标类目，选择上传的商品类目、品牌，下载后根据提示填写内容。一行代表一个商品，如果一个商品组由多个商品组成，就需要对组内商品的名称、商品描述、重量长宽高等信息填写一致。

紧接着将填写好的模板上传到平台中。如果上传成功，上传的商品自动保存为草稿，可直接在平台中进行编辑并发布。如果上传失败，系统会提示失败原因，商家根据意见修改再上传即可。成功上传的商品信息会展示在主页面中。确认全都成功后点击右下角的"批量编辑商品图片"，如图4-4-10所示。

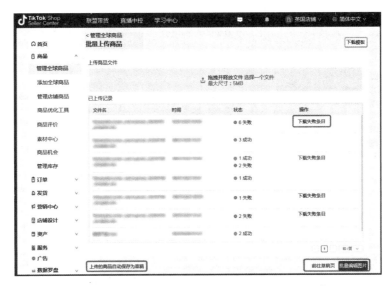

图4-4-10　批量上传商品信息（资料来源：TikTok）

进入图片编辑页面后，可以进行图片、视频的批量新增或调整。确认无误后点击"发布"即可，如图4-4-11所示。

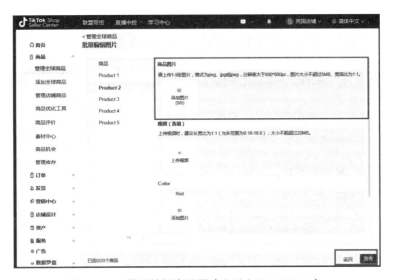

图4-4-11　批量编辑商品图（资料来源：TikTok）

所有的商品上传成功后，在后台管理中可以对其进行管理，例如上架、下架、详情编辑、修改价格和库存量，以及快速搜索产品等，如图 4-4-12 所示。

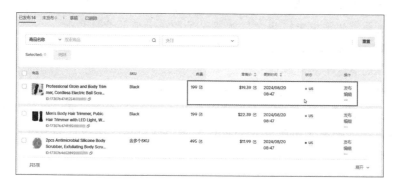

图 4-4-12　管理全部商品（资料来源：TikTok）

三、订单管理功能

TikTok Shop 后台的另一个功能就是对所有订单进行管理（如图 4-4-13 所示）。选择左侧菜单栏中"订单"，进入"订单管理"，该页面内可以对未支付订单、待发货订单或取消的订单状态进行查看，对所有订单进行管理。点击"待发货"按钮，还可以直接打印物流信息单，方便物流公司快速揽件。

图 4-4-13　订单管理页面示例（资料来源：TikTok）

≫ 思政案例

弯道超车：探索海尔如何通过 TikTok 营销成为东南亚家电市场领导者

海尔集团，自 1984 年成立以来，不仅在国内市场树立了良好的品牌形象，也是中国最早一批迈向国际的企业，如今已经成功在东南亚家电市场中取得 TOP 3 的显赫位置，成为唯一入围的中国家电品牌。这一成就的背后，是海尔坚持研发、制造和销售的"三位一体"本土化战略，以及积极推动全球品牌建设的双重驱动。即便在 2022 年海外市场普遍萎缩的逆境中，海尔依然实现了在东南亚的业绩增长。

那么，海尔是如何借助 TikTok 的营销力量，打破日韩品牌在东南亚市场的垄断，并最终赢得当地消费者的青睐呢？

一、面对日韩品牌的围攻，海尔如何找到突破口。虽然海尔在国内已是家喻户晓，但其国际化之路并非一帆风顺。东南亚市场长期被日韩品牌占据，海尔必须找到有效的策略突破对手的壁垒。团队深入分析后聚焦于两个核心问题：如何快速移植国内高效的产品迭代模式到东南亚市场？怎样构建营销战略，迅速在当地提升品牌影响力，实现市场竞争的超越？

1. 根据本土市场需求，打造差异化产品。通过深度洞察，海尔发现东南亚市场对家电的需求与成熟市场有所不同。针对当地气候炎热、空调使用频繁、维护成本高的特点，海尔推出了具备自清洁和杀菌功能的空调产品，满足了消费者的清洗需求，同时降低了维护成本。以泰国市场为例，从 2017 年起的五年间，海尔空调的产能翻倍，达到 200 万台，帮助海尔在东南亚家电市场脱颖而出，成为挑战传统市场份额的黑马。

2. 精准定位受众媒介，借助 TikTok 引爆品牌。在产品创新的同时，海尔注意到年轻消费者对新产品的接受度更高，这是提升市场渗透率的关键。海尔选择 TikTok 作为触达这部分受众的媒介，因为其内容更新快、体量大、资源丰富且互动性强。通过 TikTok 的品牌挑战赛和"达人"合作等玩法，海尔有效触到了大批东南亚消费者，迅速提升了品牌知名度。

二、在全球高端品牌建设上，海尔如何在东南亚市场取得认可。家电作为耐用品，品牌认知和信任至关重要。因此，海尔注重品牌建设，通过与 TikTok 的合作，将高品质家电和健康生活理念传递给消费者。

1. 多元化营销策略，深化"Inspire"理念。海尔倡导的"Inspire"不仅是产品为生活带来活力的象征，也代表着品牌希望为消费者的美好生活注入灵感。通过体育赛事赞助、明星马拉松等活动，海尔鼓励消费者参与内容共创，从而在深度互动中提升品牌认同感。

2. 成功案例分享。2023 年海尔全球"粉丝"节，目标是与全球消费者深度沟通，回馈"粉丝"，同时提升品牌全球影响力。在 TikTok 上举办 #InspiredAwesomeLife 挑战赛，结合各国文化打造沉浸式体验，并通过 TVC 展示、线上 UGC 互动等手段，实现了全链路营销。多国挑战赛总曝光超过 76 亿，交互量达 6 亿，参与视频量超 900 万。

2023 年海尔全明星挑战赛，目的是提升在东南亚市场的品牌曝光和用户互动。联手羽毛球明星举办 TikTok Big Day 活动，发起品牌挑战赛，并投放广告产品。这些举措使活动曝光量超 74 亿，交互量达 11.4 亿，视频量超 746 万，参与者超 327 万，显著提升了品牌数据表现。

资料来源：雨果网

▶▶ 同步习题

一、单选题

1. TikTok 是（　　）公司的产品。

A. 谷歌　　　　　　　B. 脸书　　　　　　C. 微软　　　　　　D. 字节跳动

2. TikTok 的主要用户群体是（　　）。

A. 中老年人　　　　　B. 青少年　　　　　C. 商务人士　　　　D. 文艺爱好者

3. 在 TikTok 上，短视频的常见时长是（　　）。

A.5 秒至 10 秒　　　B.15 秒至 60 秒　　C.1 分钟至 5 分钟　D.10 分钟以上

4. 在 TikTok 上，用户间的互动包含（　　）。

A. 只能点赞　　　　　　　　　　　　B. 点赞和评论

C. 点赞、评论和转发　　　　　　　　D. 点赞、评论、转发和私信

5. TikTok 的（　　）功能允许用户创建和分享短视频。

A. Live Streaming　　B. TikTok Shorts　　C. TikTok Challenges　　D. TikTok Stories

二、多选题

1. 在 TikTok 上，用户提高视频的曝光率的方式有（　　）。

A. 使用热门标签　　　　　　　　　　B. 发布高质量内容

C. 频繁更新视频　　　　　　　　　　D. 与其他用户互动

2. 通过 TikTok 平台进行直播带货时，商家需完成对整场直播的相关设置操作，包括（　　）。

A. 直播封面与标题设置　　　　　　　B. 进入直播间的问候语设置

C. 直播间屏蔽词设置　　　　　　　　D. 直播商品上架

三、判断题

1. 在 TikTok 上直播时，使用没有版权的音乐不会受到任何限制。（　　）

2. TikTok 直播中，主播收到的所有礼物都会直接转化为现金收入。（　　）

3. TikTok 的 "For You" 页面仅显示用户关注的人发布的视频。（　　）

四、案例分析题

案例背景

realme 成立于 2018 年，主打为全球年轻用户提供兼具越级性能和潮流设计的高品质手机和 AIoT 产品。"我们拒绝说教式的营销，更注重的是内容营销，希望可以拉近用户和品牌的距离。可以跟用户建立情感的共鸣，持续提高用户对 realme 的黏性。" J. J. Kwan 说道。

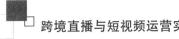

realme 与 TikTok for Business 合作，通过营销建立与用户的感情共鸣。相比于其他社媒，TikTok 有三大特点：一是短视频符合"Z 世代"喜好，更注重内容本身的有趣性，而不是只看 KOL；二是在 TikTok 的品牌认知能打得比较透；三是互动性非常强。

在节日营销期间，realme 的广告记忆（ad recall）提升了 5%，品牌认知度（brand awareness）整体上升了 3%。TikTok 挑战页视频播放量超过 6600 万，视频平均互动值提升了 367%。

简答题：

1.realme 如何通过内容营销拉近用户与品牌的距离？

2. 为什么 realme 选择 TikTok 作为其主要的营销平台？

3.realme 与 TikTok for Business 合作带来的具体成效有哪些？

▶▶ 实训任务

1. 任务背景

TikTok 已经成为全球年轻人喜爱的短视频分享平台。直播作为一种新型的互动方式，也在 TikTok 平台上迅速流行起来。在国内，某大学的大三学生 Jack，通过 TikTok 直播分享学习经验、生活日常等内容，吸引了大量"粉丝"关注，不仅提升了个人影响力，还获得了与品牌合作的机会，实现了知识变现。近期，国内某著名茶品牌找到了他，邀请他在 TikTok 平台中向全球推广中国茶文化及其品牌明星产品。现在邀请你和同学们，和 Jack 一起完成本次实训任务。

2. 任务主题

以"中国茶文化的全球之旅"直播主题，围绕中国茶文化展开，旨在向全球观众展示中国茶的多样性和深远影响。主播可从共同探讨不同茶叶的产地特征、冲泡技艺以及各自国家中的茶文化特色开始分享。在直播中针对中国各大茶区（如福建武夷山、云南普洱等地）的地理标志产品进行茶文化普及并说明品牌明星产品的产地和特色。增进观众对中华茶文化的理解和兴趣，同时推动国际的文化交流与经贸合作。

3. 任务要求

（1）分组策划。每 3~5 人组成一组，以小组形式共同策划 TikTok 直播活动。直播间确保内容健康、积极、有趣。

（2）直播准备。小组成员须共同完成直播前的准备工作，包括直播脚本撰写、道具准备、场景布置、技术测试等。

（3）直播执行。按照策划案执行直播活动，直播时长 5~10 分钟。形式、互动内容等不限。

（4）数据模拟分析。设定预期目标（"粉丝"数、GMV 等）与实际直播后预估的数据进行分析。

（5）任务报告与展示。以小组的方式提交一份直播项目报告。在课程结束时，小组须在班级现场进行成果展示，学生和老师参与点评或打分。

第五章　Amazon 直播与短视频运营

▶▶ 学习目标

1. 了解 Amazon 平台的发展过程。

2. 了解 Amazon 平台的特点及优势。

3. 掌握 Amazon 直播与短视频运营的基本原理。

4. 掌握 Amazon 平台内容创作的逻辑。

5. 熟悉 Amazon 基本功能及日常维护。

6. 熟悉 Amazon 平台规则及市场趋势。

▶▶ 课前预热

当提及电子商务平台，我们往往会想到淘宝、京东、Shopee 或 eBay 等。然而，在瞬息变化的电商界，有一个不可忽视的巨头——Amazon（亚马逊）。亚马逊不仅是全球领先的在线零售商，还提供云计算服务、电子设备和流媒体服务等，是创新营销实践的前沿阵地。自公司成立以来，亚马逊已经在全球建立了 20 个站点，服务于超过 180 个国家和地区的消费者，拥有 3.1 亿的活跃用户，并且吸引了全球 27.9 亿的访问流量，与超过 190 万的销售伙伴建立了合作关系。[1] 除此之外，随着 TikTok 等短视频平台的流行，兴趣电商也随之崛起。亚马逊对短视频和直播营销的重视程度日益增加。在这个快速发展的时代，视频营销已经变成了电商成功的关键。除了传统的产品上架和运营管理，亚马逊平台鼓励卖家上传产品视频，以增加流量和曝光率。此外，结合消费者喜爱的直播购物模式，亚马逊正不断推动其电商生态的发展和创新。

这家全球总部位于美国华盛顿西雅图的公司，是如何利用 Amazon 直播和短视频功能，提升品牌影响力，并实现销售目标的呢？平台中的短视频和直播模块与其他平台相比，在运营模式和规则方面又有哪些不同呢？请各位同学在本章节中一起寻找答案吧。

---

[1] 资料来源：https://www.cifnews.com

第一节　认识 Amazon

Amazon（亚马逊）成立于 1994 年，最初以在线书店起家，现已成为全球商品种类最丰富的网上零售商之一，包括（实体／电子）书籍、电子设备、家居用品、服装、食品、美妆护肤等各类产品。

随着业务的扩展，亚马逊逐渐形成了自己独特的物流体系，提供快速高效的配送服务，这也是其在市场上保持优势的重要因素之一。此外，亚马逊在技术上也有所突破和创新，拥有如 Alexa Internet、a9.com 等子公司，并在云计算领域有着显著的成就。2006 年，亚马逊推出了自家的云服务平台 AWS，标志着公司业务向技术服务领域的重大拓展。这一平台的成功推出，为亚马逊带来了巨大的盈利潜能，也因此成为全球领先的云服务提供商。

在平台发展的过程中，亚马逊不断推出创新功能来提升用户体验。例如，"一键购买"（1-Click Ordering）简化购物流程，"智能推荐"（Recommendation Engine）能够基于用户历史行为提供个性化的商品推荐，而"亚马逊 Prime"会员服务则为用户提供了包括优先配送、视频和音乐流媒体服务等一系列增值福利。

近年来，短视频营销和直播带货改变了全球贸易的体验方式。为了适应市场的不断变化和消费者需求的升级，亚马逊也进行了多方面的尝试。在 2019 年初，亚马逊推出了 Amazon Live 服务，允许品牌商通过实时或预先录制的视频向消费者展示产品的用法和功能。随后，亚马逊逐步增加了短视频的支持，这些视频通常用于展示产品的细节和功能，帮助消费者更全面地了解商品信息，从而促进销售。

简言之，亚马逊的成功不仅仅在于它的商业模式和技术创新，还在于它强大的品牌影响力和消费者信任。通过持续提供高质量的产品和服务，亚马逊已经成为全球电商领域的标杆企业。

一、Amazon 平台账号注册与维护

亚马逊作为全球最大的电子商务平台之一，为卖家提供了广阔的销售渠道。要在亚马逊平台开展业务成为卖家，第一步就是要创建一个账号。现在 Amazon 平台的卖家账号首页示例如图 5-1-1 所示。分为个人（卖家）账户或企业（卖家）账户。个人卖家账户的注册方式较简单，只需提供基本的个人信息，如邮箱、证件信息和银行账户信息即可。个人卖家账户在平台中可实现买、卖操作，但在销售和店铺管理方面会有一定的限制。相比较而言，企业卖家账户的注册虽有条件限制且较为复杂，但可以更好地管理品牌和产品，如创建品牌页面、设置店铺主题等。接下来，简单介绍企业卖家账户的注册流程。

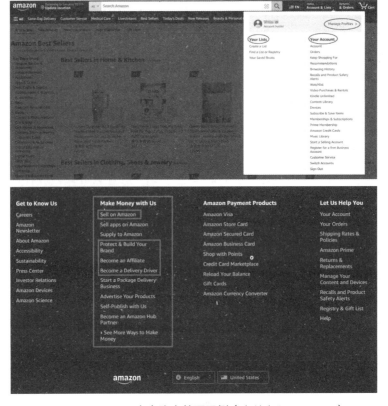

图 5-1-1　**Amazon 卖家账户首页示例**（资料来源：Amazon）

1. 注册前的材料准备

中国（含中华人民共和国香港特别行政区和中国台湾地区）的卖家需要提供一些证明文件。为了整个流程的顺利完成，建议在开始之前收集所有必需材料。如中国大陆地区的企业注册需提供营业执照；中国香港的企业注册需提供公司注册证书和商业登记条例；而对于中国台湾的企业注册，则需要提供如有限公司设立登记表、有限公司变更登记表、股份公司变更登记表、合伙企业批准信等证明文件。

除此之外，所有地区的企业注册还需要提供法定代表人相关证明文件、支持国际支付的银行卡（Visa/Master）以及收款的银行账户信息等，如果邮箱和手机号不能正常使用，也需要提前更新且需要实名注册。

2. 平台账户注册与审核

准备好所需的材料之后，即可登录平台并开始注册账户。点击主页下方的"sell on Amazon"按钮，进入注册页面如图 5-1-2 所示。首先需要通过邮箱、手机号注册一个平台账户。平台支持拼音和英文结合的方式填写，在确认基本资料如用户名称（企业名称）、企业地址、联系方式、法人信息、店铺和产品信息等信息填写无误后提交资料并进入审核环节。除文件材料的审核外，平台还将通过拍照和视频通话（预约通话、即时通话）

等方式进行验证。验证通过后平台会向注册的（经营）地址寄送明信片，内含验证码，用户需把验证码填入平台注册地址的验证栏中。所有内容填写完成后进入下一步操作。

图 5-1-2　账户注册示例图（资料来源：Amazon）

3. 完善或补充材料

Amazon 平台不同的站点所需的材料略有差异。有的站点在审核过程中需要完善或补充材料，如图 5-1-3 所示。比如北美站点需要个人纳税信息或银行账户材料，以进行税务信息核查。

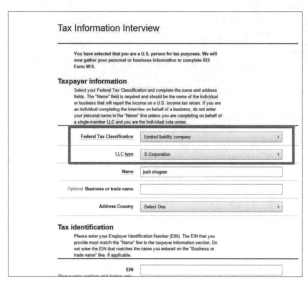

图 5-1-3　纳税信息补充示例（资料来源：Amazon）

4. 完成注册

完成以上全部审核、验证后，官方平台会发送一份注册成功的通知邮件。表示已经一次性开通卖家平台展示的所有站点。此时，可以登录到卖家平台（https://sellercentral.amazon.com），点击按钮转至各个站点的商城页面。在想要经营的站点创建商品信息、发布商品、为商品定价、管理库存和配送买家订单。还可以使用卖家平台中的工具创建促销和优惠券、追踪付款和支出等。同时设置并确认资料的公开、税务信息、配送退换货等，完成后即可开始销售。

二、Amazon 商业模式

首先，Amazon 持续巩固其作为全球领先在线零售商的地位，通过直接采购商品并销售给消费者，获取差价利润。近年来，Amazon 进一步加强了自有品牌的开发和推广，如通过 Prime 会员服务增强客户忠诚度，为会员提供包括快速配送、视频流媒体服务（Amazon Prime Video）和音乐流媒体服务（Amazon Music）等福利。同时还布局线下零售，如收购 Whole Foods Market，以及尝试新的服务如 Amazon go 无人便利店（如图 5-1-4 所示）。

图 5-1-4　**Amazon go**（资料来源：Amazon）

其次，技术驱动。除电商模式外，Amazon 也是全球最大的云服务提供商之一，平台的 AWS 提供了广泛的云基础设施和服务，为企业提供了数字化转型支持。AWS 凭借其灵活性、可靠性和广泛的服务范围，已成为 Amazon 最赚钱的业务模块之一，也是公司持续增长的重要推力。随着全球人工智能技术的应用，Amazon 在人工智能、机器学习和自动化技术上增加投入，在提高运营效率、创新业务模式的同时，也改善客户的体验。例如，通过 AI 推荐引擎个性化用户体验，运用自动化仓库系统减少人工成本等。

最后，运营模式。Amazon 不断寻求国际市场的机会，通过本地化策略进入不同国家和地区。这包括适应当地消费习惯、建立地区性物流网络以及推出符合地方特色的产品和服务。例如，Amazon 的自发货模式和配送模式。自发货模式（FBM）即

Amazon 只扮演销售平台的角色，货源和发货均由卖家自行负责。为继续推动市场平台，吸引更多的第三方卖家加入，Amazon 为这些卖家提供了配送模式（FBA），即卖家提前将货物储存至海外的 Amazon 全球物流仓库中，当店铺出单后由 Amazon 仓库负责拣货、包装以及终端配送。如此一来帮助卖家提升了销售量并提高运营效率。

三、Amazon 平台特点

Amazon 平台凭借其全球市场、严格的产品要求、优质的物流服务和独特的直播功能，在全球电商平台中独树一帜，为卖家提供了广阔的市场空间和丰富的营销手段。主要体现在：第一，Amazon 是全球最大的电子商务平台，覆盖包括欧洲、北美、日本、印度等站点。触达全球范围的消费者群体，为卖家提供了广阔的市场空间。无论卖家来自哪个国家，都可以在 Amazon 平台上销售商品。第二，Amazon 以产品为驱动，对卖家的产品质量和品牌有较高要求。这保证了平台上商品的质量，提升了消费者的购物体验。只有质量好的商品，才能在 Amazon 平台上获得好的销售业绩。且品类也极其丰富。作为一个全品类电商平台，Amazon 提供的商品涵盖了从书籍、电子产品到日常生活用品等几乎所有类别。以此为消费者提供了一站式购物体验，这是许多其他电商平台难以企及的。第三，Amazon 拥有自有的 FBA 仓储服务，实行销售配送一体化，为客户提供高效并且有保障的物流服务。这大大降低了卖家的人工成本，从而提高了产品的销量和利润。第四，只要商品质量好，卖家就可以轻而易举地在 Amazon 平台获得约 15%~20% 或更高的利润。这对于卖家来说，是一个非常吸引人的优势。

随着技术的发展和新媒体与电商的结合，Amazon 已经开始重视并逐步发展其平台上的短视频和直播功能，以增强用户参与度和改善购物体验，为消费者提供高质量的商品和优质的购物体验。目前，平台的短视频和直播服务，特别是直播，已经成为电商领域的一个重要工具，具有明显的特点和优势。首先是平台信誉度高。从成立至今已积累了高度的用户信任度。在电子商务中，消费者对平台的信任是进行购买行为的关键因素。借助这种信任基础，平台能够更有效地吸引消费者的注意力，促成销售。用户知道这些是由可靠的零售商或品牌提供的服务和产品，因此更愿意尝试通过这些视频内容进行购买。其次是平台聚集了高购买意向的买家。平台的搜索和浏览功能可以帮助商家快速、准确地定位关键词，吸引那些已经具有购买意向的消费者观看直播和短视频内容。最后是开放式的整合营销方式。Amazon 的视频内容可以无缝地融入日常的推广活动中，如 Sponsored Products、Sponsored Brands 等广告策略中。卖家可以轻松地将视频嵌入自己的产品列表页面，或者使用 Amazon 的广告服务来提升视频内容的可见度，并以此降低营销成本，简化操作流程，提高卖家的整体效率。

尽管 Amazon 的短视频和直播服务在电商环境中有明显的优势，但与 Youtube、Facebook, TikTok 等以社交互动为主导的电商平台相比，存在一些不足之处。Amazon 直播可能在用户互动和社交分享方面不如社交媒体平台。Amazon 平台的直播时长较短，且播出时间可能不够规律，这可能影响主播与消费者之间建立稳定的黏性。而且 Amazon 的直播内容可能不那么注重娱乐性和社交元素，而是更多地专注于产品展示和评测，缺乏社交媒体平台上常见的创意和多样化的内容形式。（短）视频亦是如此，内容的松弛度和趣味度较弱，难以复制社交电商平台的分享机制，实现病毒式传播。就其特色，我们往下继续学习。

第二节　Amazon 短视频

在学习 Amazon 短视频运营内容之前，先简要说明 Amazon 广告的模式。Amazon 广告是指在亚马逊搜索框中输入关键字并显示结果时，部分产品搜索结果带有 "Sponsored" 字体的广告，主要分为商品推广广告（SP 广告）、品牌推广广告（SB 广告）、展示型推广广告（SD 广告）。卖家可以根据产品自身的利润空间设置广告投入预算，保证每一笔的订单都是盈利的。广告主可以根据自己的需求，选择不同的广告形式，如流媒体电视广告、短视频广告、品牌推广视频等。

Amazon 广告和短视频，二者共同为品牌和卖家提供了推广产品和提升销量的有效途径。二者之间的联系具体表现在：

Amazon 短视频可以作为广告内容的一部分，通过 Amazon 的广告平台进行展示和推广。可以出现在多个展示位，如首页、商品详情页等，提供了多样化的广告体验和触达点。这种融合使得视频内容不仅是产品展示的工具，也是吸引用户注意和提高转化率的营销手段。可以更好地凸显品牌、产品或服务，扩大影响力。

短视频以其丰富的内容和高度的参与性，加上平台对视频广告严格的规范和要求，如视频的尺寸、持续时间、音频规格等，确保了视频广告内容的质量，提升用户的观看体验，进而提高用户对广告内容的参与度和兴趣。在随产品发布的视频中，还可以结合关键词投放，吸引高频次购买类似商品的消费者，从而让广告投放更加精准和有效。

一、Amazon 短视频分类

1. 从功能角度分类

从平台的功能角度来看，Amazon 短视频可分为四大类，即主图视频、关联视频、解释类视频和评价类视频。

（1）主图视频。目前，平台的主图视频功能向卖家全面开放，也给许多非品牌卖家一个自我展示的机会。店铺详情中的 listing 插入十几秒或者几十秒的小视频播放，可以把产品更生动地展示出来，从视觉营销上要优于文案和图片平面，拉长了消费者在页面上停留的时间。现在，很多卖家还在视频上增加 3D 效果、特效、航拍等等创意镜头，增加了流量转化。Amazon 的主图视频展示效果如图 5-2-1 所示。

图 5-2-1 主图视频页面展示效果（资料来源：Amazon）

（2）关联视频。关联视频显示在亚马逊 listing 页面中的 video 一栏。关联视频买家可以自行上传该产品的视频。由于在购买决策过程中，来自其他消费者的意见往往能左右其他消费者的购买决定，这时关联视频的作用就发挥了很大的作用，这些来自不同买家的视频往往对购买决策带来积极影响。通常由买家自行拍摄的视频非常具有真实性，比起商业化的图片和文字介绍来说更贴近生活，更亲切，也更具有说服力。关联视频展示效果如图 5-2-2 所示。

图 5-2-2 关联视频页面展示效果（资料来源：Amazon）

　　每个 listing 最多只能展示 10 个关联视频，如果你不用自己的视频占满这些位置，那么这些坑位很有可能会被竞品的视频铺满，导致自己的流量白白被竞品分走。当然你也可以上传视频到竞品的页面中去，从竞品页面为自己的商品引流。

　　（3）解释类视频。解释类视频，即 Q&A 视频。这类视频更多的是指视频出现的位置，在 Q&A 栏展示的视频即为 Q&A 视频。视频更多的作用在于补充说明产品或解答用户的问题。传统的文字虽然也能解答客户的疑问，但是配上视频会更有说服力。从内容上来看，Q&A 视频可以是从任何一种视频类型中截取的片段，也可以是卖家专门制作的售后类视频，通常情况下，Q&A 视频时长在 30 秒到 1 分钟。

　　（4）点评类视频。点评类（Review）视频出现在产品的 Customer reviews 部分。与纯文字的评论相比，视频形式的评论、反馈，对于 listing 的转化率会更有帮助。一条获得五星好评的视频，会帮助卖家获得巨大的流量。同时，这类视频在消费者眼里具有十分重要的参考价值，还能极大程度稀释差评的影响。点评类视频页面展示效果如图 5-2-3 所示。

图 5-2-3　点评类视频页面展示效果（资料来源：Amazon）

2. 从内容角度分类

　　除以上四种类型视频之外，若是从内容上对以上视频进行区分，可以大致分成六类，即品牌宣传类视频、产品展示类视频、开箱类视频、用户体验类视频、产品对比类视频、DIY 类视频。这些视频的创作和制作技巧已经在前面的章节中进行详细介绍，在本节中不再详述。但依据平台属性，挑选贴合度较高且效果表现较好的三类视频作简要介绍。

　　（1）产品展示类视频。这类视频以简洁明了的方式聚焦于产品本身，注重产品功能或创新以及多角度展示产品。具体表现方法是：简洁风格，仅在纯白背景下展示产品的全方位视角，或是由特写镜头和产品使用场景构成的更为复杂的内容。风格的选择取决于产品的特性。如服装或鞋类等商品，从多个角度进行展示可能会大有益处。

而对于其他产品，可能更重要的是向观众展示其功能和外观，产品使用场景和最终产生的效果。从卖家的角度出发，不妨设想一下人们在实体店内会如何与产品互动，从而在视频中复制这样的体验。产品展示类视频页面如图 5-2-4 所示。

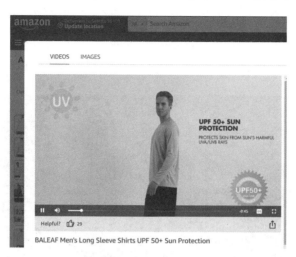

图 5-2-4　产品展示类视频页面（资料来源：Amazon）

（2）用户体验类视频。此类型的视频旨在捕捉和展示客户在使用过程中的体验和感受，帮助潜在买家更深入地了解产品的功能。这类视频尤其适合需要通过直接互动来体验的产品，如玩具和美妆产品。视频将指导消费者理解产品的实际用途，以及他们可以如何使用它来获得特定的体验。这就和关联视频有相似之处。用户体验类视频页面如图 5-2-5 所示。

图 5-2-5　用户体验类视频页面（资料来源：Amazon）

（3）对比类视频。这类视频所呈现的是自己的产品与竞争对手产品之间的差异，或者消费者在使用场景中，消费者使用产品前后所发生的变化或便利。如果市场上有许多类似产品时，该视频能够有效地突出你的产品与其他产品相比的关键优势和重要区别。视频中不要提及竞争产品的名称，但可以展示你的产品如何解决这些竞争产品普遍存在的问题。对比类视频页面如图 5-2-6 所示。

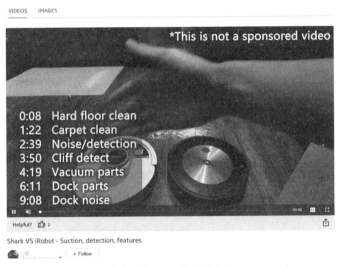

图 5-2-6　对比类视频页面（资料来源：Amazon）

二、Amazon 短视频运营

随着电子商务的快速发展和消费者购物习惯的变化，视频营销在 Amazon 平台上的重要性日益凸显。根据亚马逊公布的数据，96% 的消费者认为视频对在线购买决定时很有帮助，也有 79% 的在线购物者更愿意通过观看视频来获取产品信息，而不是阅读页面上的文字。还有一些卖家在主页图投放视频后发现，优质的产品视频可以将转化率提高 65%~73% 以上。目前，全球 Amazon Prime 会员数量已有 2 亿多，涵盖了各不同年龄段和兴趣的用户，这为短视频运营提供了一个巨大的潜在观众群。通过对用户行为和偏好的分析，卖家可以定制更有针对性的内容策略，以吸引并保持用户的注意力。由此可见视频对于 Amazon 的重要性。在本节内容中将详尽讲述 Amazon 短视频运营策略，通过高质量的视频内容提升产品曝光度、增加点击率和转化率，从而优化销售表现。

Amazon 与其他电商平台不同，其视频的发布都将展示在产品主页 listing，或首页搜索结果。在进行短视频的运营前，就要先了解平台的流量逻辑，从而让视频被更多消费者看到。亚马逊视频流量的逻辑在实际应用中，有以下六个关键维度。

1. 搜索流量

这是用户主动寻找商品的重要渠道。用户通过站内 / 站外搜索引擎，根据关键词定位相关商品，并在结果页通过筛选进一步缩小范围，而在 listing 页面的视频内容中刺激消费者下单。因此，优化商品标题、关键词和描述，确保商品在搜索结果中获得较高的排名，是提升搜索流量的关键。

2. 关联流量

关联流量基于用户的购买历史和浏览行为，通过商品详情页上的关联推荐来引导用户点击进入新的商品详情页。为了有效利用关联流量，需要精准分析用户行为，提供符合用户需求的关联推荐商品，并优化关联推荐的展示位置和方式。此时关联视频就是卖家和消费者的首选形式。那么，要如何运营关联视频呢？首先，此类视频能展示商品细节和功能特性，对提升转化率、较少售后问题与差评问题有一定的帮助；其次，相较于传统的图文介绍，关联视频的信息量更大更全面，能够全方位展示产品特色，真实的展示产品外观、性能、功能使用等。再者要充分利用 Video 功能，将流量吸引到自己的 listing 中。在平台上我们一方面需要自己上传视频填满 Video 栏目中的 10 个内容，防止有其他竞品进来分流。另一方面可以寻找机会把我们的视频上传到其他流量较大的竞品那里，从而实现为自己产品引流的目的。

3. 活动流量

Amazon 的促销活动能够吸引大量用户的关注，并引导用户点击进入参与活动的商品详情页。因此，参与平台促销活动，如 Amazon Live 直播、Prime 会员专享优惠等，是提升活动流量的有效方式。同时，通过自主策划促销活动，制作活动相关视频，也能吸引更多用户关注和购买。

4. 广告流量

广告是提升商品知名度和购买转化率的重要途径。通过亚马逊平台提供的广告服务，如商品推广广告视频、品牌广告视频等，可以将商品展示给更多潜在用户，引导他们点击进入商品详情页。精准定位目标用户群体，优化广告创意和投放策略从而提升广告效果。

5. 站外流量

社交媒体和其他网站是站外流量的重要来源。通过在社交媒体平台上发布内容、与用户互动、投放广告等方式，可以吸引更多用户点击进入亚马逊平台上的商品详情页。而将视频形式的内容分享至站外平台是当前许多卖家会选择的方式。同时，也可以与其他网站合作进行联合推广，也能有效增加站外流量。

6. 推送流量

推送流量包括站内推送和站外推送两种形式。通过亚马逊平台的邮件营销、消息推送等功能，可以将商品信息直接推送给用户，引导他们点击进入商品详情页。此外，通过第三方邮件营销工具等渠道进行站外推送，也能有效增加推送流量。为了提升推送效果，需要精准定位目标用户群体，制定个性化的推送策略，并不断优化推送内容和频率。

如果想实现视频、店铺或品牌在 Amazon 中吸引较多的流量，一定要了解 Amazon ASIN 码（Amazon Standard Identification Number，亚马逊标准识别号）。Amazon ASIN 码是一个由数字和字母组合，用于标识亚马逊目录中的每一个商品，可以理解为平台用于管理产品的一个识别码，且具有唯一性，如图 5-2-7 所示。每个 ASIN 代表一个特定的商品，包括该商品所有的变体（如尺寸、颜色等）。ASIN 是亚马逊用来跟踪库存、索引目录、处理订单和提供相关产品信息的关键。如果 ASIN 码使用不正确，就很有可能造成店铺违反平台规则的风险。那么，ASIN 码和短视频是如何联系的呢？

图 5-2-7　Amazon ASIN 码样例（资料来源：Amazon）

在前面的内容中我们已经详述了短视频对于平台店铺的作用，而 Amazon ASIN 和短视频之间的关系在于，通常情况下短视频是关联到特定的 ASIN 上。当卖家为他们的产品设计和上传短视频时，这些视频会直接链接到产品的 ASIN 页面上。这样，当消费者浏览产品详情页时，可以观看视频，从而获得更直观的产品信息。

由此可见，Amazon ASIN 对亚马逊短视频运营的影响不可忽视。ASIN 作为商品的唯一编码，相当于产品的身份证，它不仅有助于平台管理库存和索引目录，更关联到产品销售的各个层面。

首先，视频内容的加入能显著提升关联 ASIN 的产品页面的吸引力。据不完全统计，图像和文字无法比拟的视频展示，能极大地提高潜在消费者的购买兴趣。因此，将优质的短视频与特定 ASIN 绑定，无疑直接增加了该产品的销售潜力。

此外，通过平台短视频窗口，品牌形象和品牌故事得以呈现，从而有效地提升了品牌的知名度与曝光度。消费者往往通过视觉内容来感知品牌，而短视频以其丰富的信息含量和高度的传播性，成为了品牌传递价值观与理念的有效途径。

在内容营销策略方面，通过对 ASIN 的细致分析，卖家能够洞察哪些类型的商品更适合通过视频进行推广。这有助于商家制定更为精准和高效的营销策略，比如为某个特定的 ASIN 制作专题视频，或者根据产品的独特属性选择不同风格的视频和传播路径。

最后，通过对与特定 ASIN 关联的视频效果进行持续监测，如观察视频的观看次数、点赞数及分享次数等，商家可以及时评估视频内容的表现。这些宝贵的数据为商家提供了不断优化视频内容的可能性，帮助商家更好地适应市场变化，满足目标顾客的需求。ASIN 数据表现如图 5-2-8 所示。

图 5-2-8　ASIN 数据表现（资料来源：Amazon）

第三节　Amazon 直播

一、Amazon 直播分类

电子商务发展至今，其技术手段和功能模式发生了巨大的变化。尤其是近几年出现的直播电商已逐渐成为了一种流行的购物方式。作为全球最大电商平台之一的 Amazon 也不例外，推出了自己的直播功能——Amazon Live。这是 Amazon 推出的一项直播购物功能，旨在帮助消费者实时了解产品信息、观看产品演示，从而更好地进行购物决策。卖家通过 Amazon Live 可以与买家实时互动，展示产品的实际效果，提高销售额和品牌知名度。

亚马逊直播有其自身的特点。首先，实时互动功能。Amazon Live 提供了丰富的实时互动工具。例如，观众可以在直播过程中通过聊天室与主播实时交流，提出问题或分享观点。主播也可以针对观众的提问进行即时回应，提供专业的解答，从而增强了直播的互动性。此外，主播还可以在直播中通过发起投票或调查来了解观众的偏好，以便调整直播的内容。其次，高度综合的购物体验。Amazon Live 为观众提供了一种高度整合的购物体验。观众可以直接从直播界面点击购买按钮，无缝跳转至产品详情页进行购买。同时，Amazon Live 还简化了结算流程，大大缩短了购买时间，从而提高了转化率。购买后，用户还可以在 Amazon 平台上实时跟踪物流状态，增加了用户的信任感。最后，Amazon Live 具备多平台的兼容性。Amazon Live 注重移动优先，优化了移动端的观看体验，以适应用户的移动化趋势。除了手机和平板，用户还可以通过电脑或智能电视观看直播。此外，Amazon Live 的直播内容还可以同步分享到 Facebook、Twitter、YouTube 等社交平台，从而扩大观众群。如图 5-3-1 所示为 Amazon Live 主页示例。

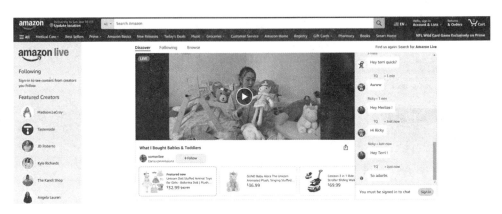

图 5-3-1　**Amazon Live 主页示例**（资料来源：Amazon）

1. 从功能角度分类

从功能页面的角度来看，Amazon Live 的板块大致可以分为以下五种类型，Trending Now（时下热点）、Get Ready with Me（潮流周边）、Upcoming Streams（直播预告）、Deals（活动直播），以及垂类及细分品类直播，例如 Pets、Beauty、Food、Health&Wellness、Everything Else 等等。

（1）Trending Now（时下热点）。该直播版块，均为直播录播内容主要为平台精选近期人气直播内容。如图 5-3-2 所示为 Trending now 页面示例。

图 5-3-2　**Trending now 页面示例**（资料来源：Amazon）

（2）Get ready with me（潮流周边）。该直播版块以展示区域的潮流趋势为主要内容，除了直播节假日或活动现场的情况，同时在直播页面下显示该活动周边产品及主题商品推荐。图 5-3-3 所示为 Get ready with me 直播页面示例。

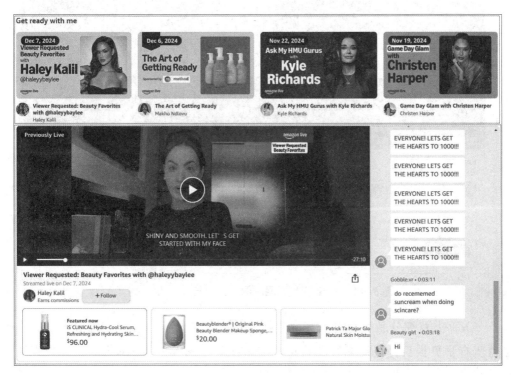

图 5-3-3　Get ready with me 直播页面示例（资料来源：Amazon）

（3）Upcoming Streams（直播预告）。该直播版块可展示直播的具体日期和时间，用户可根据自身喜好和需求主动关注。该直播版块目前以平台自有的内容策划为主，进入后可观看往期直播录制视频。

（4）Deals（促销商品直播）。Amazon Live 分为亚马逊影响者直播和亚马逊店铺品牌直播，而影响者直播又可以分为日常影响者直播和 Deal 影响者直播。该直播版块只面向 A-listing 的影响者开放，针对 Deal 的产品进行活动促销的直播，目前以官方推荐为主，促销商品直播中的商品一般持续时间 4 小时～6 小时，不同的账号主题在直播上有差异。开通 Deals 直播后，有机会出现在 Amazon Deals 首页的顶部，即 Deal 直播专属展示位置、Amazon Live 首页、直播产品详情页主图的下方、竞品产品详情页主图下方或影响者店铺首页。这一直播板块，可以提升 Deal 产品的转化率，带来 listing 排名上升、增加销量、放大 Deal 效果的作用，获得更多的自然流量自然订单。同时直播的加入可以为 Deal 带来更多流量，而 Deal 产品的特价优势又可以促进 A-list 主播及亚马逊平台扶持流量的转化。图 5-3-4 所示为 Deals 直播页面示例。

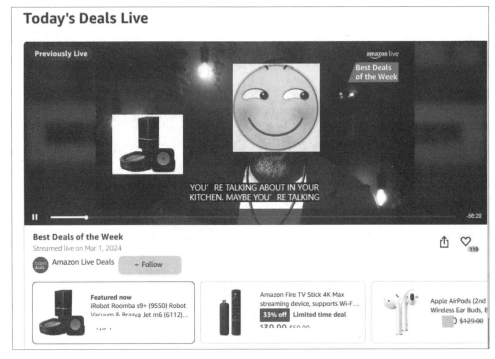

图 5-3-4 **Deals** 直播页面示例（资料来源：Amazon）

（5）垂类及细分品类直播。其余直播版块则是各个垂直领域和细分类目，几乎涵盖所有常见类目，直播内容和特点也非常明显。图 5-3-5 所示为其他品类直播页面示例。

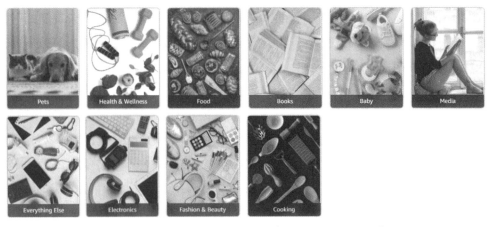

图 5-3-5 **其他品类直播页面示例**（资料来源：Amazon）

2. 从内容角度分类

若根据平台现有的直播内容和展现方法可以将直播内容分为产品导向型、内容导向型和品牌导向型三大类，基于具体直播内容和直播时长，还可以划分为以下五种表现形式。卖家可根据这些直播内容来定位自身产品，寻找合适的内容直播方式。

（1）专业电视频道的官方直播，这是平台直播中的主要形式。主要对产品的价格、功能和特性等方面进行全面讲述。该直播内容基于特定主题展开，主要涉及电子商品和日常必需品等商品类别，持续时间在 1 小时左右。图 5-3-6 所示为专业电视频道的官方直播示例。

图 5-3-6　专业电视频道的官方直播示例（资料来源：Amazon）

（2）专注于简短的产品展示视频，主要通过图片编辑和拍摄技术来呈现产品。每个视频配有简洁的文字说明和背景音乐，整个视频时长约为 3~5 分钟。可以通过产品局部放大的形式或产品场景来强调其设计特点和材质优势。

（3）采用模特实际穿着或佩戴的方式展示产品。其中真人模特将简要介绍产品的主要卖点。这些视频通常聚焦于单一商品，通过模特亲自使用并从各个角度展示产品的外观和效果，视频长度大约在 30 分钟左右。以塑身服饰和配饰较为常见，视频将展示产品的使用效果和时尚感。

（4）以各类平台的知名"网红"或 KOL 为代表的直播。通常会输出有一定深度的内容。这些视频不仅介绍单个产品的卖点和特性，还会展示产品的实际应用效果，并与其他同类产品的性能进行对比分析。结合了真人演示和开箱评测两种形式，这些视频的时长通常在 1 小时左右。图 5-3-7 所示为"网红"或 KOL 直播示例。

图 5-3-7 "网红"或 **KOL** 直播示例（资料来源：Amazon）

（5）代表品牌宣传的直播，具有一定的真实性和可信度。例如，通过直播工厂内部的生产过程以及工人的操作状态，这种类型的直播视频能够震撼观众并强化品牌形象。画面中展现出品牌对产品质量和制造工艺的关注，对消费者来说具有相当的说服力。图 5-3-8 所示为工厂制作直播示例。

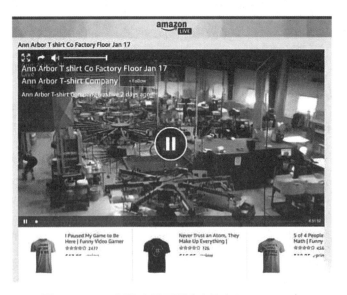

图 **5-3-8** 工厂制作直播示例（资料来源：Amazon）

二、Amazon 直播运营

Amazon 直播并非对所有用户开放。目前，平台只面向亚马逊 SC 品牌卖家（Amazon Seller brand owners）、亚马逊 VC 卖家（Amazon Vendors）、亚马逊"红人"计划（Amazon Influencer Program）开放直播申请。以上三类也有对应的审核条件和要求。

但无论是哪类账号或卖家实体，在开始 Amazon 直播并着手运营时，对平台直播的流量分配机制要有一定程度的认识。因为 Amazon Live 平台上，流量分配机制是决定直播内容能否被广大用户发现和观看的关键因素。该机制主要依赖于三大核心组件：算法推荐引擎、搜索排名规则以及用户行为反馈。

首先，算法推荐引擎。这是机制的核心。它通过深入分析用户的观看历史、购买行为以及个人偏好，运用数据分析技术，智能地识别出用户可能感兴趣的直播内容。这种个性化推荐不仅提高了用户的满意度，也使得每一类内容都能精准地触达目标受众。

其次，搜索排名规则进一步优化了内容的曝光效果。直播的搜索排名并不仅仅取决于标题和描述的相关性，还与内容质量、观看人数、用户评分等多重因素紧密相关。这种综合性的排名机制确保了高质量、高互动的内容能够优先展现在用户面前，从而获得更多的点击和观看机会。

最后，用户的互动行为。当用户对某个直播内容产生兴趣时，通过点赞、评论、分享等方式进行互动。这些积极的互动行为不仅增加了直播的参与度，也向系统传递了积极的信号，使得该内容在后续的推荐中获得了更高的权重。

在 Amazon 平台进行直播可以通过 PC 端和移动端进行。从 PC 端进入亚马逊官网主页，在页面正上方的导航栏选择"Livestreams"，或是在主页左侧菜单栏点击"All"按钮，选择"Programs&Features"，下拉菜单栏定位"Amazon Live"，点击"Live"按钮进入直播页面。在这里可以看到很多直播内容，有正在直播的，也有新直播预告的和直播回放。图 5-3-9 所示为 PC 直播入口示例。

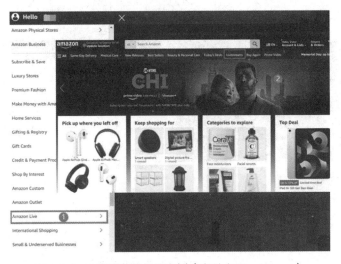

图 5-3-9　PC 端直播入口示例（资料来源：Amazon）

如果在移动端进行直播，需要下载 Amazon Live Creator App，下载后选择对应角色，输入店铺账号密码登录（有品牌注册的美国卖家号），点击"+"按钮创建直播。图 5-3-10 所示为移动端直播页面示例。

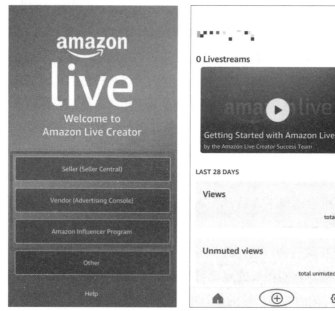

图 5-3-10　移动端直播页面示例（资料来源：Amazon）

　　在 Amazon Live 直播的 PC 端和移动端都可以在直播前对直播间进行设置，如图 5-3-11 所示。例如，商家须事先将要展示的产品添加到视频流中，同时设置产品描述、直播主题、直播封面、开播时间等，这些信息完整度和匹配度对开播后的流量有一定的影响。因此这部分的填写要多参考热门标题，制作或上传一个识别度高有吸引力的直播封面图。买家可以在实时视频流旁边显示的产品轮播中找到这些产品。

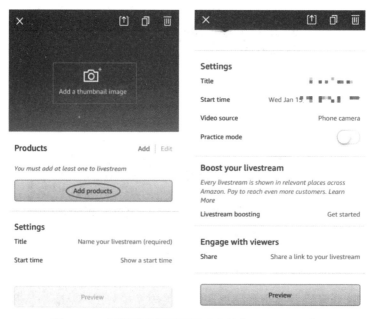

图 5-3-11　开播前的设置页面（资料来源：Amazon）

设置好直播间后，商家将获得一个链接，可以分享在 Amazon 之外的其他渠道（例如 Instagram，Facebook，电子邮件活动等）。当前的亚马逊直播运营方式中，良好的内容与专业度是吸引流量的两大重要法宝。但从亚马逊卖家的角度出发，跨境卖家在亚马逊直播中都会采用 Amazon "红人"直播的方式。接下来，共同探讨亚马逊"红人"直播的影响力。

亚马逊"红人"直播或"网红"直播，是亚马逊"红人"在自己的"红人"账户通过 Amazon Live 帮助多个卖家或品牌，通过直播方式实时解答买家疑问，生动展示在售产品功能、特点、优惠活动以及使用场景等，帮助卖家带货，增加曝光率。基于良好的沟通体验与互动，更好的产品流量转化率，帮助提升产品权重，获得预期排名，吸引更多自然流量，创造更多自然订单。图 5-3-12 所示为"红人"直播示例。

图 5-3-12　"红人"直播示例（资料来源：Amazon）

亚马逊"红人"计划或亚马逊影响者计划 (Amazon Influencer program)，行业内统称"红人"营销计划。它是亚马逊联盟计划中涵盖丰富功能的一个版块。作为"红人"会获得亚马逊提供的高水准服务度和"粉丝"关注率，"红人"会有一个属于自己的亚马逊店面的独立 ID 链接，可以在其中分享他们自己喜欢的产品，吸引站外／站内"粉丝"的关注度，当客户在他们页面上购买产品时，"红人"也会获得相应的佣金。

亚马逊的"红人"，不同等级也会有不同的权益和直播权限。初级"红人"——Rising Star，通过亚马逊审核即是初级"红人"，由此获得直播权限并自动出现在相关产品类别行和"立即直播"行中的 Amazon Live 网站品牌产品的详细信息页面。中级"达人"—— Insider，商家必须在 30 天内直播至少 90 分钟才能申请，只有通过亚马逊审核的才能成为中级达人。中级达人的直播可以自动出现在所有初级"达人"展示位置和 Amazon Live 网站页面顶部位置。高级"达人"—— A-List，商家须有 2000 "粉丝"、在 30 天内直播 1000 分钟、在 30 天内销售 100 个单位或获得 USD 5000 才可申请，并且只有通过亚马逊审核的才能成为高级"达人"。这是平台中等级最高的的"红人"。该等级的"红人"可以进行 Deals 直播，也有机会出现在 Deals Live 首页，获得 Amazon Live Creator 团队的优先支持，其直播可以自动出现在所有初、中级"达人"展示的位置。

Amazon 平台的直播结束后会有直播回放，通常保留 24~48 小时。直播回放可以看作是"红人"直播的剩余价值，如果直播回放是在 Amazon live 页面，买家可以通过直播回放了解产品并产生购买行为；如果直播回放出现在店铺 listing 页面，可在一定时间内防止竞品直播出现，提高产品转化率；如果直播回放出现在竞品 listing 页面仍然有机会帮我们抢夺竞品流量，同时直播回放还会在主播或"红人"的账户里面保留数周甚至更长的时间。

▶▶ 思政案例

安克创新的多维度视频营销手段

视频营销一直是亚马逊推广的重要组成部分，优秀的视频能够大大提高产品的竞争力，让卖家的产品从一众竞争者中脱颖而出。安克创新（ANKER）在亚马逊平台上的成功，也离不开其在平台上多维度的视频营销手段，多维度视频营销手段既有效地提升了品牌的知名度和产品的销量，同时也增强了与消费者的互动和连接。

1. 制作高质量产品展示视频

（1）视觉效果突出：安克创新精心策划并拍摄高清产品展示视频，确保画面质量与专业度，突出产品特色和优势。

（2）功能演示详尽：视频中详细展示产品外观、功能以及使用场景，帮助消费者全面了解产品。

（3）提升品牌形象：通过高标准的视频内容，安克创新在潜在客户心中树立了品牌的高质量形象。

2. 利用 A+ 内容或增强型品牌内容（Enhanced Brand Content）

（1）页面吸引力增强：在亚马逊产品页面上嵌入优质视频，增加页面吸引力，提升消费者购物体验。

（2）信息传达更直观：视频内容帮助消费者更直观地了解产品特性和使用方法，提高转化率。

（3）品牌故事讲述：利用增强型品牌内容讲述品牌故事，增加品牌与消费者之间的情感连接。

3. 创造教育性视频内容

（1）建立专业形象：发布教育性视频，如安装指南、操作教程，建立品牌的专业形象。

（2）增加信任度：提供产品养护建议等实用信息，增加消费者对产品的信任度。

（3）促进用户黏性：教育性内容有助于保持用户对品牌的持续关注，提高复购率。

4. 开展 KOL 营销活动

（1）扩大曝光度：与领域内影响者或"红人"合作，利用他们的渠道分享产品视频，扩大品牌曝光。

（2）信誉传递：影响者或"红人"的推荐借助其个人信誉，为品牌带来更多潜在顾客。

（3）多样化内容形式：影响者或"红人"可以根据自己的风格定制内容，使品牌信息传递更加多样化和人性化。

5. 实施视频广告策略

（1）定向推广：在亚马逊平台内外投放针对性的视频广告，快速传递信息，吸引用户注意力。

（2）视觉冲击力：视频广告以其强大的视觉冲击力，有效提升品牌记忆点。

（3）转化率提升：通过精准定位目标受众，视频广告能够有效提升转化率。

6. 优化视频搜索引擎排名

（1）关键词研究：通过关键词研究，确保视频标题、描述和标签中包含潜在买家可能搜索的关键词。

（2）提升可见度：优化关键词有助于提升视频在亚马逊内部搜索结果中的排名，增加可见度。

（3）持续更新：根据搜索趋势和用户反馈，不断更新关键词策略，保持内容的前沿性和相关性。

7. 跟踪分析与持续优化

（1）数据监控：利用亚马逊提供的数据分析工具监控视频表现，如观看次数、时长、点赞数等。

（2）市场响应调整：根据数据反馈调整视频内容和营销策略，以达到最佳的市场响应。

（3）持续优化：定期回顾和分析竞争对手的视频策略，从中学习和借鉴，不断提升自身策略的有效性。

资料来源：未来智库

≫ 同步习题

一、单选题

1. Amazon Live 是（　　　）。

A. Amazon 的一个购物频道　　　　　　B. Amazon 的视频流媒体服务

C. Amazon 的直播平台　　　　　　　　D. Amazon 的社交媒体平台

2. 以下（　　　）不是 Amazon Live 的优势。

A. 可以实时与观众互动　　　　　　　　B. 可以展示商品的实际使用情况

C. 可以提供 24 小时服务　　　　　　　D. 可以与亚马逊直播"红人"合作

3. Amazon Live 直播的最佳时长是（　　　）。

A. 15 分钟　　　　　B. 30 分钟　　　　　C. 60 分钟　　　　　D. 120 分钟

4. 以下（　　　）是 Amazon Live 的成功关键。

A. 提供高质量的商品　　　　　　　　　B. 提供高质量的直播内容

C. 提供高质量的客户服务　　　　　　　D. 提供高质量的物流服务

二、多选题

1. 以下（　　　）因素会影响 Amazon Live 的商品销售。

A. 商品的价格　　　　B. 商品的品牌　　　　C. 主播的表现　　　　D. 直播的时间

2. 以下（　　　）策略可以提高 Amazon Live 的销售效果。

A. 提供优惠券或折扣　　　　　　　　　B. 提供详细的商品信息和演示

C. 提供高质量的直播画面　　　　　　　D. 提供有趣的互动环节

3. 以下（　　　）因素会影响 Amazon Live 的观众留存率。

A. 直播的内容质量　　　　　　　　　　B. 直播的时长

C. 直播的频率　　　　　　　　　　　　D. 直播的时间

三、判断题

1. 为了优化 Amazon 视频广告的效果，应该频繁更改关键词和目标群体。（　　　　）

2. 任何亚马逊用户都可以使用 Amazon Live 进行直播。（　　　　）

3. Amazon Live 直播仅适用于在美国境内的观众。（　　　　）

四、案例分析题

安克创新（ANKER）的充电宝在亚马逊上的受欢迎程度非常高，几乎成为该平台移动电源类目的标志性品牌之一，得益于其准确的市场定位、高质量和创新的产品、有效的营销策略以及对用户需求的深刻理解。以下展示的是其中的一款便携式充电宝，

该产品上架于 2023 年 3 月 16 日，累计获得超 1500 条客户评论，评论星级 4.2（满分 5
星），在亚马逊"Cell Phone Portable Power Banks"类目下排名第 60。

　　该产品也深得亚马逊平台多位"红人"的青睐，其已获得多位资深亚马逊"红人"
的测评推荐，在其产品详情页可直接查看到各位"红人"相关的产品测评视频，以下
便是来自其中一位"红人"的测评视频（2 分 40 秒）的内容脚本。

　　Guys take a look. This is the Anker Prime. It's actually the Anker 735. That's the model
number. But this thing is super awesome. It's 20,000mAh. Now, if you have an iPhone 15 or
14, it's basically like having 4 additional batteries. So you're going to be able to charge this
quite a few times.

　　Now, this thing will charge super fast. You could put 100 watts into this. So it's gonna
charge up really quick and you can also distribute 100 watts out. So it does have 2 USB C
ports and a USB A port right there. So you're going to be able to charge your devices like an

iPhone 15 or whatever.

Now, it does come with this cool travel case. Now this is kind of like a velvet. What's great about this is it's going to protect this, because you can look, it's a little bit glossy. So I'm guessing that if you put this in your backpack or you're traveling with it, it might scratch, but you're going to want to put it in your case just like this and the case does come with it.

It does come with a USB-C cable, pretty standard. You're going want to get yourself a charger. You probably have one of these laying around or you can pick up one of these Anker's. So that's how you're going to get the maximum power to charge this. You're going to want to get a quality charger that plugs into the A C outlet. But the way you do is you just plug the USB-C cable into the top and you're going to be able to charge it standard.

Now, it does have a button on the side here and that turns on the display, you can see that I'm at 40% and then you're going to be able to cycle through additional information. It's going to tell you how many cycles or how many times you've actually charged this, it's going to tell you the temperature of the battery. So if it does overheat, it will turn off. And then of course, you can turn off the display, so you can set the time out. So if you want this display to stay off for 30 seconds to a minute or whatever or have it just automatically stay on forever, you can adjust that setting by cycling through the button here and then you can change the screen brightness high or low. But here I have it turn on at 40% and I'm going to plug it into my iPhone 15. So we'll just go ahead and put that in there. So you'll see here that we are charging, it is charging the iPhone right there. And on the front of the display it will tell us how many watts right now. We're looking at about 7.57 watts coming out right now. You can see that. So right there on the bottom, you can see here we're charging and it tells you how many watts is going out.

Now, you can charge up to 3 devices from this. So it's super awesome. This has 20,000mAh, so tons of power. You can be able to charge multiple devices at the same time.

Take a look, this is the 735 Prime by Anker, super awesome portable. And of course another cool thing is you do get the travel pouch which is super awesome. So if you're looking for additional power, you want to take it on the go, maybe keep it in your backpack, keep it in your purse. This is going to be a great option for you.

简答题：

1. 请阅读该视频的脚本内容并对其内容结构进行简要分析。

2. 通过以上的脚本内容可知，该"达人"花了较多时间对产品的数字显示屏功能进行了详细说明，一定程度上说明了该"达人"对其数显功能的印象尤为深刻。请简要概括该"达人"对数显功能做了哪些说明。

3. 从消费者的角度思考，你认为该视频内容还可以做哪些关键内容的补充？（请列举至少 3 个）

≫ 实训任务

任务背景

Amazon，作为全球领先的电商平台，近年来，开始重视并发展短视频和直播购物功能，借助这些新兴工具增强用户参与度，推动销售增长。通过实时或录制的视频内容，让消费者能够更直观地了解产品特性、使用方法及实际效果，从而降低购买决策的不确定性。此外，直播特别提供了一种即时互动的途径，消费者可以通过弹幕、评论等方式与主播实时交流，提出问题并获得即时回复，极大地提升了购物体验和满意度。近期，Amazon 平台上的一些品牌通过精心策划的短视频和直播活动，成功吸引了大量观众，并实现了销售量的显著增长。例如，一些美妆品牌通过"红人"营销的形式直播化妆教程，有效提升了用户黏性和转化率；还有电子产品品牌通过展示产品细节和功能的短视频，成功吸引了科技爱好者的关注，并促进了销量的提升。

通过本章节的学习和平台实操的基本了解后，现需要你从平台中挑选出 3 款产品，类别不限，进行短视频制作，并策划直播方案。

任务要求

本章实训任务为小组任务。每 4 名同学组成一组。共同进行选品、短视频制作和直播策划。

短视频任务：通过对平台产品的调研，每个小组需制作 3 个不超过 1 分钟的短视频，视频类别须满足产品展示类、产品对比类、用户体验类。

直播任务：基于前期准备，策划一场 3~5 分钟的 Amazon 直播。旨在推广所选产品。建议直播内容须包括产品特点介绍、品牌文化、使用体验等。

任务总结：各小组需提交一份短视频和直播的文字简报。包含策划思路、执行流程和预期效果等。并在课堂中进行直播，老师参与点评。

第六章　阿里巴巴国际站直播与短视频运营

▶▶ 学习目标

1.掌握阿里巴巴国际站平台中短视频与直播营销相关功能、服务及其特点与应用场景。

2.熟悉阿里巴巴国际站直播界面功能、操作流程与规则、违规事项及其处罚规则。

3.掌握阿里巴巴国际站营销视频种类、拍摄制作、运营流程等工作事项与实用技巧，重点包括视频脚本策划、拍摄规范、优质视频制作技巧等。

4.熟悉阿里巴巴国际站直播商家后台操作、中控台功能及直播软件功能与操作等，重点掌握阿里巴巴国际站完整直播流程事项及实用技巧。

5.熟悉阿里巴巴国际站不同行业产品的短视频与直播营销运营案例，分析其中的流程事项、实用策略与技巧。

▶▶ 课前预热

2023年6月27日，阿里巴巴国际站发布数据显示，2023年5月每天的开播场次同比增长66%，海外观看人数同比增长186%。这一轮跨境直播的火爆，与背后应用的一系列新技术有关。2023年以来，为了进一步适应B类跨境直播的特征，阿里巴巴国际站推出了一系列新技术，并涌现出更简单的工位直播等新模式。

据了解，这一系列新技术包括：能帮外贸企业找到最合适开播时间段的"时间罗盘"；方便海外买家询问的"点击问询"；还有"接待响铃通知""讲解视频切片"，等等。"点击问询"功能让直播互动更简单，海外买家在观看直播时，可以直接点击屏幕上感兴趣的展示商品，与此同时主播会实时"感应"予以讲解。

此外，国际站还上线了"语音转字幕及翻译"功能，支持在直播间将商家语音实时转成字幕，便于买家理解，同时支持多语种翻译。新技术使得跨境直播门槛逐步降低，阿里巴巴国际站上进一步涌现出了"工位直播"的新模式，外贸业务员坐在工位上就能上阿里巴巴国际站开播、接待全球客户。没有"123上链接"，一个外贸员正在工位上，对着电脑镜头向正在直播间里询盘的客户介绍着产品的原料、规格，电脑屏幕上则是随镜头移动而不断切换的仓库、工厂生产线，不时可见工人们忙忙碌碌的场景，这就是实时工位接待直播——原来只有在阿里巴巴国际站大促期间才有的直播形式，如今已趋于常态化，在阿里巴巴国际站上遍地开花。

第一节 平台概述

一、阿里国际站的数字化营销

阿里巴巴国际站成立于 1999 年，是阿里巴巴集团的第一个业务板块，现已成为全球领先的数字化贸易出口平台。作为全球最大的 B2B 跨境电商平台，阿里巴巴国际站累计已服务 200 余个国家和地区的超过 2600 万活跃企业买家。[①] 阿里巴巴国际站致力于让所有的中小企业成为跨国公司，打造更公平、绿色、可持续的贸易规则，提供更简单、可信、有保障的生意平台。它始终以创新技术为内核，高效链接生意全链路，用数字能力普惠广大中小外贸企业，加速全球贸易行业数字化转型升级。经过二十多年的发展，如今，阿里巴巴国际站的业务已走过了三大阶段，如图 6-1-1 所示。

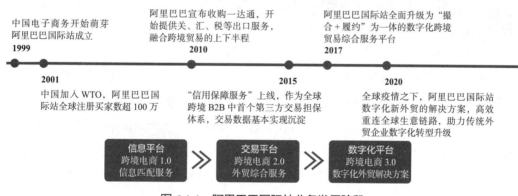

图 6-1-1 阿里巴巴国际站业务发展阶段

第一阶段（信息平台）：国际站的定位是"365 天永不落幕的广交会"，为大宗贸易做产品信息的展示；

第二阶段（交易平台）：国际站收购一达通为商家提供通关等方面的便利化服务，并在这个过程中开始沉淀数据；

第三个阶段（数字化平台）：将此前沉淀的数据形成闭环，也就是国际站在做的事

---

① 资料来源：https://supplier.alibaba.com/

情——数字化重构跨境贸易。

在数字贸易时代的当下，阿里巴巴国际站运用数字化战略、数字化实践、数字化产品与全球资源，重构整个跨境贸易全链路，做到数字化的全球性普惠，为中小企业带来便利与创新。在数字化营销层面，阿里巴巴国际站引入了短视频与直播营销等功能，为商家和买家带来了全新的贸易体验，这也是其践行"数字化平台"的两项重大举措。2020 年 1 月份开始，阿里巴巴国际站引入了首图短视频，截止到目前，是否具备首图短视频已经成为能否进入一级搜索引擎的必备指标。在阿里巴巴国际站运用场景下，根据展示位置，视频主要分为主图视频、Tips 视频、旺铺视频、详情视频，等等。而关于直播营销，早在 2019 年中国进出口商品交易会时，阿里巴巴国际站就推出配套直播服务，而后受疫情影响，许多展会无法线下如期举办，阿里巴巴国际站便从2020 年 5 月开始跨境直播。

二、阿里国际站直播营销概述

（一）阿里国际站直播类型

阿里巴巴国际站支持商家进行多种主题类型的直播，包括实时接待、直播探厂、新品发布、商品测评、潮流趋势、爆品热卖、限时折扣、展会直播、厂长在线，等等。

1. 实时接待 / 工位接待（Q&A LIVE）

在跨境贸易中，远场带来的信任问题一直是海外买家最大的痛点。对买家调研发现，通过音视频的形式与供应商互动，可以促进买家信任而愿意与该供应商达成合作。同时 B 类贸易大都是计划采购，难以复刻 C 类直播特征。经过一系列的探索，阿里巴巴国际站官方发现商家利用直播工具在工位接待买家，买家无需露脸即可看到供应商实时状态，还原线下档口的采购体验，能够促进店铺效果提升。

其类似于客服直播，通过直播，实时高效互动，对买家提出的问题实时答疑，让消费者进店就能感受到同线下门店的导购互动，不再是消费者被动选择的咨询形式，而是实现面对面的实时互动咨询，更好地拉近商家与买家之间的关系，从而通过积极的互动提升直播的转化。

对于商家的要求：不需要准备专业的脚本，而是能够实时接待，解答买家问题，多互动，多引导。

【定义】无需重金打造线下直播间以及准备脚本和创建预告，工位电脑配置摄像头，开播即可接待买家。

【价值】促进店铺整体效果提升的工具。真人互动，促进买家信任，接待直播间快速转化询盘，促进商品效果提升，从而带动店铺整体效果提升。

【方法】上班时间即开启接待（建议日播大于 4 小时），保证一定的时长能够提升效果。

2. 直播探厂（Factory Tour）

买家在考察供应商的阶段，对于探厂有比较明确的诉求，直播可以帮助买家很好地了解商家的工厂实力。商家可通过对工厂的介绍或者"工厂的实时画面＋实时接待"，对于工厂的生产线、机器设备、组装、质检、包装、发货等流程实时展现，并实时与买家进行互动，更好地提升买卖双方的信任关系。

3. 新品发布（New Arrivals）

新品发布核心是"新品"，新品代表的是新商机，在直播选品的时候对于商家有一定的要求。商家在直播的过程中，核心要围绕"新"，展示商品的"新工艺、新设计、新材质、新技术"等，更好地让买家对于新品有了解，把握住商机。

4. 商品测评（Product Test）

商品评测核心是通过实验、使用体验、商品对比测试，来展示商品的核心竞争力。如通过实验展示自己的黑科技；通过开箱、测评向买家展示使用体验；也可以通过与同品类的商品进行对比，如自家的商品和 B 家同款的商品对比有哪些不一样。

5. 潮流趋势（Trends）

潮流趋势核心是"趋势"，围绕趋势，商家需要在直播间向买家展示当季流行、热卖商品、热销国家、热销人群等，告诉 B 类买家商机。可结合数据参谋（市场——关键词指数、商品洞察、市场洞察、行业商机、行业报告、行业市场分析等）、站内的榜单、Google Trends 等工具，挖掘趋势。

6. 爆品热卖（Hot Picks）

爆品热卖核心是"爆品"，爆品拥有持续的热销，会受到买家的追捧，是可以为商家创造更多更高利润的产品。商家在直播间向买家展示成本相对较低、功能强大、有市场升值空间的产品，介绍商品的热卖点并和买家互动。

7. 限时折扣（Discounts）

商家需要在直播间提供优惠商品，商品的折扣必须是在原价的基础上进行设置，商家不可以先抬价再设置折扣。（折扣参考范围九折至二折）

8. 展会直播（Expo LIVE）

摆脱传统直播间实时接待直播方式，借助新会场、新内容展示商家实力，更新鲜的直播画面、更生动的直播场景、更真实的商家互动。让更多无法去到线下展会的买家，也能有机会体验到展会选品的过程。

9. 厂长在线（CEO LIVE）

由工厂的厂长或者老板来担任主播，在直播间与买家互动。

（二）直播间界面功能与布置布局

1. 直播间顶部（如图 6-1-2 所示）

图 6-1-2　阿里巴巴国际站直播间顶部（资料来源：阿里国际站）

（1）直播类型：根据创建直播时选择的直播主题进行展示。

（2）直播榜单：展示对应行业的直播榜单排名。

（3）商家信息条：展示卖家头像、店铺名称。

（4）关注按钮：点击后关注该商家，建议适时引导。

（5）分享按钮：点击后可将直播内容进行分享，可分享至站外，吸引更多的站外买家观看。

2. 直播间中底部功能（如图 6-1-3 所示）

图 6-1-3　阿里巴巴国际站直播间底部（资料来源：阿里国际站）

（1）用户行为信息：如，用户 XXX 进入直播间。

（2）评论区：展示买家发送的评论。

（3）讲解中的商品：展示正在讲解的商品信息。

（4）商品盒子：根据创建直播时选择的直播商品进行展示。

（5）评论框：点击此处可发表评论。

（6）索要商品目录：点击后买家会在私聊界面收到商品目录，可借助该功能引导买家进行私聊互动。

（7）点赞：可引导买家多多点赞，与主播产生互动并增加人气。

3. 直播间布置布局示例（如图 6-1-4）

阿里巴巴国际站直播的电脑直播（OBS）素材摆放主要规则：

（1）摄像头区必须放在白色安全区内，且至少占白色区域的一半。

（2）除摄像头外仅允许添加两个素材，其中仅允许出现一个视频素材。

（3）为保证画面美观，直播区域不允许留无素材的空白区域。

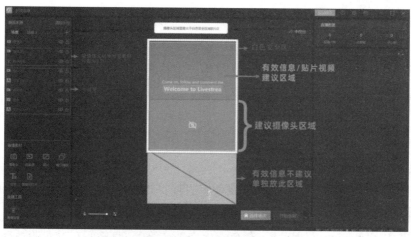

图 6-1-4 阿里巴巴国际站直播间布局示例（资料来源：阿里国际站）

直播间布局示例如图 6-1-4 所示：

视频演示类型：直播间同时只允许播放一个演示视频；

打印背景板 / 电视墙类型：背景板 / 电视墙需居中于画面可视区域；

前景贴片类型：前景贴片放置主题 / 利益点等关键信息；

绿幕背景类型：沉浸式直播场景呈现，需提前制作好电子素材。

（三）直播商品讲解功能

直播商品详解，是在直播中截取的讲解商品片段（常见为 100 秒时长，通常为 15~180 秒之间），投放审核通过后可以应用在商品详情页、直播间等，帮助买家随时随地快速、真实、全面地了解产品，即使商家未在直播中，买家也可通过商品讲解观看直播中的真实讲解。

合格、优质的直播商品讲解有助于提升直播曝光与点击，高效促进潜在客户询盘转化，并最终促成交易。

1. 基础质量保证

直播间明亮清晰，无明显噪点或大片阴影；无明显遮挡主播或商品；直播拍摄全程稳定，镜头无长时间抖动；主播无长时间离开镜头或长时间冷场不说话；讲解过程中产品清晰呈现，买家可以通过直播画面捕捉到讲解的商品主体。

2. 优质讲解标准

主播英文能力优秀，讲解流畅有逻辑，直播推进有序，无长时间冷场或出现卖货不相关内容（如吃饭、喝水等）；讲解内容不仅限于商品价格，要详细描述商品本身信息、商品与用户关联性（如尺寸、颜色、生产工艺等）；直播间布景专业，有商品或主播特色，整体不杂乱，背景无过多不相关物品（如生活用品、快递袋等）。

三、阿里国际站短视频营销概述

（一）阿里国际站视频种类

阿里巴巴国际站平台商家制作与应用的视频种类主要包含商品主图视频、FEEDS 短视频、企业 / 旺铺视频、商品详情视频等如图 6-1-5 所示。不同类型的视频其视频内容、制作规范等均存在一定的差异。

图 6-1-5　阿里巴巴国际站视频种类（资料来源：阿里国际站）

1. 商品主图视频

随着短视频的盛行，阿里巴巴国际站商品的主图视频越来越多地呈现为产品讲解型视频，突出介绍产品是什么以及产品有哪些卖点，主要目标是提高买家看品效率、看品舒适度，正向为买家的采购决策提供帮助，同时，进一步提升商家的营销转化。主图视频，建议主要展示商品属性、使用效果、品质等卖点信息，其次展示商家服务的相关信息。

（1）核心目的：提升详情的转化率。

（2）内容方向：商品的核心卖点展示。

（3）拍摄的要点：展示商品的外观、功能、细节、多 SKU、模特展示等，前 5 秒要有卖点，更能吸引买家点击。

（4）特点：提高买家看品效率和舒适度，正向引导买家做采购决策。

（5）优质商品主图视频的主要特点：

①视频内容阐明产品 / 服务是什么，突出产品的核心卖点，专业设备收音，字幕强调核心卖点，结尾以引导询盘为主；

②建议尺寸为横屏 16∶9；

③建议时长 45 秒左右；

④播放流畅，大于 24 帧 / 秒；

⑤画质保持清晰，最低分辨率至少为 720 P（即尺寸为 1280×720 及以上，帧宽度与帧高度不低于 720）；

⑥画面稳定，光线明亮，背景整洁；

⑦配有英文／其他外文字幕，贴纸或英文／其他外文解说（不少于3条）。

2. FEEDS 短视频

FEEDS 短视频：精简的视频内容，一般用来展示核心卖点等优势信息，以短时间内吸引买家眼球。

（1）主要目的：引流，"粉丝"运营，视频引导关注。

（2）服务：通过视频解释商品，引导成交。

（3）内容方向：设计工艺，产品类型，功能演示，实景案例。

（4）拍摄重点：视频小百科，售后服务，帮助买家更了解使用和安装等不确定的顾虑，最短时间内吸引观众注意力并激活潜在客户的兴趣，引起共鸣。

（5）总结：有趣、有用、有共鸣。

3. 旺铺视频

旺铺视频：一般以公司规模、认证资质、售后服务等商家服务与实力相关内容为主，如表6-1-1所示。

表6-1-1　阿里巴巴国际站旺铺视频（资料来源：阿里国际站）

视频	视频信息点	模块／卖点	举例
旺铺／企业视频	企业／工厂介绍：企业规模、经营业绩、市场分布、专利权、行业认证、奖项、服务特色、权威媒体报道、客户背书等	企业／工厂规模	厂址、员工数、自有品牌、代加工品牌
		客户类型	• 分风格／年龄／人群的精准性 • 客户类型：跨境买家、实体批发、淘宝卖家、微商等
		安全资质，专利权，行业认证奖项，验厂报告	自有设计／专利介绍、验厂安全报告、IP版权证书等
		客户背书	合作客户数、知名代工经验、客户评价
	生产研发实力：研发实力、上新实力、品牌代工、生产工艺／流程、生产实力	生产研发能力	• 设计研发团队，探索新款流行趋势、当季主打款型／材质／颜色等 • 年开发新款能力、月新款数量
		备货供货能力	• 生产线数量、独特技术、原料来源 • 拳头产品主打款式／色彩，从定制到量产需要的时间

4. 商品详情视频

商品详情视频：通常展示的是商品卖点、商家实力与服务的详情信息，如表6-1-2所示。

表 6-1-2　阿里巴巴国际站商品详情视频（资料来源：阿里国际站）

视频	视频信息点	模块 / 卖点	举例
商品详情视频	产品卖点：材质、品质、安全性、IP 版权、产品专利、价格、外观、颜色、功能特色、使用场景、细节特写、内部构造、工艺流程等	产品卖点	材质安全、性价比、材质、品质、安全性、IP 版权、产品专利、价格带、外观、颜色、功能特色、使用场景、细节特写、内部构造、工艺流程
		产品优势	是否爆款（流行性）、价格、功能、色彩、品质（环保、证书及检测报告）、服务及售后、包装、产能
	价格与服务权益：价格带、起批量、签约便利性、货运物流、样品、售后服务等	价格带	拿样费用、起订费用、大批采购价格段
		采购保障	大批现货供应 / 加工定制服务
		服务保障	• 商品素材：提供商品素材包 • 售后保障：品质 / 材质保障，15 天包换，72 小时发货，一件代发 • 代理政策：代理区域保护，代理拿样政策

（二）商品主图视频拍摄规范

在已全面迈入视频时代的阿里巴巴国际站，商家只有努力制作更优质的、符合平台规范的商品视频，才能增加"品"和"商"的真实度，提高客户对产品的认识效率。平台对商家的商品视频提出了以下基本规范与建议。

1. 画面背景

画面背景尽量使用素色或虚化，避免杂乱背景。建议不使用与产品本身信息不相关的内容，也能避免侵权风险。

2. 视频画面展示

建议横屏拍摄，使用能够更好衬托产品的背景，设置相应的亮度、对比度等，便于更加清晰地展现产品。

3. 视频文件大小

建议分辨率为 640×480 及以上，单个视频大小不超过 100 M。

4. 视频拍摄时间

视频总时长控制在 20~45 秒；产品外的其他画面内容（公司、厂房介绍等）建议占整体视频时长的 1/3 以下。

（三）Tips（发现频道）视频

Tips 视频，即内容营销型视频，能够在短时间内吸引客户注意力并引起客户的兴趣，引导客户发起询盘，视频内容多以真人出镜讲解 / 演示的形式展示产品或测试性能、展现商家实力。Tips 视频核心在于视频内容的温度感与真实性，目的是建立起买家对商家的信任。Tips 视频与产品主图视频的比较如表 6-1-3 所示。

表 6-1-3　**Tips 视频与产品主图视频的比较**（资料来源：阿里国际站）

对比	Tips 视频	产品主图视频
定义	内容营销型（种草视频）	产品主图的第一张
样式	多为 9∶16	多为 16∶9 或 1∶1
内容	多以真人出镜讲解 / 演示的形式展示品或测试性能、展现商家生产实力等	介绍产品是什么，突出产品细节、功能及核心卖点等
目的	核心在于真实感，建立买家与商家之间的信任感	提高买家看品效率和看品舒适度
调性	有用、能产生共鸣	有用
作用	获客	转化
场景	平台公域板块	私域（商家产品详情页）

在阿里巴巴国际站平台，比起单纯的产品讲解类视频，多数买家在 Tips 频道更关注如何寻源，找到更可靠的产品和商家，如何根据市场趋势进行采购，以及交易、行业相关的专业知识等内容。因而，阿里巴巴国际站平台的 Tips 视频主要包含三大类：行业知识、如何选商、如何选品。

1. 行业知识

专业且严肃型买家对于专业知识的干货内容有着极强的兴趣，比如视频中针对某一领域，用通俗的语言讲解专业的背景知识、原理、现象、应用、方法、趋势等，并结合产品的真实使用场景，利用短视频视觉化的形式，更好地帮助买家做出采购决策。

视频内容切记不要仅是简单地演示产品外观、功能，而无专业、有价值的信息输出。该类型视频可从以下细分主题进行视频内容的创作，如表 6-1-4 所示。

表 6-1-4　**阿里巴巴国际站行业知识视频内容建议**（资料来源：阿里国际站）

行业知识	行业趋势	讲解本行业发展的势头与方向，帮助买家分析背后存在的商机等
	行业新技术	介绍行业相关的最新技术与工艺
	产业带介绍	讲解本行业产业带能帮助买家采购的信息，包括产业带简介、优势、代表企业等
	行业资质讲解	讲解企业在从事某行业经营中，应具备的资格以及与此资格相适应的质量等级标准等，包括生产资质、出口资质

2. 如何选商

买家在寻找供应商或在与商家沟通过程中，往往会遇到很多问题，比如，买家不了解商家的专业水平、生产实力，不知道该怎么挑选海外商家的产品，不清楚商家是否满足自己的产品需求，等等，此时，商家可以通过视频形式展示自己的工厂、流水线定制能力、资质、服务等信息，以便获取买家的信任。

视频内容应切合实际，切勿自卖自夸，切勿无逻辑、无证据地讲述自己的实力等。该类型视频可从以下细分主题进行视频内容的创作，如表6-1-5所示。

表6-1-5　阿里巴巴国际站如何选商视频内容建议（资料来源：阿里国际站）

如何选商	工程案例讲解	对已经发生的工程案例进行讲解，包括方案设计、方案实施等环节，例如，照明系统工程、安防系统、建筑工程等
	供应链组货	讲解组货服务的价值、优势、技巧，帮助买家理解、应用组货服务
	海外本地化服务	讲解企业为海外的买家提供买家当地的产品生产、销售、物流、售后等各项服务
	生产实力	从行业角度入手，介绍行业需要关注的生产实力，例如，生产线、样品间、研发能力、定制能力、大牌代工经验、实验室

3. 如何选品

B端买家在浏览视频寻找产品的过程中，除了产品外观，它的材料、性价比以及真实的使用效果均是买家关心的内容，商家可以借助短视频形式讲解产品的生产流程、材料结构组成、不同价位产品对比以及真实的使用效果，等等，消除买家的疑惑。

切忌在视频中没有表达为什么要采购你的产品（无需求分析、无趋势分析、无市场分析等），切勿自卖自夸，无逻辑、无证据地讲述自己产品质量优质，等等。该类型视频可从以下细分主题进行视频内容的创作，如表6-1-6所示。

表6-1-6　阿里巴巴国际站如何选品视频内容建议（资料来源：阿里国际站）

如何选品	生产工艺	产品生产过程、产品工艺等的讲解
	材料构成	产品材料、材质、成分含量等的讲解
	设计理念	设计的初衷（如绿色环保）、产品解决了哪些痛点等
	质量检测	产品检测方式、检验流程、检验标准等的讲解
	如何使用产品	产品如何安装、调试、使用、产品功能、应用场景等的讲解
	保养维修	产品在日常使用中的保养注意事项、零配件维修的教程或注意事项等
	性价比分析	产品相较于其他产品在性能或价格上的优势讲解
	使用效果	例如，机械运转效果、成品展示、家居搭配组合等

第二节 阿里国际站短视频运营

阿里巴巴国际站商家的短视频运营（如表 6-2-1 所示）主要分为短视频创作、关联商品、投稿 Tips（原为 Feeds 频道"粉丝"通）、数据分析以及决策优化五大步骤，商家根据平台规则制定相对应的策略，才能更好地提升商品与旺铺的曝光度以及销售转化率。同时，持续的数据分析和优化决策也能够不断提升短视频的营销效果，实现更好的商业价值。

表 6-2-1 阿里巴巴国际站短视频运营（资料来源：阿里国际站）

短视频创作	商家可以自主创作原创短视频（主图视频、旺铺视频或 Tips 视频等），或者利用 AI 智能工具和第三方服务商进行短视频的创作和生产，这样可以确保内容的创新性和吸引力。
关联商品	商家将短视频与高曝光的商品进行关联，视频主要展示在该类商品的详情页或旺铺视频专区。这样做的目的是通过私域流量的营销来提高商品的曝光度和销售转化率。
投稿 Tips	商家将短视频投稿至平台的公共板块，包括 Tips 话题、产业带、猜你喜欢等。这样可以在公域流量中进行推广，吸引更多潜在客户的关注和兴趣。
数据分析	商家对短视频的营销效果数据进行跟踪、分析和评估。通过数据分析，可以了解短视频的观看量、点击率、转化率等指标，从而评估其营销效果。
决策优化	商家根据数据分析的结论，总结经验，并对策略决策进行优化调整。根据分析结果，商家可以调整短视频的内容、关联商品的选择、投稿的板块等，以提高短视频的营销效果和推广效果。

一、短视频制作

（一）主图视频（以服装行业为例）

拍摄重点：对服装外观、工艺细节、定制属性及设计能力进行重点展示，如图 6-2-1 所示。

图 6-2-1 阿里巴巴国际站主图视频拍摄重点（资料来源：阿里国际站）

视频结构 / 分镜：通过分镜将视频按照不同的场景、角度或特写等因素进行切割，并通过这些不同的镜头来展现出视频内容，通过分镜详解视频从头到尾的具体内容，并为视频拍摄提供脚本标准，如图 6-2-2 所示。

图 6-2-2　阿里巴巴国际站主图视频拍摄分镜（资料来源：阿里国际站）

（二）旺铺视频（企业视频）制作案例

拍摄重点：对企业生产环境、办公环境、主营产品以及企业风采进行重点展示，如图 6-2-3 所示。

图 6-2-3　阿里巴巴国际站旺铺视频拍摄重点（资料来源：阿里国际站）

视频结构 / 分镜：通过分镜将视频按照商家实力、主营产品、企业风采等分镜进行切割，详解视频从头到尾的具体内容，如图 6-2-4 所示。

图 6-2-4　阿里巴巴国际站旺铺视频拍摄分镜（资料来源：阿里国际站）

（三）视频封面编辑

针对 Tips 视频，建议商家针对每个 Tips 视频制作相应的封面，其封面图片需选取视频中的内容，可包含人物、产品、相关物品场景等；封面图片应清晰整洁、光线明亮、重点突出、画面内容和谐、构图美观。

封面标题需从视频内容信息进行提取编写且与行业信息息息相关，表意完整、拼写正确。标题字数建议：尽量不超过 10 个单词，便于买家快速感知；字母数建议不超过 30 个（包含空格）；标题行数尽量不超过 3 行。

标题示例：

（1）建议用疑问句式，引起买家思考与共鸣

如，How to acquire the right packaging machinery?

（2）建议带有数字，吸引买家兴趣

如，5 trendy women's suits for autumn in 2025

（3）建议带有第一/二人称，通过对话感拉近与买家距离

如，3 tips I wish I knew before sourcing electronic product

标题文字样式：

（1）文字大小：标题文字占据封面横向空间建议不小于 2/3，请勿占满横向空间，两边保留一定的边距；对于 4:3 或 1:1 的封面，标题文字占据封面纵向空间建议不超过 1/2，以免封面内容被过多遮挡。

（2）文字样式：文字颜色尽量选择与封面图片能形成对比、搭配的颜色，避免颜色过于相近导致看不清文字；可以通过添加文字背景色块或者添加描边增加文字对比度；多行文字，其间距应保持适中。

（3）文字位置：优先选择居中样式（非强制要求）；不建议放置于左上或右下区域，避免被平台的卡片视觉样式遮挡。

二、视频发布投稿

（一）产品视频发布

阿里巴巴国际站产品视频主要涉及主图视频、详情视频，其常用发布操作流程为：MY ALIBABA—媒体中心—视频素材—上传视频—确认上传—关联主图/详情商品—等待审核。

首先，商家打开 MY ALIBABA 商家后台，进入"媒体中心"—"视频素材"界面。

然后，进入视频上传详情页面，商家将所需的视频资料、信息填写规范、完整，包括视频文件、视频封面、视频内容标签等，如图 6-2-5 所示。

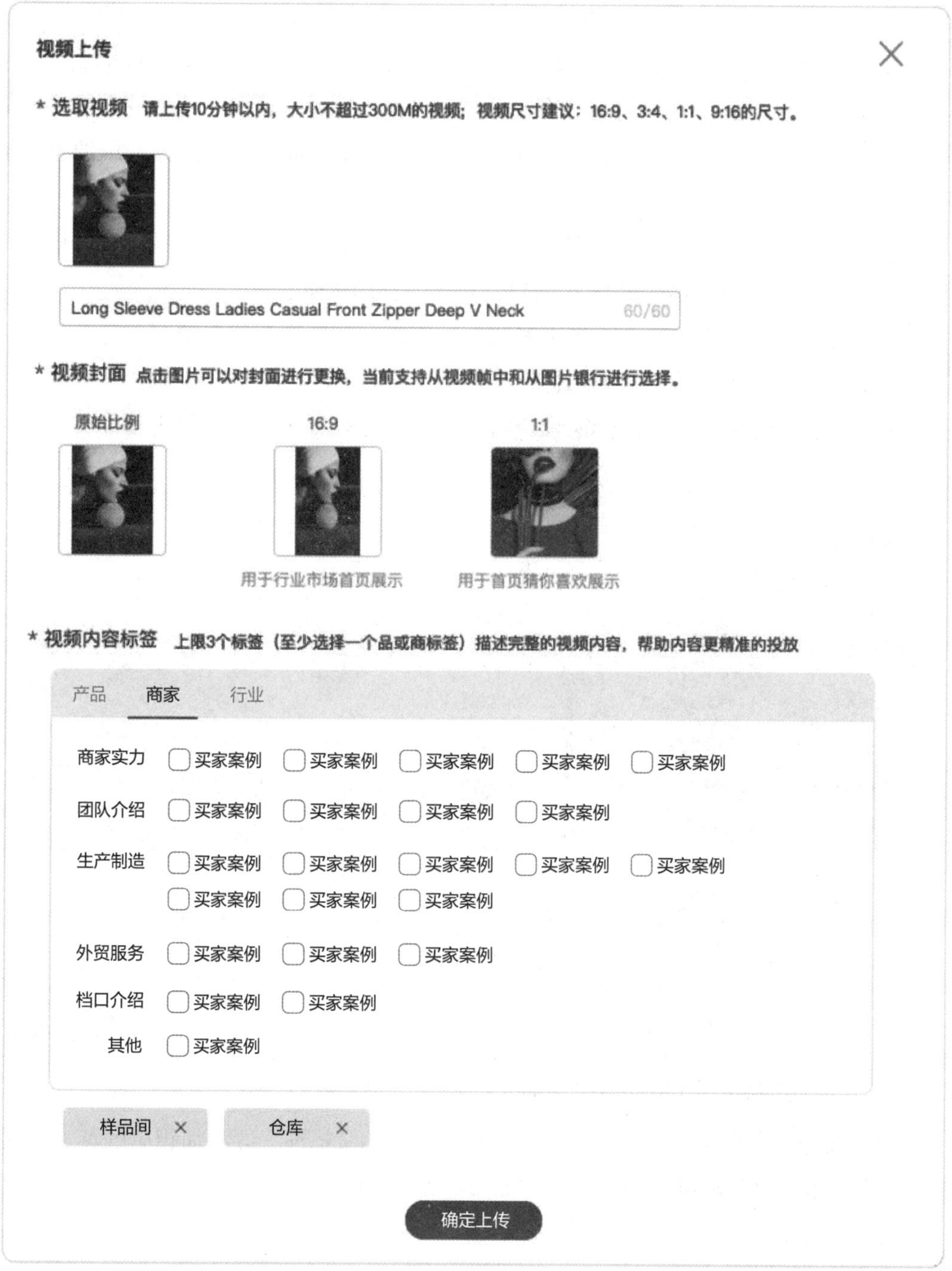

图 **6-2-5**　阿里巴巴国际站产品视频发布（资料来源：阿里国际站）

视频文件及信息提交成功后，商家可设置关联的商品，设置相应的产品主图视频或产品详情视频；设置完成后，等待平台审核。

（二）Tips 视频发布

Tips 以内容型视频为主打，需要"品""商""行业"三个维度的标签选择（最多可以选择 3 个标签），贴对标签将更加有助于商家产品的展示和曝光，可以获取更多的流量，吸引买家，获取关注。商家可通过 PC 端或移动端发布 Tips 视频，常用的发布流程如下。

（1）商家打开 MY ALIBABA 商家后台，进入"媒体中心"—"视频发布"窗口。

（2）找到 True View 视频的发布入口，点击"立即发布"。

（3）进入视频发布详情页，将所需的视频信息、资料规范完整填写，包括视频文件、视频封面、内容类型、内容描述等。

内容类型：商家需选择符合视频的内容类型，这有利于视频获得更精准的流量推荐，如图 6-2-6 所示。

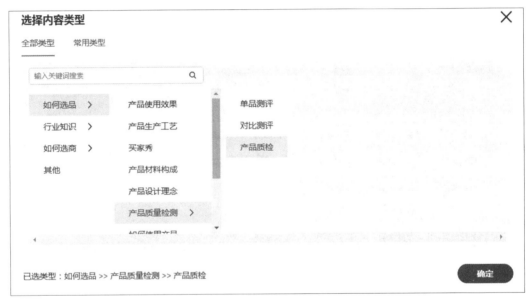

图 6-2-6　阿里巴巴国际站 Tips 视频发布（资料来源：阿里国际站）

内容描述：商家需针对上传的视频编写相应的英文描述，并添加相应的英文标签，这有利于获取更多的精准曝光与展示，如图 6-2-7 所示。

图 6-2-7　阿里巴巴国际站 Tips 视频发布（资料来源：阿里国际站）

三、视频数据分析

视频数据，即短视频投放到平台上后视频营销效果的反馈，如图 6-2-8 所示。一个视频是否受买家喜欢，是否达到营销目的，对于商品询盘转化率的提升等都能够通过视频数据反映出来，具体表现在视频有效播放次数、有效播放人数、完播率等维度上。通过对这些数据的分析，可以让你的视频营销更加成功，在视频的调整上更具有针对性。在阿里巴巴国际站商家后台的媒体中心罗列展示商家账号下视频营销运营的相关记录与数据，商家能够定期对视频效果数据进行分析复盘，总结优化提升方向。

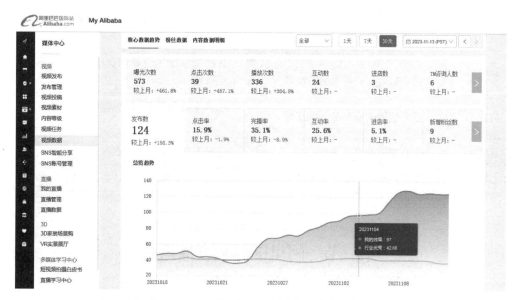

图 6-2-8　阿里巴巴国际站视频数据（资料来源：阿里国际站）

视频数据的作用主要体现在：

（1）能够看到视频投放后总体的运营效果。在横向上（行业平均维度、同行优秀维度）能够看到自己处于同行业何种水平；在纵向上能够看到自己在一个时间段内的运营成果，方便制定今后的运营计划。

（2）通过研究视频数据能够确立当前短视频营销的重点。如果视频的播放量、完播率、播放人数等数据都很高，则可以加大一些推广和营销的力度；如果数据不是很好，工作重心则应该放在提升视频质量、改进视频内容上，提升视频对于买家的吸引力。

（3）能客观反映视频播放效果对于商品询盘数的提升。数据板块中能够看到关联商品的视频的相关数据，了解视频数据对于商品询盘数的实际转化，进而做针对性调整。

视频主要数据指标解读，如表 6-2-2 所示。

表 6-2-2　阿里巴巴国际站视频数据指标（资料来源：阿里国际站）

数据名称	数据含义	数据详解
发布数	近 20 天内新发的 Tips 视频发布数量	发布的优质视频数量越多，对曝光越有利
点击率	点击人数 / 曝光人数	优质的视频封面易于吸引买家的点击
完播率	完播数 / 播放数	视频质量是提升完播率的关键
新增"粉丝"数	近 30 天新增关注店铺的买家数	B 端"粉丝"多数为珍贵的潜在客户，价值较高
优质率	优质 Tips 视频数 / 发布的视频数	
播放数	视频播放总次数	30 天内所有 Tips 视频的播放总数
互动数	点赞、关注、分享、TM 消息数、进店数等互动行为的总次数	通过视频结尾引导询盘或评论有助于提高互动数
进店数	进入店铺（或商品）的次数	视频本身的质量以及视频中是否有引导进店尤为关键
询盘数	来自视频的询盘次数	仅限于来自视频的询盘次数
TM 咨询人数	来自视频的 TM 咨询人数	仅限于来自视频的 TM 咨询人数

第三节　阿里国际站直播运营

阿里巴巴国际站的直播运营同样可以分为直播前、直播中、直播后三大阶段，而想要获得更大的成功，商家团队需要在遵循平台规则的基础上，结合自身的策略与需求，针对这三大阶段进行详细的规划、实施和管理。通过充分准备、高效实施、监控调整和后续跟进，能够更好地提高直播的质量和效果，获取更多的海外客户，并增强品牌的知名度和影响力。

一、阿里国际站直播等级

随着平台线上直播商家人数的增加，为了切实地反映国际站商家的综合直播能力，平台设置了直播商家等级分层。通过对直播商家进行每周任务的要求及完成情况的评定，提供不同等级的权益。直播等级任务从"开播积极性、互动能力、营销能力、内容能力"四大纬度进行任务要求，衡量商家的直播能力，商家积极提升直播任务数据的表现，有助于提升直播等级并获取丰厚的直播等级权益。

（一）开播积极性

周累计直播时长：指商家的周累计开播时长（含工位接待、日常营销直播、活动直播），不包括试播和低于 15 分钟的单场直播。

注意：被警告的直播时长会纳入累计时长统计，被关停的场次则不计入累计时长。

（二）互动能力

评论买家人数：直播过程中，直播间产生的去重评论买家人数（不含中国大陆境内 IP 买家），点赞和关注所带来的系统评论将不会被记入该任务；如一人发表多条评论仅统计为 1 人。

（三）营销能力

自营销买家数：包括全域引擎 LIVE 投放直播中买家数 + 自分享买家人数。

分享要求：活动 / 店铺直播中商家通过直播分享功能向买家分享直播间，带来的买家数（不含中国大陆境内 IP；进场通知中显示来源为 Share 的单场去重海外买家数，回放不算；海外买家中非注册用户也算，只是同一 IP 会去重）。

（四）内容能力

单场买家均看时长：直播中海外买家观看直播的平均时长（不含中国大陆境内 IP 的观看时长，回放的观看时长不算在内，海外买家中非注册用户的观看时长也计入数据）。

二、直播操作台

在阿里巴巴国际站，商家可以通过阿里卖家 App、阿里卖家 PC 端后台（中控台）或阿里卖家直播软件（OBS）进行相应的直播操作，商家需提前安装并熟练掌握其中的界面功能、规则及其操作技巧。

（一）阿里卖家 App

阿里卖家 App 具备活动直播、营销直播以及工位接待三种直播主题，配置有相应的直播素材包、试播等资源与功能，如图 6-3-1 所示。

图 6-3-1 阿里巴巴国际站卖家 App 直播（资料来源：阿里国际站）

（二）直播中控台

在阿里巴巴国际站商家后台（PC 端）提供有直播中控台功能，其中主要包含以下六大功能区，如图 6-3-2 所示。

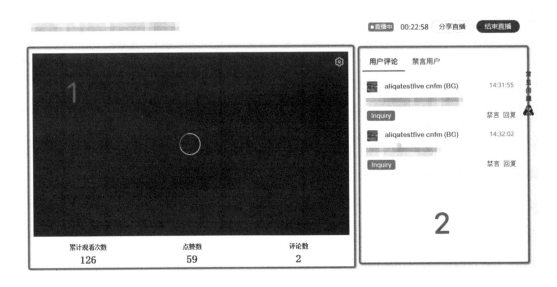

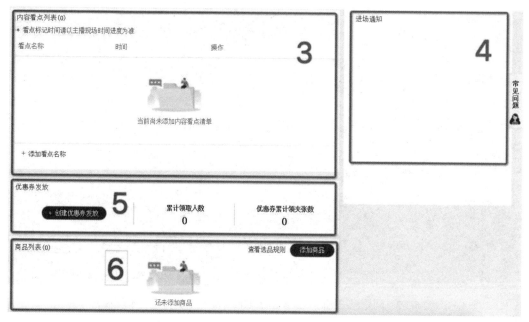

图 6-3-2　阿里巴巴国际站直播中控台（资料来源：阿里国际站）

（1）主播画面区：商家可以在主播画面区看到实时的直播内容、直播累计观看人数、用户评论数以及用户点赞数。

（2）用户评论区：商家可以在用户评论区与买家进行互动、回复买家的问题，或对买家进行禁言操作。

（3）内容看点区：商家可以在内容看点区对直播内容进行打标，生成直播节目单。

（4）买家进场通知区：商家可以在买家进场通知区看到新进直播间的买家信息，包括买家标签［订单买家（Order）、"粉丝"（Fan）、询盘（Inquiry）、新客（New Client）］，买家的国籍，买家的名字，以及进入直播间的来源（旺铺、商品详情、会场等），主播可以根据买家信息在直播间多与买家进行互动。商家可以给新进直播间的买家发送名片或者目录，在买家接受之后便能进行进一步沟通。

（5）优惠券发放区：商家可以在优惠券发放区创建直播优惠券，吸引买家在直播间快速下单。

（6）商品直播看点区：商家可以在直播看点区将主播的直播讲解片段以商品卡片的形式实时记录下来，生成不同商品的讲解内容，向买家沉淀有效讲解内容。

（三）阿里卖家直播软件（OBS）

阿里卖家直播软件后台端界面共包含直播间装修模板区、直播素材显示区、直播素材添加区、屏幕显示区、直播中控区等区域，如图 6-3-3 所示。

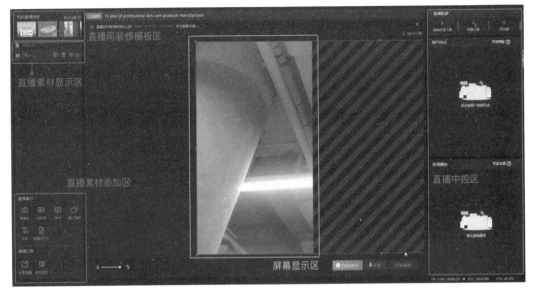

图 6-3-3　阿里巴巴国际站卖家直播软件（资料来源：阿里国际站）

1. 直播间装修模板区

商家可在该区域选择设置相应的装修模板对直播间进行适当装修，添加相应的直播主题文案。

2. 直播素材添加区

（1）摄像头：在直播画面中展示连接电脑摄像头的画面（一定要添加，否则无法开播）。

（2）视频源：播放电脑中的某个本地视频（结合素材投放）。

（3）图片：在直播画面中展示电脑本地图片。

（4）窗口捕获：在直播画面中实时展示电脑中的某软件窗口画面。

（5）文本：在直播画面中展示输入的某些文字。

（6）图像幻灯片：由电脑中的多个本地图片组成的图像幻灯片。

3. 直播素材显示区

（1）上下箭头：将该图层的优先级往上／下移动。

（2）删除：将该图层删除。

（3）展示／隐藏：该图层保留，可以设置为是否展示给买家。

（4）锁定／解锁：点击该按钮后，该图层在直播画面中的尺寸和位置便不可再改动，再次点击"解锁"按钮后，才可继续更改。

4. 直播中控区

直播中控区显示在线人数以及买家进场通知、买家来源等基础信息。商家可在中控区回复买家评论，发送产品目录等给买家。

三、直播整体流程与实施

（一）直播主题

提前确定直播主题，这关系到直播脚本以及直播布景，常见的直播主题包括：

（1）新品发布（新奇特，主播解析、直播评测）；

（2）好货推荐（好在哪里，主播解析、直播评测对比）；

（3）产品评测（针对不同的商品进行相应的测试，如防水测试、暴力测试……）；

（4）内部结构解析（结合材料、成本进行解说）；

（5）使用演示；

（6）实地看厂、流水线、定制化流程（结合质保、环保工艺技术）。

（二）直播脚本

结合直播主题以及直播策略等策划整场直播的脚本，内容包含脚本大纲、直播流程与时间线、物料清单、主播话术，等等。

（三）直播选品

阿里巴巴国际站直播选品基本原则和逻辑如图 6-3-4 所示。

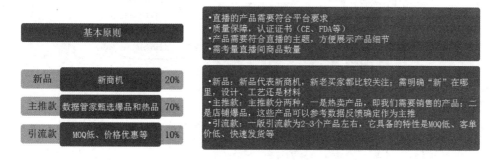

图 6-3-4　阿里巴巴国际站直播选品

（1）直播的产品需要符合平台要求。

（2）质量保证，行业相关认证（CE、FDA 等）。

（3）产品需要符合直播的主题，可以很好地符合直播的属性，在镜头前具有展示性。

（4）新品直播，须明确"新"在哪里，新的款式设计、新的制作工艺，还是新的原材料之类。

（5）爆品热品（可应用阿里巴巴国际站后台"数据管家"进行爆品/热品挑选）。

（6）需有明确的营销利益点，比如：优惠券、样品、可定制、多 SKU、一站式采购服务等。

（四）主播

（1）直播过程中需要有明确身份的主播出现，负责对商家和商品相关信息进行介绍和讲解。

（2）主播面容仪表整洁端庄。

（3）主播须对商家和产品有专业的了解（包含商家基本情况、生产工艺、产品认证、产品功能演示等），有行业洞见更佳。

（4）主播须提前熟悉直播脚本、准备好相应话术，熟悉整场直播的流程并做好相应准备。

（5）主播须具备一定的外语和肢体语言表达能力。

（6）主播的语言要求：英语/其他外语。

（7）比起C端直播营造的哄抢效应，B端直播中，主播的专业形象、知识输出更被看重，如图6-3-5所示。

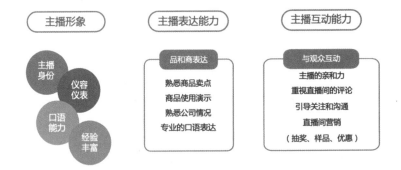

图 6-3-5　阿里巴巴国际站主播能力（资料来源：阿里国际站）

（五）物料与装饰布景（以线上展会直播为例）

1. 背景板统一视觉（如表6-3-1所示）

表 6-3-1　阿里巴巴国际站直播背景板

背景板视觉	尺寸及制作材质	视觉使用场景	搭建要求
	实物尺寸：宽1.5米，高2米 制作材质：高保真无纺布，分辨率不低于144 dpi	使用商家：该视觉仅限入选"5·11"线上展会的直播商家使用 使用范围：使用范围为5.11—5.24期间，国际站为商家排期直播的直播间背景板场景搭建	高度：该背景板搭建自地面起高度为2米； 距离：建议背景板距离主播1~1.5米为宜； 直播手机机位：建议根据主播身高，将手机机位调整至与主播视线平行位置

2. 贴纸统一视觉（如表 6-3-2 所示）

表 6-3-2　阿里巴巴国际站直播贴纸

贴纸视觉	尺寸及制作材质	视觉使用场景
	实物尺寸：直径为 10 mm 的正圆形 制作材质：不干胶贴纸（覆哑光膜）	使用商家：该视觉仅限入选"5·11"线上展会的直播商家使用 使用范围：主播将贴纸贴于左侧胸前

3. 场景装饰（如图 6-3-6 所示）

（1）装修风格：根据类目选择。

（2）背景墙：简洁舒适，公司 logo。

（3）空间预留：操作台、样品、插线位置需足够的空间放置。

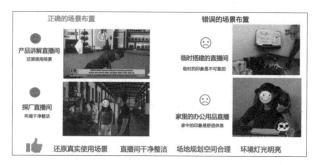

图 6-3-6　阿里巴巴国际站直播场景装饰（资料来源：阿里国际站）

4. 物料准备

（1）硬件/道具/设备：电脑、拍摄设备（灯光非常重要）、音频设备、提词板、产品提卡、手机支架、云台。

（2）直播软件：提前下载并安装好相关直播软件（阿里卖家 App）。

（六）准备产品目录

传统产品目录是企业实力、公司产品的高度凝练，常用于初次见面、传统展会等场景。买家可通过产品目录迅速了解供应商，以匹配自身采购需求。传统产品目录有制作周期长、费用高、更新难等问题。应用在数字贸易中，产品目录则电子化、直接通过网络传播，相比传统产品目录，应用更加广泛。在阿里巴巴国际站直播营销业务中，观众可以直接在直播间向商家索要电子化产品目录（Catalog），如图 6-3-7 所示。因而，商家需在直播开始前将产品目录准备就绪。

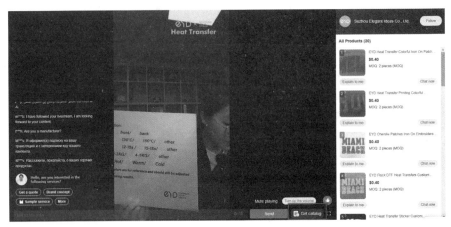

图6-3-7　阿里巴巴国际站商品目录（资料来源：阿里国际站）

阿里巴巴国际站商家后台提供有"智能产品目录"功能，帮助商家快速建立公司产品目录，有效提升商家产品目录的创建、管理、展示、编辑效率，让买家可通过产品目录迅速了解供应商，以匹配自身采购需求。商家操作入口：My Alibaba—产品管理—智能产品目录。

（七）直播测试与创建预告

在正式开播前商家可以安排进行试播，试播与正式直播均需要提前创建一个直播预告，并且需要进行审核，试播过程中前台不会展示给买家。

商家通常需在开播前至少3个工作日，创建好直播预告。首先登录My Alibaba后台，依次进入"营销中心"—"创建直播"或者登录直播版阿里卖家App，进入"直播功能"—"创建直播预告"，然后按照页面要求填写好相关信息后提交，需要留意以下几点：

1. 直播时间

正式直播预告的时间需要选择在平台排期的时间段内，测试直播预告时间任意选择。这里的本地时间是针对当前创建人所在地的时间为标准，商家需参考自己的直播目标市场进行时间换算、确定相应的直播时间。

2. 直播标题

商家需根据直播主题与内容编写相应的、简洁的直播名称（英文或其他外语）；新颖、优质的直播标题有助于吸引更多买家点击观看直播。

3. 封面图

图片像素必须大于340×340；1:1封面图系统会自动截取左侧3/4在直播会场展示，所以要将封面想展示的内容放在左侧；16:9封面图正常展示不会被截图。直播封面设置通用规范及相关要求如图6-3-8所示。

图 6-3-8　阿里巴巴国际站直播预告封面与标题（资料来源：阿里国际站）

4. 直播介绍

填写相应的直播介绍内容（英文或其他外语），进一步描述直播内容。

5. 直播类型 / 主题

测试直播预告请选择"试播"，正式直播预告第一次请按照报名时选的类型，第二次没有要求。

6. 类目

根据商家主营商品选择对应类目，直播会场会按照选的类目展示。

7. 直播产品

根据商家的推广需求选择产品，买家可在直播页面看到直播产品。

（1）必须审核通过且上架。

（2）若直播类型为"新品发布"，则必须是近 180 天内发布的产品。

（3）不能为私域产品。

（4）不允许出现防疫物资相关产品。添加产品不要超过 100 个，建议 10~20 个即可。产品添加后无法删除。

（八）邀请站内外买家

正式直播预告创建完成后，商家可通过短视频营销、访客营销、EDM 营销、SNS 渠道营销、商品详情页营销等渠道方式进行直播前的预热、蓄客，告知客户、吸引更多的站内外用户观看。

商家还可以制作并发布相应的直播宣传预告视频，帮助其更专业地向平台内外的客户群体进行直播宣传。表 6-3-3 展示的是常用直播预告视频脚本示例。

表 6-3-3　阿里巴巴国际站直播预告脚本（资料来源：阿里国际站）

视频	分镜	话术	画面
新品预告	口播预告 引导订阅 （10秒）	New products have arrived! Join us on May 30th LIVE and unlock our new products!	[场景] 室内，桌前，背景装饰精制 [景别] 近景 [动作] 打招呼
	直播产品介绍 （1~2个产品， 10~15秒）	This gold-rimmed eyewear has been upgraded with new materials, replacing XX with XX, making them more comfortable to wear during sports. We've also listened to customer feedback and upgraded the frames to eliminate any looseness. With summer around the corner, we have a variety of cool colors to choose.	[场景] 室内，背景明亮简约 [景别] 近景 [动作] 介绍产品，神色自然生动
	结尾再引导订阅 （10秒）	All limited offers are only available for this LIVE! See you at …!	[场景] 室内，人物为主，弱化背景 [景别] 近景 [动作] 手势与镜头互动

（九）人员技能

阿里巴巴国际站平台为商家准备了相关线上线下课程，覆盖"展会会场玩法、商品目录功能、直播工具操作、直播带货技巧、内容营销"等各环节相关主题，尤其适合初次运营阿里巴巴国际站直播业务的团队。商家团队、主播及直播相关人员均可提前进行针对性学习，保证直播各环节顺利实行、效果更加显著。尤其主播人员，直播前应明确直播各环节流程及话术，掌握一定的直播讲解思维与策略。阿里巴巴国际站直播人员技能要求如图 6-3-9 所示。

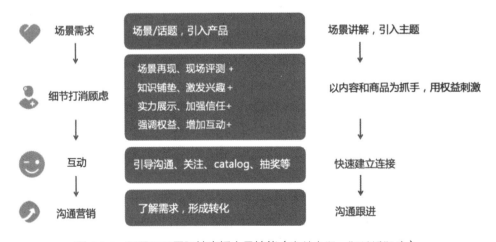

图 6-3-9　阿里巴巴国际站直播人员技能（资料来源：阿里国际站）

（十）正式开播

正式开播时，商家可在手机上通过阿里卖家 App 进行直播，并在 PC 端直播中控台查看数据与互动，同时，商家也可以选择运用阿里卖家直播软件（OBS）通过 PC 端进行开播。如下展示的是商家运用阿里卖家 App 进行开播的简要步骤说明。

App 端录制设备：登录商家账号，进入直播功能模块，找到已创建的直播预告，然后点击"立即直播"按钮；商家需提前几分钟进入直播间，检查直播设备，直播开始后，前台即有直播画面。

PC 端中控台：商家可通过 PC 端登录 MY ALIBABA 后台，依次进入"媒体中心"—"直播管理"界面，点击"进入中控台"按钮。通过中控台，商家可实时查看直播相关互动数据，包括累计观看次数、点赞数、评论数等，并能通过互动区功能与观众进行实时互动。

（十一）直播结束与复盘

商家可通过 App 端或 PC 端结束当前直播，查看直播回放以及直播数据，并对直播及时进行分析复盘、总结优化方向。在对直播数据进行分析时，团队人员应对观看 UV、互动率、进店转化率、询盘等重点数据进行分析总结。

四、直播脚本与话术拆解

（一）直播商品讲解（100 秒脚本）

一条优质的直播商品讲解应当言简意赅。因此，一条商品讲解建议不超过 100 秒。三步走思路如下：

0 ～ 20 秒讲解产品核心卖点，例如核心成分、独家设计、技术等。主播应在开播前提炼产品的关键卖点，在讲解开始时就抓住买家的目光，彰显商品实力；

21 ～ 90 秒展开讲解商品的基础信息，例如材质、肤感、功效等；主播可结合真实使用场景展示产品功能，让买家更有真实感；

最后 10 秒，主播记得引导买家主动发起询盘。

如下梳理展示了阿里国际站服装行业卖家的直播商品讲解（100 秒）脚本案例，如表 6-3-4 所示。

表6-3-4　阿里巴巴国际站直播商品讲解脚本（资料来源：阿里国际站）

	0~20秒讲解产品核心亮点	商品卖点	设计特点	This Comfort Bra Free Cropped Short Sleeves comes with detachable Bra Pads (2EA), and more breathable with mesh lining & bra pads detail.
			痛点解决	It also adds a chest band to prevent rolling up.
	21~90秒展开讲解商品的基础信息等	基础信息（主播试穿展示）	面料	It contains 88% polyester and 12% polyurethane, so it is fast-dry and stretchy. You will be impressed by the soft-touch premium cotton texture.
			尺寸	It also comes with added volume bra pads provided for size 2 & regular bra pads included for size 4,6,8.
	最后10秒引导买家发起询盘	行动号召引导询盘	价格优惠	If you are interested in our products, please contact us for a $20 discount, just for today.

（二）工位接待完整流程话术

一场完整的工位接待话术通常可以从直播开场、直播中段、直播末尾三个环节进行展开，每个环节中涉及的详细流程在不同行业、不同企业应用中往往存在一定的差异。常用的工位接待各流程话术包含开场话术、产品/活动介绍话术（活动话术、新品话术、爆品话术、抽奖话术、优惠券话术等）、促单/逼单话术、询问需求话术、行动号召话术（邀请下单话术、邀请关注话术、邀请互动话术、邀请点击画册话术等）、感谢话术、直播预告话术，等等，如下为其中几个流程的相关示例话术。

1. 开场话术

（1）话术：Hello everyone! So nice to meet you here at our livestream, today we are having a very important person who is very famous in our industry, he will bring us the recent news of our industry and give us a fresh idea for next season, let's welcome!

（2）话术：Have you ever heard that there is a breaking news in ×× industry that ×× happening? This will affect the materials price; we are so afraid the products price might go higher in the next coming season. But at our live you don't have to worry about this issue, because we have a large storage of materials, that can support your products at a reasonable price with no problem, if you would like to check the details, please comment yes, our sales manager will reach to you and send you all the details.

（3）话术：Oh my god, it is hurting me badly! I bet you had this issue before, but today we will solve this issue for you with our great and newly-developed product, please stay with us and see how it works!

（4）话术：I noticed that new friends came to our livestream! Welcome ××× (name) from ××× (country)! Maybe it seems a little bit late in your country! Thank you for coming here.

（5）话术：Hi guys, it's XX again. I saw many familiar names here, also some new friends, welcome! Feel free to comment what you want.

（6）话术：If you're new to our livestream, send us a 1 in the comments section below, and follow us to receive a discount.

2. 新品 / 爆品话术

（1）话术：Hi ××× (name) from ×× (country), welcome to our live show，today I will share with you guys some of our fantastic new products, and we will give you an experience price for all of these new products.

（2）话术：Hey ××× (name)! So nice to meet you in my live room. Today we're having a new arrival livestream, so please stay to see the new arrivals we're going to present.

（3）话术：Okay, now I'm going to show you this new product in my hand. Would you like to see the close-up of it? If you do, simply comment Yes to let me know. I'd be more than happy to show you the details.

（4）话术：Today I have a new product for you. You can click the shopping bag and check item No.1, that's the new product. If you have any questions, please feel free to tell us.

（5）话术：The new product is next to me now. As you can see, the design is very special. And if you wanna know more about this product, you can just click "Get Catalog" button to get our catalog and check more details.

（6）话术：Hello guys, I'm your host ××. Welcome to our livestream. Today I will bring you lots of new arrivals for this autumn and winter.

（7）话术：Now I will show you the product No.1. It is a new model we designed on our own with the trend color this year. Here we can add your own logo just like this. If you are interested in this, you can follow us and contact me for more details.

（8）话术：Well today we have 15 products in total, you can check it in the shopping bag. The first product is our best-seller, we have sold over 10 thousand last season.

（9）话术：The link No.1, this is our best-selling makeup mirror. You can click here to enter the product page, here you can see the sales volume of this month, it's up to 5 thousand.

Scroll down, here you can see so many positive reviews.

3. 询问需求话术

（1）话术：Please comment your question without hesitation. I will give you as much information as possible.

（2）话术：Today, I am your good friend and problem solver. For any information about our company, factory and products, you can ask me in the comment area, and I will tell you as much as possible. Do you wanna know more about our company or factory? Just tell me, I am here to solve your questions.

（3）话术：Hi ××× (name), welcome to our livestream, I'm the host ×× today. What kinds of products are you looking for?

（4）话术：We are a professional mirror supplier with 6 factories and more than 15 production lines. If you have any question about our company or products, feel free to ask me in the comment area.

（5）话术：We have warehouses in the US, UK and Singapore. So the MOQ for most products and most countries are only 100. If you wanna know more about shipment, you can contact our sales manager directly.

（三）店铺直播 / 活动直播脚本示例

如下以护肤品及美容仪器类商家的店铺直播 / 活动直播为例，梳理展示了其直播脚本与思路。而在整个直播过程中，商家还应注重与买家的互动及引导。

1. 公司介绍、直播主题

直播开始可以进行公司介绍，包括公司的历史、公司的文化、公司的规模，以及公司的实力等，并介绍本场直播主题内容。公司介绍可以通过 OBS 软件端播放视频，介绍所获证书及奖状以凸显商家实力等。

2. 直播间专享活动

通过直播间专享活动吸引买家停留观看直播，包括直播优惠券、免费样品、下单即送礼品等。

3. 产品介绍、功能讲解、使用示意

产品外观展示、功能介绍，可利用近景镜头展示产品细节、使用示意等。真人模特进行功能演示、组成部分讲解、安装教程、使用场景等。护肤品功效：强调商品的保湿、美白、抗敏、抗氧化、抗衰老、修复等功效。美容仪器功能：强调商品的冰点永久性脱毛、一次性去雀斑、淡化红血丝、美白嫩肤等功能特性。

4. 安全认证、产品测试、生产工艺

对护肤品的成分或美容仪器的安全性提供安全认证或质检报告并说明工厂规模、生产流程等，并在直播间进行产品测试等展示。重点展示的认证证书包括 ISO9001：

2008、ISO 22716、CE、GMPC、FDA、SGS、MSDS，等等。

5. 运输方式、发货时间、出货时间、MOQ 等

重点讲解运输方式、打包方式、运输时间等，让买家根据自身需要进行选择。运输方式主要包括海洋运输、铁路运输、航空运输、河流运输、邮政运输、公路运输，等等。

五、直播看板

直播数据看板，能够帮助商家更好地了解直播效果，通过更多维度的直播数据对比，帮助商家提升对直播效果的感知，通过直播后对维度数据的复盘，提高商家的直播能力。直播看板提供有直播效果数据分析、同行对比分析、开播账号数据对比、单场直播数据效果等维度数据。

（一）直播效果分析

（1）TM 咨询人数：所选时间范围内直播后成功发送有效询盘的人数（包含预告、直播中、回放 3 种状态），商家可根据直播的 TM 咨询人数与店铺总 TM 咨询人数进行对比，直观感受直播所带来的效果。

（2）开播时长：所选时间范围内（任意时间可选）商家各个子账号开播总时长。店铺日均访客数大于 70 可适当延长开播时长，可以将店铺自身流量更好地用直播承接和转化，延长的时间可参考"同行业对比数据"中的优秀同行。

（3）单小时观看人数：如单小时观看人数符合预期可适当延长开播时间，获得更高流量。如单小时开播观看人数低于预期则需要考虑商业付费流量或主动分享召回潜客、老客。

（4）TM 咨询转化率：直播间的综合转化指标，用于复盘上个周期的直播效果。如数据涨幅明显，则需参考"直播间买家观看时长"。如果两者明显呈正相关，则可以复盘上个周期的直播内容是否有可以沉淀为有效直播经验，未来可以复用在直播中。如果数据下降幅度较大，则需复盘直播中的不足，加以改进。

（二）同行对比分析

（1）商家可根同行业对比数据了解目前自身直播的水平，参考优秀同行直播数据进行调整。

（2）商家可选择一、二、三级行业（默认值选择商家一级行业）。

（3）时间周期（默认为选中最近 7 天的数据）进行筛选。

（三）开播账号数据对比

（1）商家可根据不同子账号的直播数据来判定主播直播水平，复制优秀主播的直播经验应用到其他子账号中。

（2）可以用于公司直播团队的内部激励和区分不同子账号的询盘归属，如图 6-3-10 所示。

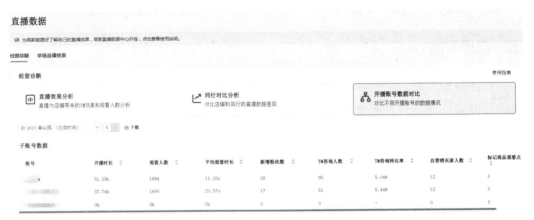

图 6-3-10　阿里巴巴国际站直播数据（资料来源：阿里国际站）

（四）单场直播数据效果

该区域记录了商家账号下各直播场次的相关数据，供商家对单场、多场直播进行对比分析，共包含开播时长、开播账号、观看人数、评价观看时长、新增"粉丝"数、评论买家数、自营销买家人数、标记商品看点个数等多个数据指标的相关数据。

▶▶ 思政案例

深圳硕腾

位于深圳的硕腾科技是阿里巴巴国际站的商家，2020 年 5 月，硕腾科技成为最早跟着阿里巴巴国际站试水跨境直播的企业之一，硕腾科技开始尝试利用直播获客。

在过去传统的外贸流程里，海外采购商想要采购到自己满意的货品，必须"眼见为实"了解卖家的工厂实力，而他们也会实地看厂或是前往展会看样品，但是现在他们则可以通过直播来了解工厂的生产流程，因此也减少了很多人力物力的支出，以工业电子为主营业务的硕腾科技便是享受到直播红利的其中一位。据了解，2022 年硕腾科技更是在阿里巴巴国际站直播间内拿下了一笔 2600 万美元的订单（折合人民币约 1.8 亿元）。利用跨境直播的即时性、互动性，深圳硕腾科技有限公司干脆把"眼见为实"发挥到极致，将直播镜头对向车间、对准工位。

一开始，硕腾科技 CEO 罗畅发现，团队同事们做跨境直播有点像赶鸭子上架，"基本就是照着稿子念，而且我们最初是奔着引流去的，而不是奔着询盘、订单，五六个人一通操作下来，感觉减分项反而更多。"此外，用手机直播沉淀下来的素材画质不佳，想要二次利用转化成短视频等非常困难。作为一家工业电子企业，硕腾决定从源头上解决这些问题。2021年初，硕腾开始规划自己的直播产品线。

为了提升直播效率，硕腾科技还开发了直播一体机，将OBS技术简化到应用程序里，主播只需一个人就可开播，不需要其他辅助人员。硕腾科技参与直播的业务员多于9个，平均每周每人播5~6场，他们的工位上都有一台直播一体机，每天抵达工位后，业务员们只需打开设备，就能一键开播，一个人就能完成原本需要五六个人协同完成的直播。同时该直播一体机也可实现海外多个平台同时直播，如可以同时在阿里巴巴国际站、TikTok和Instagram上直播。

而且，罗畅补充说："我们在工厂内装设了很多摄像头，在直播时可以将工厂的摄像头当作远程机位接入到直播间，海外客户想看工厂的任何环节，都可以通过切换摄像头来满足其需求，而我们的员工也不用在工厂内跑来跑去，在工位上就可以实现多种画面的切换。"

硕腾科技CEO罗畅表示："近几年接触跨境直播后，几乎没有一个客户来深圳看厂，所有的交易均是在线上完成，就连那位1.8亿元订单的客户都没来过。"罗畅称，随着跨境B2B直播的兴起以及外贸工具的成熟，如今想要成交一笔外贸生意，线下见面看厂已经不是必选项了。

对于罗畅来说，每场直播几千的场观人数固然让他欣喜，但他更在意的却是每场直播能收获多少目标客户。"我们这种工业产品，更多的是通过直播去积累"粉丝"，同时更重要的是通过直播增加和客户的互动，快速建立信任。以前是通过设计脚本来引流，现在更多的则是客户进来询盘，我们与他们实时互动。"罗畅表示，原有的跨境电商图文模式转变为视频互动沟通，正在成为一种趋势，"其实我并不是很在乎B端跨境直播的围观人数，而是重在从中筛选目标客户，并快速与其进行互动。我相信跨境直播这个场景的转化率，会比其他传统场景有成倍的提升"。

资料来源：雨果网

≫ 同步习题

一、单选题

1. 以下关于阿里巴巴国际站商品主图视频的拍摄规范，其中错误的是（　　　　）。

A. 视频大小应在100 M内

B. 建议是竖屏拍摄，设置相应的亮度、对比度等，便于能够更加清晰地展现产品

C. 总时长建议在20~45秒之间，产品相关的画面内容建议占整体视频时长的2/3左右

D. 画面背景尽量素色或虚化，避免杂乱的背景

2. 优质的 Tips（发现频道）视频一般不具有的特点是（　　　）。

A. 总时长在 45 秒左右，竖屏 1:1 尺寸

B. 内容涉及行业知识或如何选品、如何选商相关，专业性强

C. 内容语速适中，节奏舒适、不拖沓

D. 商家 logo 展现于整个视频中

3. 阿里巴巴国际站商家可通过多项指标来获取更丰厚的权益，这些指标不包括（　　　）。

A. 周累计直播时长　　　　　　　　B. 买家均看时长（包含回放观看时长）

C. 自营销买家人数　　　　　　　　D. 评论买家人数

二、多选题

1. 以下关于阿里巴巴国际站直播商品讲解功能的描述，其中正确的是（　　　）。

A. 它是在直播中截取的讲解商品片段视频

B. 商家可实时更换直播商品讲解相关内容并进行展示

C. 有助于买家能够随时随地快速、真实、全面地了解相关产品，提升寻找商品的效率

D. 其时长通常在 15~180 秒之间，100 秒为宜

2. 阿里巴巴国际站为商家直播制定了一系列的规范、措施，涉及（　　　）等多种违规类型说明以及相应的违规处理细则。

A. 引导线下交易　　　　　　　　　B. 假货推广

C. 录播或多账号同时直播相同内容　　D. 空播、旷播或未按时开播

3. 阿里巴巴国际站平台支持商家通过（　　　）等进行视频营销推广。

A. 商品主图视频　　　B. 商家旺铺视频　　C. 商品详情视频　　D. Tips 频道视频

4. 在创建阿里巴巴国际站直播预告过程中，商家应注重直播封面图以及标题的设置，具体可表现为（　　　）。

A. 封面图中包含直播主题、利益点、直播时间等重要信息

B. 同一个封面图频繁应用于多场直播

C. 标题简洁、新颖且突出直播主题

D. 封面图中展示多款商品

三、判断题

1. 直播探厂类似于客服直播，通过直播，实时高效互动，对买家提出的问题实时答疑，让买家进店就能感受到同线下门店的导购互动，不再是买家被动选择的咨询形

式，而是实现面对面的实时互动咨询，更好地拉近商家与买家之间的关系，从而通过积极的互动提升直播的转化。（　　）

2. 100 秒的直播商品讲解脚本策划中，商家应注重在前 20 秒内讲解产品的核心卖点，以达到在视频开始就能抓住买家目光的效果。（　　）

3. 针对阿里巴巴国际站平台直播数据的分析，商家应重点对观看 UV、互动率、进店转化率、询盘等重点数据进行分析总结。（　　）

四、案例分析题

如下展示的是阿里巴巴国际站某商家的商品视频（球形灯，30 秒）相关画面截图，请对其包含的内容进行概括分析。

▶▶ 实训任务

在这个实训任务中，你们将组建一个 5~7 人的阿里巴巴国际站平台运营团队，并根据以下提供的资料，共同策划并拍摄一场阿里巴巴国际站直播。目标是通过直播提高公司产品的国际曝光度，吸引潜在买家，并促进销售转换。

行业	直播时长	应用场景	基础要求
例如，服装、家居园艺、美妆、消费电子、灯具照明、机械设备等	1~2 小时	例如，店铺直播、活动直播等	• 画面清晰不抖动 • 网络稳定 • 直播设备：设备稳定，摄像头画面清晰 • 收音清晰、无杂音

直播内容结构（参考）：

Part1: 公司介绍、直播主题

Part2: 直播间专属优惠、免费样品、礼物等

Part3: 产品讲解

Part4: 产品测评、试用效果、生产工艺、定制能力等

Part5: 运输方式、发货时间、出货时间、MOQ 等

Part6: 感谢观看，预告直播

实训任务完成标准：

制作本场直播策划 PPT：详细记录整场直播从策划到执行阶段各个流程的详情，包括团队组建、人员分工、直播主题策划、推广引流策略、营销策略、直播间搭建，等等。

拍摄直播片段：内容包括直播开场、产品讲解（单款）及解答、交易履约细节说明。

第七章　YouTube 直播与短视频运营

▶▶ 学习目标

1. 了解 YouTube 平台的发展过程。
2. 掌握 YouTube 账号注册及基础功能操作。
3. 掌握 YouTube 平台视频的分类和发布技巧。
4. 熟悉 YouTube 平台直播功能和日常维护。
5. 熟悉 YouTube Shopping 变现和后台管理界面。

▶▶ 课前预热

远离城市喧嚣生活，享受岁月静好的李子柒、与家人温情互动的滇西小哥、现代鲁班师傅阿木爷爷，还有心之所向便是远方的龙梅梅，这些曾火遍国内外的博主在网络上以视频的方式记录着自己的生活，在某种程度上都勾起了无数人对美好生活的向往。当然，还有因用古筝弹奏了一曲《神话》而震撼了法国街头，并在网络上迅速获得关注的国风少女彭静旋。像她（他）们一样火出国门的中国博主的例子还有很多。究其原因不难发现，他们都在同一个平台上拥有上千万的"粉丝"数，作品的播放量更是十亿次以上。是什么平台有如此庞大的用户数，且传播速度如此之快呢？这就是全球最早开始运营视频的网站——YouTube。

YouTube 作为全球视频分享巨头，不仅推动了视频内容的创新与传播，还在内容创作者和观众之间搭建了一座坚实的桥梁。从本章开始，我们将全面、细致地学习视频分享平台 YouTube 的发展、规则和运营方法，简要讲述平台为适应时代的发展做出的调整以及其背后的业务范围和运营逻辑。

第一节 认识 YouTube

YouTube，成立于 2005 年 2 月 14 日，是一个全球知名的视频分享平台，也是一个社交媒体平台。它允许用户上传、观看、分享和评论视频内容，不仅为用户提供了一个展示自己才华和创意的舞台，还成为人们学习、娱乐和获取信息的重要渠道。2006 年 10 月 9 日，YouTube 以 16.5 亿美元的价格被 Google 收购。

在平台上，用户可以找到包括音乐、电影、教程、游戏解说、科技评测、旅行日志等各种类型的视频内容。许多创作者通过制作高质量的视频内容，吸引了大量"粉丝"，甚至成了网络"红人"。目前，平台已经实现自动识别用户电脑的语言并跳转至相应页面的功能，有近 80 种（含变体）语言、89 个不同地区的版本（含世界版）可供选择。

它的社交功能主要体现在用户可以在视频下方留言、点赞和分享，并与其他用户进行互动交流。因此，它成功吸引了全球各地二十多亿用户的注册和参与。

在外贸领域，YouTube 也发挥着独特的作用。许多企业和个人通过在 YouTube 上发布产品展示、使用教程以及直播等方式，来吸引潜在客户和提高品牌知名度。因此，对于从事跨境贸易工作的人来说，了解和掌握 YouTube 的使用技巧是非常重要的。

一、YouTube 账号注册及基础操作

YouTube 平台与谷歌的结合度较高，谷歌邮箱和 YouTube 平台账号可以实现一号多用的操作。在注册 YouTube 账号前需完成两项准备工作：①准备一个外部网络环境的手机或电脑，进行有效的链接上网；②注册一个 Gmail 邮箱。

1. 账号注册步骤

（1）从任意网页浏览器中进入官方网站 www.YouTube.com，进入 YouTube 的主页面，如图 7-1-1 所示。

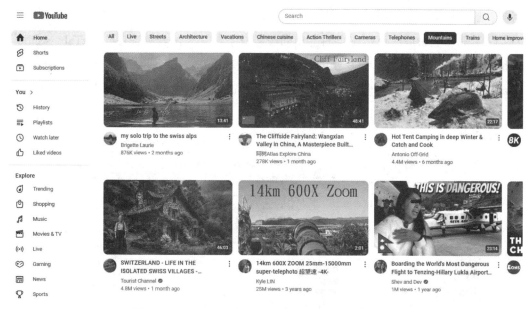

图 7-1-1　YouTube 主页示例（资料来源：YouTube）

（2）创建 YouTube 账号，需先创建 Google 账号。点击主页两侧的"Sign in"（登录）按钮，如图 7-1-2 所示，如果没有 Gmail 邮箱，选择"Create account"（创建账户）按钮创建一个账户，根据提示填写相关信息，如姓名、出生日期、备用邮箱账号等；如果有 Gmail 邮箱，在栏目中直接输入即可。

图 7-1-2　注册页面示例（资料来源：YouTube）

（3）账号创建完成后，须进行必要的验证步骤。这是谷歌为保障账号安全和邮箱可用性而设立的操作。通常情况下，Google 将发送一封包含验证链接的邮件至所提供的备用邮箱地址（用以找回密码和验证账号信息）；进入备用邮箱后，点击该链接以完成验证。

（4）使用已创建的 Google 账号登录 YouTube。在登录界面输入对应的邮箱地址和密码，随后点击"下一步"。

（5）成功登录后，点击主页右上角的账号首字母，下拉表单选择"YouTube studio"（YouTube 工作室），进入账号的"Channel"（频道）的管理页面。点击"Create a Channel"（创建频道）按钮，并根据系统提示设置频道的名称、描述，分类管理视频。账号个人资料设置如图 7-1-3 所示。

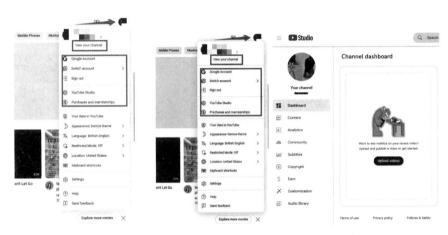

图 7-1-3　账号个人资料设置（资料来源：YouTube）

（6）在工作室选项卡下，可以管理自己的作品及作品的数据表现，也可以管理"Comments"（评论区），在频道功能选项卡中可以查看"Audio Library"（音频资源）、字幕管理等；在选项卡"Earn"中可查看账后收入。此外，在"Customization"选项卡中可进行账号的个性化设置，具体方法和步骤将在后续内容中详细说明。频道页管理与设置示例如图 7-1-4 所示。

图 7-1-4　频道页管理与设置示例（资料来源：YouTube）

（7）资料填写与账号设置等步骤操作完毕后，YouTube 的基础设置基本完成。用户可进入主页并开始探索 YouTube 的内容。

2. 页面功能与操作

YouTube 极简的页面设计风格，曾是许多网站模仿的对象。用户进入首页后所看到的功能和内容更是一目了然。

页面左侧的导航栏呈纵向排布，前面三项分别是"Home"（首页）、"Shorts"（短视频）、"Subscriptions"（订阅内容）。紧接着是"You"（个人主页）的导航栏部分，内容包含：频道设置、观看记录、播放列表、点赞的视频、收藏、稍后观看等；之后是"subscriptions"（订阅）导航栏，展示的是关注的博主账号和名称，点击账号名称，可直接前往关注账号的主页；而后是"Explore"（探索），这里包含了趋势、音乐、电影、课程、直播、购物功能（只适用于美国、印度和巴西）等内容，点击之后即可进入相应内容；"more from YouTube"（更多功能），提供的是其他 YouTube 产品和功能的链接入口，例如 YouTube Premium、电影与电视节目、游戏、直播、投屏等。YouTube 主页功能选项卡示例如图 7-1-5 所示。

图 7-1-5　主页功能选项卡示例（资料来源：YouTube）

以上是主页功能选项卡及其相应内容的介绍。接下来，简要介绍视频播放页面的操作方法。

在视频主页选择自己感兴趣的内容，点击跳转到播放页面。页面中除了常规的功能设置外，还可以看到当前视频的点赞数和视频介绍。同时也能对播放中的视频进行分享、下载、在线截取片段等操作。

进入视频播放页面，右下角有一些播放功能键可以满足不同场景需要，如图 7-1-6 所示。

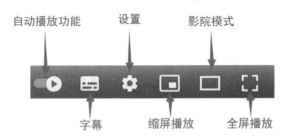

7-1-6　视频播放时的设置按钮（资料来源：YouTube）

"自动播放"功能打开之后可实现按视频列表进行播放。"字幕"功能可以很好地帮助用户理解视频内容，这也是 YouTube 平台较有特色的功能之一。通过自身搭载的语音识别技术，YouTube 可以自动生成视频中的语音内容，并以字幕的形式呈现。由于发音错误、口音、方言或背景噪音等因素，自动字幕与语音内容之间可能会有出入。假如对字幕的显示、位置等有要求，在旁边的"设置"按钮中可以找到对应的字幕设置功能。在非英语环境时，用户还可以使用字幕实时翻译功能。除此之外，设置功能中还可以对视频画质、播放速度等进行调整。设置功能页面如图 7-1-7 所示。

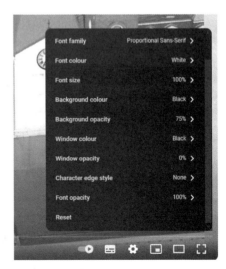

图 7-1-7　设置功能展示（资料来源：YouTube）

"缩屏播放""影院模式"和"全屏模式"与目前国内的视频播放应用软件效果类似，但影院模式和全屏模式稍有不同。

二、账号的频道管理

在账号创建时，我们提及"YouTube Studio"中的频道管理功能。这功能是很多新手最容易忽略的部分。学习并运用好频道管理功能，不仅可以提高账号的曝光度，还可以体现个人与企业品牌的专业性，也能够增加品牌的视频价值和提高观众的参与度等。

据统计，YouTube 全球用户每天花在观看 YouTube 上的视频时间大约有十亿多个小时。利用好平台提供的所有功能（例如预告片和播放列表），可使频道上的观看者尽可能多地看完你的视频，甚至订阅你的频道。本节中我们将详细讲解频道设置的方法和技巧。

首先，进行账号的频道内容设置。

点击页面右上角的个人图标后，系统会显示一个下拉菜单。选择"YouTube Studio"（YouTube 工作室）选项，进入账号的频道编辑页面，如图 7-1-8 所示。

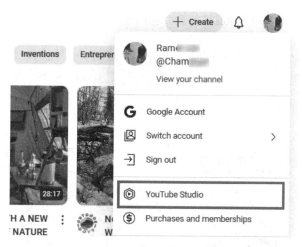

图 7-1-8　YouTube 工作室入口（资料来源：YouTube）

进入工作室的主页后，点击"Customisation"（自定义频道）按钮，可进入个人资料编辑页，填写"Basic Info"（基础信息）、"Name"（名称）、"Handle"（标识名），在 14 天内，只能对名称和标识名进行两次更改。名称更改后，认证的徽章标志将会被移除。对"Description"（频道说明）的编辑，应明确说明自己的身份（如果是企业则是简介和产品服务等情况）以及频道为观众提供的内容，字数限制在 1000 字以内，其他信息和补充内容根据具体情况随时添加即可。频道基本信息编辑示例如图 7-1-9 所示。

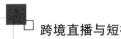

图7-1-9　频道基本信息编辑（资料来源：YouTube）

　　需要注意的是，如果频道说明包含了搜索的关键字，则有助于视频和频道显示在 YouTube 的搜索结果中。因此，确保频道说明的前 100~150 个字符内出现关键字和其他重要信息是非常重要的。频道说明可以参考李子柒官方账号的频道说明（如图 7-1-10 所示）。

图7-1-10　李子柒账号示例（资料来源：YouTube）

其次，进行"Branding"（品牌）的内容设置。该部分包含三个主要内容，即"Picture"（照片）、"Banner image"（横幅照片）、"Video watermark"（视频水印），如图 7-1-11 所示。

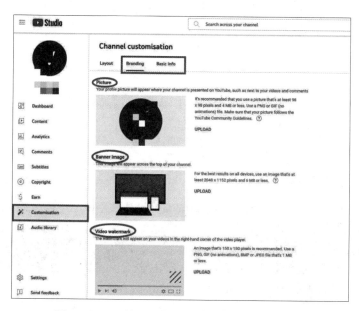

图 7-1-11　品牌设置页面（资料来源：YouTube）

按照平台列表顺序，先对照片进行设置。YouTube 支持不超过 800×800 像素且小于 4MB 的照片。当照片上传后，系统会自动截取圆形图标并作为账号头像的默认显示。照片上传与效果显示如图 7-1-12 所示。

图 7-1-12　照片上传与效果显示（资料来源：YouTube）

接下来就是横幅照片设置。YouTube 横幅照片即页面顶部的大图，支持最小尺寸为 2048×1152 像素的图片。当观众访问频道时，横幅照片将是他们对频道的第一印象。YouTube 横幅照片设计需要考虑与公司的产品、营销活动、账号的定位、内容调性等因素相匹配。横幅照片可以随时更换。Business Motiversity 横幅照片上传及效果示例如图 7-1-13 所示。

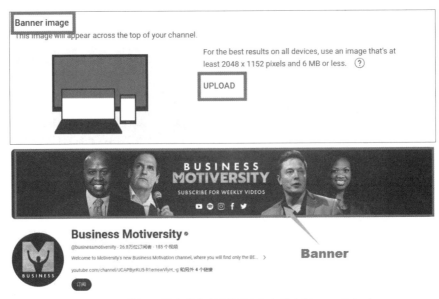

图 **7-1-13** 横幅照片上传与效果展示（资料来源：YouTube）

最后是水印设置。YouTube 平台支持 150×150 像素文件格式为 PNG、GIF（不带动画）、BMP 或 JPEG 且小于 1MB 的图片。图片添加成功后所有上传的视频都将自动添加水印，以保护创作者的版权，如图 7-1-14 所示。

图 **7-1-14** 水印设置（资料来源：YouTube）

频道设置和品牌设置完成后，即可进入频道主页发布视频作品了。

第二节　YouTube 视频基础与运营

　　YouTube 能受到全球用户欢迎的原因之一是用户可以随时随地、快速便捷地找到自己想要的海量的视频。据网站统计，YouTube 平台平均每分钟新增约 200 小时时长的视频。视频更新速度快，内容丰富多样，有古怪的烹饪演示、有趣的科学课程、快速时尚秘诀、知识学习、企业品牌活动推广等，让用户在获取新鲜的内容与资讯的同时增强了与用户的黏性。

　　YouTube 如此受欢迎的另一个原因是用户生成内容。使用之后就会发现，大多数精彩且富有创意的视频来自创作者们（外国网友称自己为 YouTubers /Creators），而非电视网络和电影工作室。用户在平台上可以加入频道、拍摄制作和分享自己的视频，并成为社区的一部分。

　　在本节中，我们学习如何在 YouTube 上发布视频作品以及如何让视频作品被更多用户看到等相关知识。

一、平台视频业务特点

　　2005 年 4 月 23 日，第一条视频在 YouTube 平台上线两个月后上传成功。视频上传者是 YouTube 创始人之一的贾德·卡林姆（Jawed Karim），YouTube 账号"jawed"，视频主题——《我在动物园》(Me at the Zoo)，视频时长 19 秒。视频的成功上传在当时被视为宣告了数字网络的新开始。截至 2024 年 9 月，该视频的累计观看人次已达 3.1 亿次，留言数量达到 1640 万余条，如图 7-2-1 所示。

图 7-2-1　**Me at the Zoo 视频画面**（资料来源：YouTube）

　　现在，YouTube 的频道数超过了 5100 万个，其中有 31 万个频道的订阅者数量超过 150 万人。根据数据调查，81% 的互联网用户使用过 YouTube，其中有半数以上的用户在 YouTube 平台上发布过视频。庞大的用户群体在无形中为内容创作者们提供了良好的受众基础，创作者们也因此获得更多的关注量。

历经数十年的发展，YouTube 已形成独特的风格和特色，具体表现如下。

1. 视频时长多样

一直以中、长视频模式为主的 YouTube 平台，在受到 TikTok 等短视频平台的冲击后，开始进行转型，增加了短视频（Shorts）模式，支持横屏和竖屏的播放模式选择，保留了平台的全剧集和长电影（Movie & TV）功能。

2. 可定制性和个性化推荐

YouTube 弱化了人工干预，其逻辑算法是基于用户的观看历史、搜索习惯、个人描述中的关键词和内容偏好，为用户提供个性化视频推荐。这种个性化推荐确保了用户能够发现和享受自己感兴趣的内容，同时也帮助内容创作者找到目标受众。

3. 全球化和本地化策略相结合

YouTube 平台支持近 80 种语言，拥有来自世界各地的用户和内容。用户可根据自己的需要选择语言界面和字幕功能，不同文化和语言的用户都能访问和创作并上传内容。同时，YouTube 也支持本地化的内容策略，让特定地区的创作者能够触及本地受众。本地化策略为企业的知名度拓展和产品宣传提供了更大空间。

4. 移动优先和跨平台兼容

移动设备的普及，促使 YouTube 优化了平台的移动体验，确保视频在各种屏幕尺寸和操作系统上都能流畅播放。此外，YouTube 视频可以在多个设备和平台之间无缝切换，包括智能电视、游戏机和其他联网设备，为用户提供了极大的便利。YouTube 视频在移动端和网页端页面对比如图 7-2-2 所示。

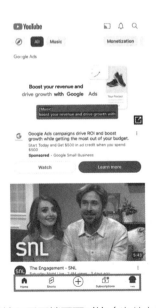

图 7-2-2　移动端和网页端页面对比（资料来源：YouTube）

二、YouTube 视频发布方法

为便于学习和操作，本节从网页端、移动端两个方面拆解视频发布的方法。

1. 网页端

（1）添加视频文件。要将视频上传到 YouTube 频道中，有两种添加方式。

方法一，登录平台网站后，单击页面右上角间带有"+"符号的摄像机的图标。单击符号时，会出现两个选项："Upload Videos"（上传视频）和"开始直播"。如果是 YouTube 新手或没有多个频道的订阅者，则点击"Upload Videos"（上传视频）选项，然后选择"Select Files"添加需要上传的文件。

方法二，点击头像图标，选择进入 YouTube Studio 后，选择"Content"，点击"Upload Videos"（上传视频），如图 7-2-3 所示。

图 7-2-3　上传视频方法二（资料来源：YouTube）

目前，YouTube 支持 16 种视频格式：MOV、MPEG-1、MPEG-2、MPEG-4、MP4、MPG、AVI、WMV、MPEGPS、FLV、3GPP、WebM、DNxHR、ProRes、CineForm、HEVC (h265)。

（2）填写视频详细信息。视频上传后，页面将跳转至视频详情编辑页，需要填写"Title"（标题）、"Description"（描述）。标题要简洁明了，能够准确概括视频内容。平台要求标题不超过 100 个字符，且不得包含无效字符。描述则可以详细介绍视频内容，包括频道名称、视频标题、视频 ID 等，字数不超过 5000 字符。在视频描述中有一个重要内容就是为视频打标签，这有助于用户更容易地找到你的视频。填写视频详细信息界面如图 7-2-4 所示。

关于视频的横竖屏问题，上传和发布视频时，YouTube 会自行确定展示内容的最佳方式。因此，竖版、方形或横版的视频都能在屏幕上得到恰当的显示。

图 7-2-4　填写视频详细信息（资料来源：YouTube）

（3）添加视频缩略图。上传"Thumbnail"（缩略图）是为了更好地展示视频内容。用户可以选择上传一张缩略图，也可以选择 YouTube 自动生成的三张缩略图，选择后平台会自动保存。缩略图的分辨率为 1280 × 720（最小宽度为 640）像素，支持 JPG、GIF 或 PNG 等图像格式，大小不超过 2MB，以 16:9 的比例为最佳显示。缩略图是视频在搜索结果和播放列表中的封面图片，尽量选择与视频内容相关的图片或截取视频的某一个画面。缩略图编辑页如图 7-2-5 所示。

图 7-2-5　缩略图编辑页（资料来源：YouTube）

（4）观众群和观众年龄设置，如图 7-2-6 所示。创作者需要根据视频内容是否符合《儿童在线隐私保护法》（COPPA）选择是否年龄限制。如果视频内容不适合儿童或未满 18 岁的群体观看，却没有勾选年龄限制，平台将会作下架或封号处理。

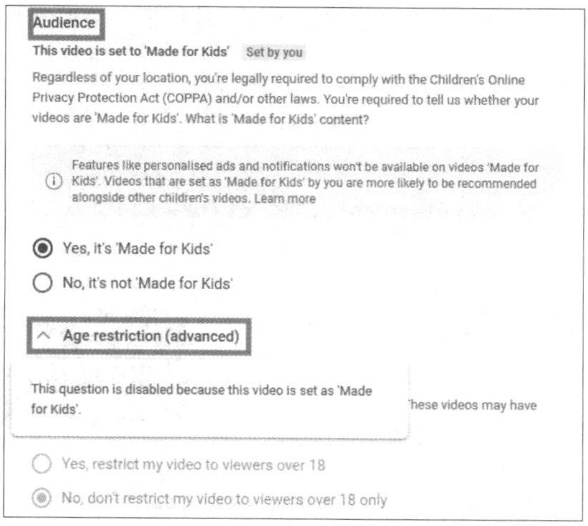

图 7-2-6　观众群和年龄限制（资料来源：YouTube）

（5）其他选项设置。在"详细信息"页面的底部，选择"Show more"（显示更多）以进入高级设置选项。此处仅对常用功能做简要说明。"Paid promotion"（付费促销），让观看者和 YouTube 知道您的视频有付费促销活动；"Automatic chapters"（自动章节）和"Featured places"（特色地点），通常使用默认选项即可，所实现的效果可在动手操作时做详细了解；"Tags（标签）"，添加描述性关键字以帮助纠正搜索错误，如果视频内容经常拼写错误，标签会很有用；"Licence"（许可和分发），可对该视频是否可以嵌入到其他网站上进行选择，并指明是否要向订阅者发送有关新视频的通知；"Shorts remixing"（短视频混剪），可对是否允许其他人使用你的视频和音频制作短视频进行设置。如图 7-2-7 所示。

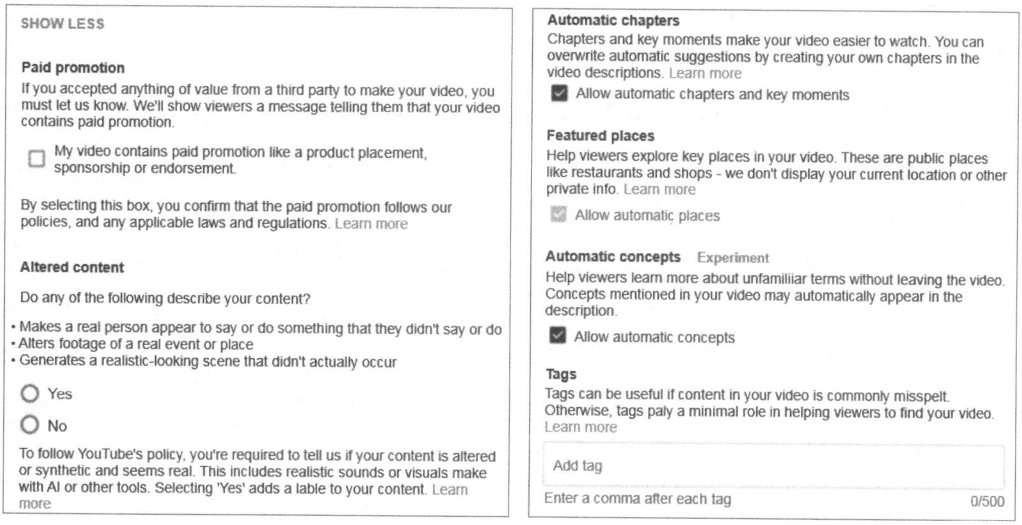

图 7-2-7　更多设置页面（资料来源：YouTube）

以上内容是上传视频的第一步"Details"（视频详情）的设置。接下来是"Visibility"（视频隐私）设置选项，如图 7-2-8 所示。

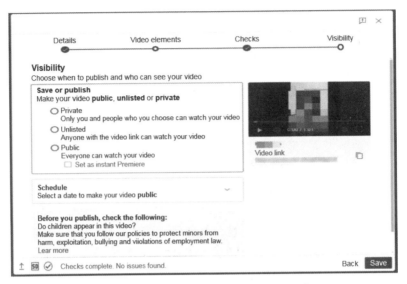

图 7-2-8　隐私设置（资料来源：YouTube）

在上传页面中，还可以设置视频的隐私，也就是对任何视频选择一些可见设置。你可以选择将视频设为"Private"（部分可见）、"Unlisted"（不公开）和"Public"（公开）。

需要注意的是，要确保视频内容符合 YouTube 社区准则，避免发布违规内容。要遵守版权法规，确保视频中使用的音乐、图片等素材已获得授权，或使用无版权风险的素材。在视频中还要注意保护个人隐私，不要泄露过多个人信息。

至此，已完成视频发布前的设置步骤。确认后点击"SAVE"即可保存。如无勾选其他选项，平台则默认自动保存为"Private"。

（6）YouTube Shorts 制作和上传视频。众所周知，YouTube 传统上以长视频内容为主导，但在短视频日益受欢迎的背景下，平台在 2020 年推出了"Shorts"功能，即短视频频道。YouTube 从此拥有丰富的视频时长形式，提升了视频内容的创意性和丰富度，同时也为内容创作者和企业提供了一个极佳的机遇。因为新功能在推出初期往往会受到平台的"优待"，获得额外的流量支持。短视频吸引了大量流量后，用户就可能会进入短视频创作主页，进而观看更多的视频内容。这样不仅能使短视频的播放次数有所增加，而且也可能让频道的整体观看次数和订阅者数量迅速增长，如图 7-2-9 所示。

图 7-2-9　YouTube 短视频频道（资料来源：YouTube）

短视频的上传步骤和方法，与中长视频上传只有细微的区别。

区别一，上传的短视频文件时长最长为 60 秒，方形或竖屏显示宽高比为 9∶16。

区别二，在标题或视频说明的编辑时要更简短、直接，方便用户更快速地了解短视频内容。其中要添加 #shorts 标签，这个可以帮助系统推荐视频进入 Shorts 里。

2. 移动端

如果使用手机在 YouTube 上发布一条短视频，操作方法要比网页端更方便，且更便于实时分享。

（1）在手机上安装 YouTube App。登录手机应用商店（iOS App Store 或 Google Play）搜索 YouTube，下载安装官方应用，随后使用 Google 邮箱账号登录。

（2）开始创建 YouTube 短片。YouTube Shorts 只能在原生应用中制作。这是 YouTube 的特点，将所有内容放在一个方便的地方，用户无需下载注册另一个应用程序来创建 Shorts。

（3）进入程序主页，点击主页按钮上的"+"图标，然后点击"Create a short"（创建短片）。录制按钮上方的数字用于调整录制时长（仅可设置 15 秒或 60 秒）。设置完成后，点击红色按钮开始录制，再次点击则停止录制。手机端录制短视频如图 7-2-10 所示。

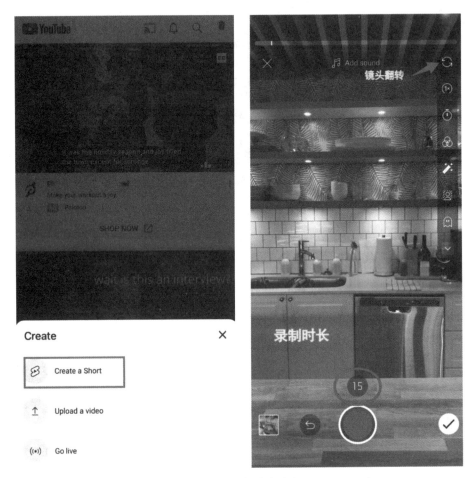

图 7-2-10　手机端录制短视频（资料来源：YouTube）

在拍摄前和拍摄中可以使用屏幕页面右侧的工具栏为视频添加特殊效果和元素。例如：点击旋转箭头切换相机视图；点击 1x 按钮加快或减慢；点击时钟图标以设置倒数计时器（3秒、10秒等）；点击三个圆圈图标为短片添加滤镜；点击魔杖为视频添加修饰；点击人物图标以切换背景并从智能手机的图库中添加绿屏或照片；点击重影图标，帮助调整视频剪辑之间的过渡效果。

（4）为短视频添加背景音乐。在屏幕顶部有添加声音图标，进入平台备选音乐库或添加本地音乐。注意，音乐的添加只能在开始录制之前或之后的编辑中才能操作。如果操作错误，无需重头制作，点击录制按钮旁边的返回箭头即可撤消。手机视频拍摄与特效处理界面如图 7-2-11 所示。

图 7-2-11　手机视频拍摄与特效处理（资料来源：YouTube）

（5）编辑并上传短片作品。完成录制后，点击复选标记保存短片。

如果需要进一步编辑视频，点击时间线图标以更改文本在视频时间线上的显示时间。完成编辑后，点击右上角的"下一步"按钮，添加短片的详细信息，选择是要公开、不公开列出视频，并选择是否需要年龄限制，完成设置后轻点"上传短视频"按钮即可发布视频。

三、YouTube Shorts

YouTube 作为行业内在线视频服务提供商，其系统每天要处理上千万个视频片段，为全球成千上万的用户提供高水平的视频上传、分发、展示、浏览服务。2021 年 7 月，YouTube Shorts 在全球上线，其功能与 TikTok 类似，提供时长 15~60 秒的竖屏视频。在短视频备受青睐的大趋势中，长短时长的内容交叉发布会更具创意，这也正是 YouTube 所具备的独特优势。据统计，YouTube Shorts 中的视频日均浏览量已达 150 多亿次。

YouTube Shorts 中的视频属于长度不超过 60 秒的垂直视频，可以是 60 秒的连续视频，也可以是多个 15 秒视频的组合。但如果视频中使用的是 YouTube 目录中的音乐，则短片的时长将限制为 15 秒。

除了与 TikTok、Instagram Reels 和 Snapchat Spotlight 这类视频平台在一些功能和表现方式上有共通之处外，YouTube Shorts 具有将观众转化为频道订阅者的潜力。这对品牌和创作者而言至关重要。当创作者准备发布 YouTube Shorts 时，可以选择建立一个独立的短片频道，或者将它们上传到自己的主频道上。如果选择将短片与主频道合并，就是将主要的 YouTube 内容和短片放在同一个频道中，可以让观众更轻松地和频道中的视频进行互动，从而增加用户从短片转移到频道其他内容的可能性，并最终促使他们订阅创作者的频道。同时，如果短视频点击率高或其他数据表现出色，还能获得更大、更多流量的关注，从而进入热门播放的流量中。

从创作者或是品牌方的角度来看，自己的频道中有多种视频展示形式对自己频道的成长是非常有利的，虽然 Shorts 是基于 YouTube 的一个服务功能，但是由于其功能分区设置在 YouTube 当中，所以无形中 Shorts 很容易被理解成平台的"流量 buff"的作用。现在，很多海外博主和一些出海企业经常把自己较长的视频内容，通过精彩片段剪辑之后，做成 Shorts 进行发布，如果"粉丝"感兴趣将会进入频道查看对应视频的详细长视频。目前长短视频结合运作的模式，能使视频浏览量普遍增长 20% 以上。

YouTube Shorts 除短视频制作、剪辑和发布等功能之外，也开通了电商渠道。在短视频中，创作者可以结合 Store 的功能，在短视频展示的页面下方，直接获取 GMC（google merchant center，谷歌商品中心）的信息展示相关产品。在 Shorts 功能中，创作者也可以通过 Shorts 动态中两个视频之间播放的广告获得收入。但视频创作者需要接受平台的相关协议，在启用了"创收"功能之后，系统会根据创作者频道中符合条件的 Shorts 观看次数计算收益分成。就分配给创作者的总金额（或是创作者集体收益）而言，创作者的收益分成比率均为 45%。但如果系统判定为非原创、无效或虚假的观看次数都无法获得收益分成。此外，创作者可以在 Shorts 视频中添加商品或推广品牌赞助商的产品。当观众通过链接购买商品或使用赞助商提供的服务时，创作者可以获得收益。

那么如何在 YouTube 中高效运营短视频呢？

第一，直奔主题，关注最初的几秒钟。在制作短片时，要迅速传达核心信息或主题，避免冗长的铺垫，确保观众能立即理解视频的内容和目的。这就需要在视频的前几秒制造具有吸引力和兴奋点的内容，如使用醒目的视觉效果、有趣的开场白或引人入胜的音乐或者设计一个有趣的标题。

第二，保持活跃，有规律有计划的更新，定期回复评论内容。

第三，创新视频风格，创造价值。尝试不一样的叙事结构和不同的剪辑、编辑技巧，以增加视觉吸引力和提高视频故事性。这有助于保持观众的参与度，让短片更有吸引力。通通过提供有用的信息、教育性内容或娱乐性元素，视频使观众从中获得实质性的好处，进而提高观众的参与度从而增加订阅者数量。

第四，吸引观众反复观看，营造良好的氛围。思考如何吸引观众多次观看短片，如可以添加有趣的彩蛋、隐藏的细节或互动元素，以激发观众的好奇心，促使他们反复观看，也可以设置伏笔，让用户进入频道观看后续内容，在有限的视频时长里让用户更容易产生共鸣。目前，在 YouTube Shorts 中有回顾类短视频、生活趣事和技巧分享类短视频、整蛊类短视频、手工艺品制作类短视频等四类短视频比较受欢迎。我们在创作时，可以参考热门分类。如图 7-2-12 所示为热门短视频推荐。

图 7-2-12　热门短视频推荐（资料来源：YouTube）

简而言之，YouTube Shorts 不是长视频的缩短版。就像 Instagram Reels 和 TikTok 一样，Shorts 是为目标受众提供简短、活泼且易于消化内容的地方。这里为创作者提供了极大的创作空间去制作出优质的短片，并有机会让短视频呈"爆炸式"传播。这不仅能为创作者带来巨大的流量和知名度，还能在一定程度上鼓励创作者的创作热情。

四、YouTube 推荐逻辑与流量算法

在学习了视频的制作和发布方法后，还需要了解平台背后的运营逻辑，这样才能让创作事半功倍。作为最早开始视频分享业务的平台，YouTube 的流量逻辑和推荐模式也随着时代发展而变化。

1. 推荐逻辑

（1）标题党、封面党时期。平台创立之后的一段时间内，YouTube 一度以视频点击次数或推荐观看次数作为视频引爆的算法逻辑。所以标题党的出现也就不足为奇。但长此以往，许多用户认为这样的体验感不佳，且过于追求"外包装"。于是，平台开始引入了观看时长的推荐逻辑，将点击观看率和观看时长结合，但满意度的改善并不明显。

（2）个性化推送时期。为满足用户需求，平台开始优先考虑"分享""喜欢""不喜欢"等指标，尝试个性化推荐。经过一系列的优化后，个性化算法的出现使每个用户

不再因为大部分人之前看过而被动地观看视频。这一尝试也取得良好的效果。据统计，有七成以上的用户，花时间所观看的都是基于算法推荐的内容。

2. 流量算法

在 YouTube 平台中的视频流量算法大致会围绕以下关键指标：

（1）观看时长。YouTube 的算法优先推荐能够增加总观看时长的内容。因此，制作具有吸引力且能鼓励用户长时间观看的视频至关重要。

（2）用户参与度。包括点赞/踩数、评论数和分享数等互动行为在内的用户参与度是重要的信号，表明内容受欢迎和值得推荐的程度。这也是为系统评价视频本身表现的重要参考内容。

（3）内容质量。内容分享平台，其内容质量至关重要。视频的视觉和音频质量、编辑水平和整体制作专业性会影响其被推荐的可能。内容部分还对原创度、新意度等有一定的审核标准。

（4）频道权威性。一个频道的订阅者数量、总体观看量以及历史表现等因素，均会影响其在 YouTube 上的信誉和排名。

3. 推荐机制

那么，YouTube 是如何实现向每个用户推荐不同的内容的呢？这需要了解平台的推荐机制。

YouTube 根据用户的兴趣和观看历史记录订制，并根据视频的表现和质量等因素进行加权。具体来说，系统在向用户推荐视频时会参考以下内容。

（1）搜索匹配度。YouTube 不仅是一个视频分享平台，还是一个搜索平台。当用户在搜索栏进行搜索时，系统将参考视频观看时长和用户参与度排名进行推荐，并参考搜索目标的标题、描述或内容等向用户展示搜索结果，如图 7-2-13 所示。

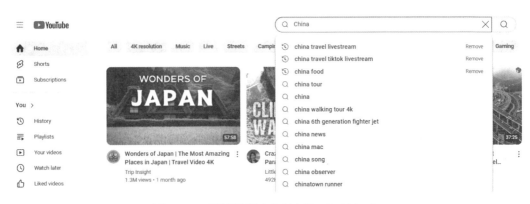

图 7-2-13　搜索匹配（资料来源：YouTube）

（2）首页推荐，即用户进入平台后显示的内容。系统算法会参考用户的观看历史和搜索记录进行个性化推荐，并在首页展示。通常情况下，首页会推荐最新发布的视频、参与程度高的视频、用户之前看过的类似视频以及已订阅频道的新内容。

（3）观看页推荐。基于用户的观看历史，系统算法会推荐相关主题的内容，也会推荐来自不同频道、但通常会优先展示当前正在观看的视频所属的频道的其他内容。

（4）流行话题与趋势。平台主页中的"Trending"推荐的多为新发布的宣传片、音乐以及观看量增长势头高涨的视频。

（5）订阅内容与通知。用户一般会订阅多个频道，适时推送新视频发布的通知可以提醒订阅者查看新内容，以最大程度提高内容的曝光率。

为方便理解 YouTube 的流量推荐和算法，表 7-2-1 列出了 YouTube 与其他社交媒体平台（如：TikTok、Instagram、Twitter 等）的异同点的比较。

表 7-2-1　YouTube 平台与其他社交媒体平台流量推荐和算法的异同点

相同点	（1）具备个性化推荐逻辑 YouTube 和其他社交媒体平台都采用了个性化推荐算法，通过分析用户的历史行为、偏好和互动来推荐内容 （2）对内容和质量要求较高 各大平台都会对上传的内容进行分析，包括视频的标题、描述、标签、视频内容、视频清晰度和音频质量等，判断内容的相关性和质量，以提供更好的用户体验 （3）用户互动是推荐的参考依据 用户的点赞、评论、分享和观看时长等互动行为是影响内容推荐的重要因素 （4）紧跟趋势关注社会热点 平台会关注当前的热门话题和趋势，并在推荐系统中加以利用，让用户能够轻松发现和参与到当前的热门讨论中
不同点	（1）内容形式不同 YouTube 主要是视频内容，而其他社交媒体平台可能包含多种形式的内容，如图片、文字、链接等。这种内容形式的差异也会影响到推荐算法的设计和运作方式 （2）发现方式不同 YouTube 除了个性化推荐，搜索功能是用户发现内容的另一个重要途径。用户可以通过搜索关键词找到感兴趣的视频。TikTok、Instagram、Twitter 等平台的内容发现更多依赖个性化的"For You"或"Explore"页面。这些页面主要由算法驱动，根据用户的行为和偏好推荐内容 （3）互动方式不同 虽然大多数社交媒体平台都重视用户互动，YouTube 除 Shorts 以外，特别注重视频的观看时长和观看深度，而其他平台可能更看重点赞、评论或转发等互动方式

在对平台推荐逻辑和流量算法有了一定的了解后，创作者们可以采取一些技巧和方法来提升视频的表现。

首先，深化 SEO。使用准确、简洁的语言（尤其是描述的前两行）优化视频标题、视频描述、文件命名等，有助于 YouTube 算法更精准地将视频内容推荐给目标受众。值得一提的是关键词优化，可以使用典型的 SEO 方法，例如使用 Google 的 Key words planer 或其他关键字研究工具，如图 7-2-14 所示。

	Keyword (by relevance)	Avg. monthly searches	Three month change	YoY change	Competition	Ad impression share	Top of page bid (low range)	Top of page bid (high range)
	Keywords you provided							
☐	sports shoes	10K – 100K	0%	0%	High	–	CN¥6.39	CN¥24.74
	Keyword ideas							
☐	running shoes	100K – 1M	0%	0%	High	–	CN¥6.20	CN¥22.19
☐	brooks running shoes	100K – 1M	0%	0%	High	–	CN¥2.63	CN¥15.40
☐	basketball shoes	100K – 1M	0%	0%	High	–	CN¥1.46	CN¥9.49
☐	on running shoes	10K – 100K	0%	0%	High	–	CN¥4.23	CN¥20.66

图 7-2-14　Google 的 Key words planer（资料来源：Google）

其次，创作者要提高视频制作的质量。在作品和"粉丝"实现增长，或开始有收益时，创作者可适当投资一些高质量的摄影和录音设备，使用专业的剪辑软件，确保视频内容呈现出专业水准。当然，好的视频最终需要产出高质量且有创意的内容。产生创意且引人入胜的内容，以吸引并保持观众的注意力，从而提升观看时长。

再次，增加播放量和用户参与度。YouTube 平台不会因为流量的激增而对频道或视频进行限流处理，所以创作者可以借助 YouTube 广告，或外部网站、社交媒体等外部渠道为视频或频道引流，增加视频数据表现而获得更多的推荐。同时，还可以提高视频的点赞、评论和分享，增强用户参与度。

然后，制作具有吸引力的缩略图。吸引用户点击视频，除了直击痛点的视频标题外，一张有视觉冲击力的视频缩略图也尤为重要。平台中缩略图的主要目的是向观众展示视频的内容，并且让他们产生点击观看的欲望。因此在制作缩略图时需要注意忠实地体现出视频的内容，吸引注意力从而勾起观众点击的意愿。

最后，要注意发布的频率和分析数据。保持定期发布、互动的习惯，建立和维护频道的活跃度和信誉，利用 YouTube 的分析工具监控和分析观众的行为数据，及时调整内容和策略。

通过以上策略，视频创作者可以有效地提高其 YouTube 视频的曝光率，进而吸引更多的观众和更高的用户参与度。

第三节　YouTube 直播与运营

一、YouTube 直播概述

YouTube 不仅是全球视频与信息检索平台，也是全球最受欢迎的直播平台之一。

2011 年，YouTube 首次推出直播功能的测试版。当时这一功能仅限于少数合作伙伴使用。这一策略旨在评估直播功能的可行性和用户接受度。2012 年，YouTube 将直播功能扩展至所有用户，但仍然限制了一些高级功能以确保平台的稳定性和安全性。随后，YouTube 进一步推出了移动设备的直播功能，让用户可以随时随地进行直播，并在更新改进中，继续推出一系列如自动字幕生成、更好的流量管理，以及更高清的视频质量支持等创新功能。通过"Premieres"功能，允许创作者发布预定的直播事件（Live event），增加了直播的可预见性和观众的参与度。通过不断的技术革新和市场适应，YouTube Live 已经成为一个成熟的功能，吸引了大量的用户和内容创作者。从最初的测试到现在的全面开放，YouTube 直播的发展轨迹展示了平台对于创新和用户体验的持续追求。YouTube Live 网页端页面展示如图 7-3-1 所示。

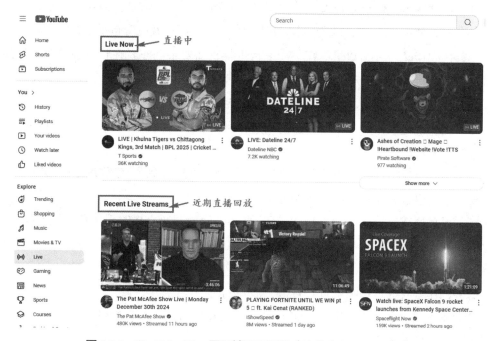

图 7-3-1　YouTube Live 网页端页面展示（资料来源：YouTube）

从整体发展过程来看，YouTube 直播在用户基数、内容多样性以及商业模式方面均表现出强劲的发展潜力。随着平台对直播功能的优化 YouTube 直播将继续在全球社交媒体市场中占据重要地位。

首先，从用户基数和活跃程度来看，根据最新数据，YouTube 拥有超过 20 亿的登录用户。其中，YouTube 直播的日活跃观众数量持续增长，且观众参与度高于普通视频内容。这表明直播内容在 YouTube 平台上具有极高的吸引力和用户黏性。然后，YouTube 直播的内容种类多，涵盖了新闻、体育、游戏、教育、音乐、娱乐等多个领域，加之平台对直播质量的严格要求，提供高清和 4K 分辨率的直播选项，保证了观众的体验感。最后，YouTube 基于广告收入和超级留言等付费功能的商业模式，结合会员订阅服务 "Channel Memberships" 和 "粉丝" 通过月费支持他们喜欢的频道的模式，构成 YouTube 直播的盈利体系。这种盈利体系使 YouTube Live 成为创作者和平台的可观收入来源。

二、开通 YouTube 直播权限

YouTube 对于创作者在移动端和网页端两个入口开通直播有不同的要求。

1. 手机端直播权限申请

创作者要通过手机等移动平台开通 YouTube Live 权限，需同时满足以下要求：

（1）创建频道：创作者需要创建自己的 YouTube 频道，这是直播功能的承载通道，创建方法在前面的内容已有详细说明。在申请直播时，频道及内容也是审核的重要部分。

（2）视频作品与订阅数量：在移动平台进行直播要求创作者在频道中发布过作品，且订阅者数量不少于 50 人。若订阅者数量少于 50 人，直播间的人数将会受到限制；若订阅者数量达到 1000 人以上，则可以使用全部直播功能。

（3）无违规记录：账号中所创建的频道在过去 90 天内没有受到任何直播限制，也没有违规等不良记录。

（4）平台审核：创作者若是首次启用直播功能，最长可能需要等待 24 个小时的平台审核。审核通过后才能启用 Live 功能。

（5）设备要求：由于平台支持 4k 高清直播画面，开通直播时手机移动端的视频质量要达到系统的相关要求（iOS 10 或 Android 10 及更高版本的设备）。

2. 网页端直播权限申请

如果创作者要通过网页端进行直播，需要同时满足以下条件：

（1）无违规记录：账号中所创建的频道在过去 90 天内没有受到任何直播限制，也没有违规等不良记录。

（2）创建频道：创作者需要创建自己的 YouTube 频道，这是直播功能的承载通道，且频道的详情和内容都是直播开通前的审核内容。

（3）账号及信息验证：网页端申请直播前，需要在 "Studio" 的个人频道中进入

"Settings"，设置手机号验证，开启验证后才能使用的功能，包括了直播功能。

（4）审核及开播：在网页端直播开始前，平台需对创作者的资质进行审核（手机号是否真实有效等），时长约为 24 小时。审核通过后可立即开始直播。

三、YouTube 直播间设置

创作者账号满足以上条件后，即可在 YouTube Live 进行直播。下面以网页端为例，详细说明操作步骤。

（1）激活直播权限。登录 YouTube 账号，进入平台主页面，选择左侧或账号头像进入"YouTube Studio"（工作室），下拉选择"Settings"，进入"Channel"（频道）选项中的"Features eligibility"（功能资格），点击"Intermediate features"（中阶功能），进行手机号码（支持中国大陆手机号码）验证。手机号码验证界面如图 7-3-2 所示。

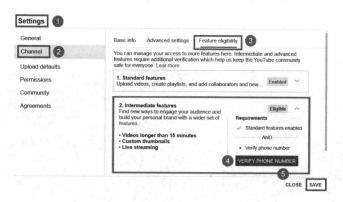

图 7-3-2　手机号码验证（资料来源：YouTube）

（2）开启直播。激活申请提交后 24 小时，可查询直播功能是否激活。激活成功后进入网站首页，点击主页右上角的"＋"图形，选择"Go live"，进入直播，如图 7-3-3 所示。

图 7-3-3　进入直播通道（资料来源：YouTube）

（3）创建直播。进入创建直播页面，首先填写直播详情，其中包括：① 100 个字符数以内的直播标题（必填）。这是为了让直播更有影响力，在直播标题中可添加一个@+ 可提及的关键词或某个频道的名称。② 5000 个字符数以内的说明（非必填），基础信息和发布短视频的信息填写一样。创建直播间的详情设置如下图 7-3-4 所示。

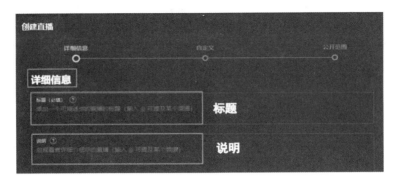

图 7-3-4　创建直播间的详情设置（资料来源：YouTube）

（4）设置直播类型和类别。直播类型可用默认的摄像头/网络摄影机进行直播。添加直播类别是为了让观众快速地找到你的内容。平台提供可以选择的类别包含：宠物和动物、教育、科学和技术、旅游和活动、体育、喜剧、音乐、游戏、娱乐和生活百科等。直播类型和类别选择页面如图 7-3-5 所示。

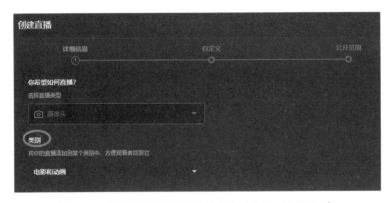

图 7-3-5　选择直播类型和类别（资料来源：YouTube）

（5）上传直播间缩略图（可理解为直播间封面）。系统支持 1280×720，像素，格式为 JPG、GIF 或 PNG 的图片。

（6）选择或创建播放列表，也就是将直播添加到一个或多个播放列表中，方便整理内容和观众观看。

（7）基本内容设置完成后，需要对受众群体进行规定。这在 YouTube Live 中很重要。通常情况下，选择"非面向儿童的内容"，遵守《儿童在线隐私保护法》。还要注意年龄的限制，满 18 周岁以上观看。

（8）设置"付费宣传内容"。如果你进行的直播属于接受了品牌商的有偿直播，必须勾选"直播中含有付费宣传的内容"。对直播内容中容易出现拼错的字词，"标签"可以弥补这一缺陷，让观众能准确搜索到你的直播。除此之外，"标签"对直播曝光度方面并没有太大助益。付费宣传内容设置界面如图 7-3-6 所示。

图 7-3-6　付费宣传内容设置（资料来源：YouTube）

（9）设置语言和字幕认证以及授权和发布。语言和字幕认证根据具体内容进行选择即可。在授权和发布选项中，建议开启留言 / 评论管理功能，可以对直播时的留言进行管理。创作者可根据自己的直播需要进行设置。

（10）选择许可类型："标准 YouTube 许可"（默认）和"知识共享署名"。勾选"允许嵌入"，表示允许他人在其网站中嵌入你的视频。"评论和评分"的选择，选择"开启"，则有评论审查功能可以选择。如按时间、按热度的排序方式以及是否显示观看人数和点赞数，此项设置根据需要进行选择即可。许可与评论设置界面如图 7-3-7 所示。

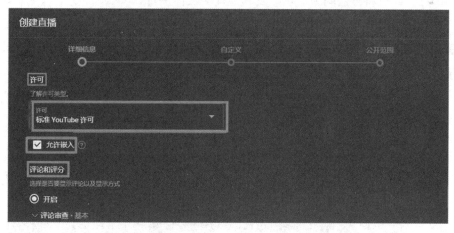

图 7-3-7　许可与评论设置（资料来源：YouTube）

（11）详细信息设置完成后点击"下一步"，进入"自定义功能"设置。此功能模块中可对直播过程中的部分功能进行调整。如实时聊天模式，即观看者可以在直播或首映期间向主播或其他观看者发送消息；参与者模式则是对直播期间谁可以发送消息

跨境直播与短视频运营实务

的设置。这些设置可根据具体情况进行调整。

（12）"公开范围"设置。这是对直播间的可见范围（私享、不公开列出、公开）和开播时间的设置，如图 7-3-8 所示。

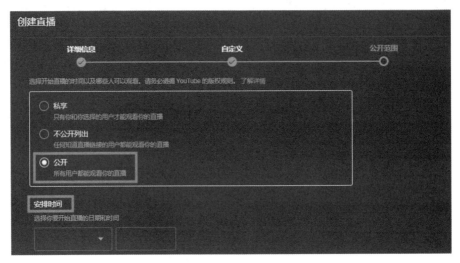

图 7-3-8　公开范围设置（资料来源：YouTube）

（13）点击"完成"按钮，进入预览模式。确认无误后点击"直播"，即可开始直播。

如果要想让更多观众看到直播，可在直播预览对话框下方点击"分享"，点击复制直播间链接，即可将直播间地址粘贴到其他社交媒体平台。

开始直播后，创作者页面只会显示镜头页面和评论留言区的内容。观众页面则会和观看视频的页面一样，只是在画面的右侧显示留言互动的部分。观众可以在此页面发送超级贴图或留言等。主播画面与观众画面如图 7-3-9 所示。

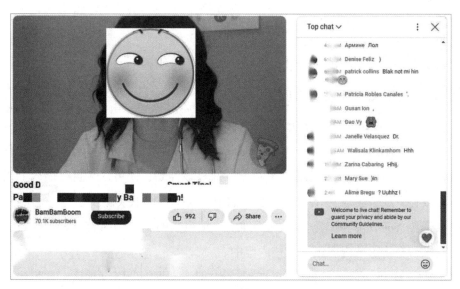

图 7-3-9　主播画面与观众画面（资料来源：YouTube）

第四节　YouTube 电商与运营

一、YouTube 电商概述

YouTube 不仅是全球最大的视频搜索和分享的社交平台，也是众多出海品牌视频内容营销的主阵地之一。在前三节中我们分别了解了 YouTube Video、YouTube Shorts、YouTube Live 的各项功能和设置方法。为了迎合用户的需求，打造多元化生态环境，YouTube 也加入了全球电商的行列。YouTube Shopping 就是 YouTube 平台推出的电商功能。从用户的角度看，用户可以在 YouTube 上获得所需的各类信息，也能找到自己喜爱的产品和品牌。但 YouTube Shopping 的上线，符合条件的创作者可以在 YouTube 上轻松宣传和销售自家商店或其他品牌的商品，为用户带来更出色的购物体验。从商家的角度来看，直接在 YouTube 平台开店，可以直接销售自己的商品。YouTube Shopping 在进一步拓展平台商业化能力的同时，也为品牌和创作者提供了新的电商机会。

截至 2024 年 9 月，YouTube Shopping 已在全球十余个国家上线。YouTube Shopping 的重要功能 YouTube Store 也得到了广泛的应用。YouTube Store 的商品品种丰富，涉及美妆、时尚、科技产品等品类。在 Store 功能下，品牌和创作者通过与 YouTube 合作，可以在视频中嵌入商品卡片，观众通过点击商品卡片即可跳转至商品详情页并直接进行购买。此外，YouTube 还提供了直播购物功能，使实时互动和销售成为可能。

二、入驻 YouTube Shopping

1. 加入 YouTube 合作伙伴计划

无论创作者在 YouTube 中打算推广自己的商品还是推广其他商品，都需要加入 YouTube 合作伙伴计划（YouTube partner program，简称 YPP）。这个计划可以让创作者更加方便地使用 YouTube 资源和创收功能。通过该计划，还可以从自己内容上投放的广告赚取收益分成。要成为 YPP 的一员，需要同时满足以下条件：

（1）遵循 YouTube 频道创收政策。如长 / 短视频的主题、内容、观看次数、频道简介等，平台会将这些内容纳入审核内容中。

（2）账号 IP 地址属于已推出 YouTube 合作伙伴计划的国家 / 地区，这里包含了中国台湾地区。

（3）创作者频道没有尚未解除的社区准则警示。

（4）Google 账号已启用两步验证，即两种验证账号的方式。

（5）拥有 YouTube 高级功能的使用权限，创作者需要有一定的频道创作基础，才能开通高级功能。

（6）拥有一个与频道关联的有效的 AdSense YouTube 广告账号。这个账号主要有管理创作所赚取的收入与支付等功能。

满足以上 6 个条件以后，创作者要发布 Shorts 短视频或长视频，让频道获得加入 YPP 的资格。一旦创作者达到以下任一要求，即可申请或开启系统自动通知：①在过去 12 个月内获得 1000 名订阅者，并且有效公开视频观看时长达到 4000 小时；②在过去 90 天内获得 1000 名订阅者，并且有效公开 Shorts 短视频观看次数达到 1000 万次，长视频和短视频观看时长为分开计算。

2. 申请加入 YouTube Shopping

要推广自己的产品或品牌，创作者需要满足以下资格：

（1）加入 YPP。

（2）频道订阅者数量达到 15000 以上，这是为推广其他产品或品牌时的资格条件。

（3）频道不是音乐频道，也不与音乐合作伙伴有关。

（4）频道不是针对儿童制作的，且没有大量针对儿童制作的视频。

（5）频道没有违反社区准则的记录。

（6）账号 IP 位于美国，由于目前平台只面对账号 IP 属于美国的创作者开放，属于内测及小范围使用阶段，其他国家地区还未开通。

满足以上资格后，登录 YouTube Studio，从左侧菜单中选择"Earn"（创收），在"Program"（计划）下，单击立即加入，查看并接受 YouTube 联属网络营销计划服务条款，等待审核通过后即可开始商品（产品）的管理。

三、YouTube Store

YouTube Shopping 作为一种新型的电子商务模式，为创作者和品牌提供了一个直接与观众互动并实现商品销售的渠道。通过点击在视频下方展示的产品链接，观众可以直接进行购买。这增强了购物体验的便捷性和即时性。而新推出的 YouTube Store 功能，延续了 YouTube Shopping 的一些特点，还引入了一系列全新的工具和模式，丰富了创作者和品牌的变现途径。

YouTube Store 的主要特色在于为创作者搭建了一个专属的线上营销环境，并且包含了商品展示、直接链接到视频内容的商品以及更为详尽的分析数据等功能。这些新功能不仅使创作者能够更好地展示和管理自己的商品，也能为观众提供更具个性化的购物体验。

在商品展示方面，YouTube Store 允许创作者在其频道中设置一个专门的商店页面，展示来自关联商店的商品。这意味着观众可以在观看视频的同时，轻松浏览和购买创作者推荐的商品。此外，商品链接功能使创作者能够在视频、短视频和直播中直接关联商品，从而提高了商品的曝光率和购买转化率。

对于已经熟悉 YouTube Shopping 的创作者来说，过渡到 YouTube Store 是一个自然而有益的开始。这不仅意味着有更多的变现机会，也代表着与观众建立更深层次的连接。在 YouTube Store 中，产品卡片和闭环购物模式让观众可以在观看内容的同时，发现和购买产品。这种购物体验增强了观众与内容的互动，提升了参与度。

作为 YouTube Shopping 功能的延伸，创作者在 YouTube Store 中可添加链接并关联频道。通过频道的视频下方或右侧出现产品卡片，观众可以直接看到推荐的商品并点击购买。这种直观的展示方式有助于提高产品的可见性和吸引力。

但只有美国的 IP 账号才能查看 YouTube 频道是否开通了 YouTube Store。那么要如何对这些商品进行管理呢？满足上述条件并已开通 YouTube Shopping 功能的创作者，首先要完成将商店和频道建立关联的操作：从主页进入"YouTube Studio"（工作室）中，依次点击"earn"（创收）、"shopping"（商店），然后选择"connect store"（关联店铺）。这里对店铺数量没有限制，一个频道可以关联多个店铺。店铺和频道关联成功后，可以建立"Store tab"（店铺标签），但通常情况下，平台会根据所添加的商品，自动给内容上标签。

创建"Direct tagging"（直接标签），创建好的直接标签可以直接勾选，添加并显示在"Video"（视频）、"Shorts"（短视频）和直播中，用户可以一边查看商品详情一边观看视频或直播；还可以管理产品货架或商品"Product shelf"（搁架），店铺一旦和频道关联成功，未添加特定链接的产品，平台会根据价格、热销程度、库存数量等情况自动显示在视频下方，但创作者也可以在后台根据需要自行调整。

添加商品后的视频、短视频和直播的观看页则会显示购物袋图标"□"，这表明其中至少有一款已添加链接的商品。点击购物袋图标"□"，系统会显示已添加链接的商品，如图 7-4-1 所示。

图 7-4-1　在视频中的商品显示（资料来源：YouTube）

四、创作者变现策略

作为全世界访问量最大的社交媒体网站之一，YouTube 内容涉及领域广泛。这为许多创作者、KOL 和品牌方创造了更多的合作机会，实现更多品类的商品推广。自 Shorts 功能上线以来，许多创作者都在这里分享自己的内容并寻求变现。以下是一些较为常见的 YouTube 创作者变现策略。

1. 广告变现

广告变现是最常见的变现策略之一。当观众观看有插入广告的视频时，创作者可以根据广告的播放次数和类型，获得相应的广告收入。目前，YouTube 广告类型有五种：插屏广告 (In-stream Ads)、卡片式广告 (Overlay Ads)、展示广告 (Discovery Ads)、导视广告 (Bumper Ads) 和搜索广告 (YouTube Search)。图 7-4-2 所展示的是卡片式广告和搜索广告页面。

图 7-4-2　卡片式广告 / 搜索广告页面（资料来源：YouTube）

创作者从广告中获得收益的计费方式主要有两种：① CPM（cost per mille），即每千次展示的费用；② CPC（cost per click），即每次点击费用。当然，不排除其他广告计费方式。平台将 55% 的广告收入分给视频创作者（不止一位创作者）。

2. 平台电商

成为平台电商是符合资格的创作者在 YouTube 上展示、销售产品或品牌商品的变现方式之一。将在线商店与 YouTube 连接，创建频道商店并在视频、Shorts 和直播中标记产品，消费者在商品搁架中可以直接查看、下单。

3. 频道会员

频道会员功能是观众每月支付订阅费来访问频道的会员专享福利，例如徽章、表情符号、独家内容等。创作者可以控制每个会员级别的价格以及与每个级别相关的福利。YouTube 频道会员功能让创作者与观众之间进行良好有效的互动，对于最大限度地发挥频道会员资格的好处至关重要，也是通过频道变现的有效方式。

4. YouTube Premium

YouTube Premium 是 YouTube 创作者变现的方式之一。用户通过订阅 YouTube Premium 支付订阅费，以换取可观看无插入广告的内容。作为回报，当 YouTube Premium 订阅者观看创作者的视频时，平台会向该创作者支付一部分订阅费，具体费用取决于观看内容的时长。因此，YouTube 创作者应尽可能创建、优化会吸引优质订阅者的内容，了解该功能的工作原理，运营频道并定期与观众互动。

5. 超级留言和超级贴纸

超级留言和超级贴纸功能可让观众在直播期间支持他们最喜爱的创作者。观众付费后在直播期间突出显示他们的信息或发送动画贴纸。观看者支付的金额越多，他们的超级留言保持固定的时间就越长。而超级贴纸是一项允许观众在直播期间购买和发送动画贴纸的功能，可以理解为个性化 IP 的定制动态表情。要让用户保留超级留言和超级贴纸功能，主播要更多地与购买这些功能的"粉丝"互动。

6. 联盟营销

联盟营销是一种在线广告策略，也是一种商业策略。它是一种允许创作者通过附属链接或特定方式来推广品牌方／商家的产品或服务从而获得佣金的方式。佣金通常取决于企业的联属网络营销计划政策和销售数量，例如：亚马逊联营公司、Shopify 联盟计划等。

以上六种创作者变现策略，都对开通的条件有一定的要求。例如：需要频道达到 500~20000 位及以上的订阅者；频道有公开的视频内容，且没有违反平台规则；过去 365 天内长视频的公开视频观看时长达到 4000 小时，或过去 90 天内公开短视频的观看次数达到 1000 万次。

通过本章的学习可以发现，YouTube 平台的模式和运营方法与"其他内容＋电商"模式的平台有较明显的区别。创作者需要紧跟平台变化，了解并利用平台的功能，持续、稳定地输出有创意的内容。通过本节中介绍的技巧，用户将 YouTube 运营好，实现订阅数增长，缩短变现时长。

▶▶ 思政案例

大疆：巧用视频营销与 KOL 打造科技 IP

当下，放眼全世界，一提起无人机品牌，大疆已不是一个陌生的名字。在出海的过程中，大疆在社媒上的表现相当活跃，其在海外主流社交媒体平台已累计超过 1200 万"粉丝"。大疆坚持以技术创新、产品研发为导向，关键技术、算法等均为自研，具有较强的竞争壁垒。除了注重核心产品的打磨，大疆还通过开拓产品矩阵服务多个行业领域。

毫无疑问，一流的产品和顶级的研发是大疆成功的关键。作为一个面向大众消费市场的科技厂商，营销能力仍然决定了品牌发展的天花板。大疆在出海过程中，借助海外社交平台用户的高互动性特点，采用差异化、本地化运营策略，根据不同国家和地区的消费者需求偏好、使用习惯、流行趋势，不断打磨产品，普遍收获了良好的口碑。在海外社交媒体平台的布局，大疆主要活跃在 Instagram、YouTube、TikTok 等主流的海外社媒平台。在 YouTube 平台的营销中，大疆的一大关键策略便是巧用 KOL 营销打造科技 IP。

早在 2017 年，大疆便借助 YouTube 平台及其平台中的 KOL 成功推广了旗下的无人机「御」Mavic Pro。2017 年 3 月 20 日，大疆通过 YouTube 平台发布了三 K 支视频，并以此开启了一场名为 "MyMavic" 的营销活动。视频中，大疆试图用 YouTube "红人" 的亲身经历说明：可折叠的随身无人机「御」Mavic Pro 正在为大众带来新乐趣。

当时，大疆请来了四位 YouTube "红人"：科技记者 Kai Man Wong（28 万 "粉丝"）、旅游摄影师 Kylie Flavell（2 万 "粉丝"）、视频博主 Ellie & Jared（110 万 "粉丝"）讲述无人机为他们带来的改变。无论骑行、探索岛屿还是与孩子一起玩雪，KOL 们都能随身携带 Mavic Pro。这款无人机超强的便携性令它和鞋子、笔记本、手机、相机一样，成为生活中的一部分。

YouTube 知名旅游摄影师 Kylie Flavell 是系列视频的主角之一。Kylie Flavell 习惯独自旅行，对便携而强大的摄影器材需求强烈。Kylie Flavell 说："我每个月都会去不同的国家，独自旅行并拍摄影片，所以我需要轻便、集成度高、到手即用又能产出美好影像的器材。「御」Mavic Pro 完美地满足了这些需求。"

在视频发布后的短短 10 天内，三个视频在 YouTube 上便已经累计获得了 128 万次观看。按照大疆的习惯，这三个视频依然是由公司自己的视频团队拍摄。大疆创意总监 Paul Moore 说："与传统广告不同，我们希望用更具亲和力的内容告诉用户，无人机能为生活带来无限乐趣，它是你日常生活中的一部分。"这也是本次营销活动大疆想诉说的内容：曾几何时，航拍是一个复杂的工作，需要专业背景和精心准备。但有了「御」Mavic Pro，用户可以随时随地享受飞行乐趣，更无须担心携带、操作的问题。

大疆的视频团队与 KOL 密切合作，对技术细节只字未提，将重点放在个人体验上。此外，视频结束时的航拍镜头更是由 Mavic Pro 完成拍摄。大疆本次的 #MyMavic# 线上传播活动告别了传统无人机营销 "卖科技" 的套路，从真实用户的感受入手，讲述真实故事，完成了一场认真的 "走心"。

除了 "走心" 视频，产品开箱与测评视频也是大疆布局 YouTube 平台视频营销的关键。Google 的数据显示，三分之二的千禧一代用户喜欢观看开箱视频。55% 的用户表示，YouTube 的相关视频是他们做购买决策时的必要参考。用户对做开箱视频的 KOL 们非常信任，当用户看到他们追随的 KOL 推荐某个品牌时，他们的购买欲望往往能够被调动得更高。

电影制作人 Casey Neistat 在 YouTube 上拥有 1200 万"粉丝"。他在其频道上发布大疆的测评视频，浏览量达千万次，引流效果不言而喻。视频中，Casey 展示了无人机的各项功能，并进行了试飞。由这样一位经验丰富的电影制作人进行产品功能展示，并和大家分享用新品拍摄的航拍视频，使得宣传内容的专业性与可信度大大提高！

大疆在海外的目标人群主要为科技粉、摄影迷、专业机构等有效用户。针对这些不同兴趣爱好的群体，大疆选择了一系列不同领域的 KOL 进行合作。这些 KOL 的内容输出，形式多元而丰富，从不同角度和维度相互印证又相互补充，共同助力大疆产品的精准曝光。Jonathan Morrison 是在 YouTube 科技类产品的测评 KOL，是知名的苹果产品的测评分享者，在 YouTube 平台的"粉丝"超过百万。他对大疆新品进行了深入的点评，从科技的角度细说了新款无人机的优点。为大疆品牌赢得了大量的曝光，提高了购买转化率。

大疆的出海模式成了众多企业模仿的标杆，但不是所有企业都可以复刻他的道路。大疆出海成功除了得益于他们精细的运营策略，更需要海外优质的消费群体、市场对智能硬件的认可做基础。大疆执行 KOL 营销策略时，并不是执着于关心该 KOL 的影响力，而是更看重他的创作能力和审美水平。一方面，大疆需要优质的内容来为主营账号做内容填充，以此吸引大众的关注；另一方面，大疆希望通过这样的方式，将自身产品甚至品牌与高水平的内容做关联，潜移默化地告知其他内容创作者"优质内容的关键在于使用大疆无人机"的观点。

资料来源：雨果网、映马传媒

▶▶ 同步习题

一、单选题

1. 在 YouTube 上优化视频标题时，可以包含（　　　）。

A. 关键词 　　　　　　　　　　　　B. 品牌名称

C. 幽默元素 　　　　　　　　　　　D. 关键词、品牌名称、幽默元素

2. 在 YouTube 上开始直播，至少需要（　　）个订阅者。

A. 50 个 　　　　B. 100 个 　　　　C. 500 个 　　　　D. 1000 个

3. YouTube 合作伙伴计划的简称是（　　）。

A. YTT 　　　　　B. YTP 　　　　　C. PPT 　　　　　D. YPP

4. 要加入 YouTube Shopping，订阅者人数至少达到（　　　）。

A. 5000 　　　　　B. 10000 　　　　C. 15000 　　　　D. 20000

二、多选题

1. 在优化 YouTube 视频的 SEO 时，以下（　　　）等关键因素通常被认为是最重要的。

A. 高质量的视频内容　　　　　　　　　B. 社交媒体分享与观众互动

C. 过度依赖外部链接和广告推广　　　　D. 关键词的优化与标签的使用

2. 在策划 YouTube 短视频时，以下（　　　）等因素是需要重点考虑的。

A. 目标受众的需求和兴趣　　　　　　　B. 视频时长通常越短越好

C. 视频内容的独特和创新性　　　　　　D. 视频的画质和音频质量

3. 在 YouTube 进行直播时，以下（　　　）等因素有助于提高观众互动率。

A. 运用高质量的音视频设备　　　　　　B. 定期与观众进行互动问答

C. 忽视观众评论和反馈　　　　　　　　D. 设置抽奖和独家优惠作为激励

三、判断题

1. 视频的缩略图（Thumbnail）对点击率没有影响。（　　　）

2. YouTube 不允许用户在视频中添加广告。（　　　）

3. YouTube 直播不能预设开始时间。（　　　）

四、案例分析题

在 2019 年末，美国知名游戏主播 Ninja 决定离开 Twitch 平台，转而与 YouTube 签订了独家直播协议。这一决策不仅改变了 Ninja 自身的职业轨迹，同时也在 YouTube 的短视频和直播领域产生了深远的影响，标志着 YouTube 在游戏直播领域的重大突破，并吸引了更多游戏内容创作者的关注。

Ninja 在 YouTube 上的直播首秀吸引了超过 170000 名实时观众，而他的 YouTube 频道也迅速增长了数百万订阅者。这进一步证明了他的影响力和吸引力。除了直播之外，Ninja 还利用 YouTube 的短视频功能，分享精彩瞬间、幕后故事，甚至与"粉丝"线上友好互动，让他的受众基础更加坚实。

此次更换平台，让他不仅触及了 YouTube 庞大的用户群体，更是通过多样化的内容展示，加深了与"粉丝"的联系。每一次直播，每一个短视频，都是他与"粉丝"沟通的桥梁。而与 YouTube 的合作，更为他打开了商业机会的大门，广告收入、品牌赞助接踵而至。这是一个值得我们深入研究和关注的话题。

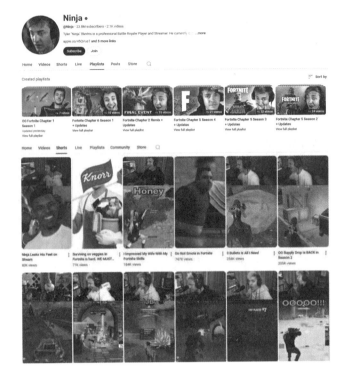

简答题:

1. 如何评价 Ninja 转战 YouTube 对其个人品牌的影响?

2. Ninja 的成功迁移对其他游戏内容创作者有何启示?

3. YouTube 如何通过 Ninja 的加入改善其直播服务?

▶▶ 实训任务

任务背景

YouTube 作为全球最大的视频分享平台之一,拥有庞大的用户群体和丰富的内容类型。通过制作和发布短视频或进行直播,个人和企业可以有效地传达信息、展示产品、分享经验或建立品牌形象。

目前,全球环保已成为一个重要议题。请结合当下流行的 YouTube 短视频和直播平台的特点,参考平台中相关话题的内容,完成本次实训任务。通过本次实训任务,在创作和策划环保主题短视频和直播内容时,一方面增强自身的环保意识,并了解全球环保的最新动态,另一方面,充分挖掘平台特色,分析平台视频和直播相关内容,将所学技能应用于实际场景。

任务要求

1. 以"环保生活"或"污染治理"等为主题，可涉及海洋环境、环保产品评测、环保技能。三人一组设计两个符合 YouTube Shorts 的内容。确保内容的原创性，禁止抄袭或使用未经授权的素材。要求画面清晰，音质良好，剪辑流畅，时长控制在 1 分钟以内。

2. 各小组根据 YouTube Live 的特色设计一场直播。直播内容为总结汇报短视频制作、策划、拍摄、剪辑到发布的全过程，同时分享对于环保的思考并做好直播互动问答。各组借助硬件设备，在教室现场完成 YouTube Live 模拟直播。直播的时长在 5 分钟以内。

评分标准

主题相关性和创意表现（30%）；视频和直播内容的质量（30%）；团队合作和项目管理能力（20%）；反思报告的深度和完整性（20%）。

第八章 中国特色产品与文化出海

学习目标

1.掌握中国美妆行业不同品牌的出海营销布局策略及其成功背后的主要因素。

2.熟悉中国陶瓷产品出海企业在跨境电商B2B出口赛道营销策略的核心目标，重点掌握其短视频与直播营销的业务流程、平台实操技巧以及策略思维。

3.熟悉中国文化出海的整体概况，知晓数字平台以及直播、短视频在其中扮演的角色。

4.掌握中国汉服出海的短视频营销策略技巧，懂得将汉服产品及其蕴藏的文化礼仪相结合，实现产品与文化的同步输出。

5.熟悉中国文旅出海的整体营销布局策略，重点掌握其短视频与直播营销策略的实施技巧。

课前预热

随着中国各类技术成熟、供应链能力提升，中国企业出海方式越来越丰富。一部分出海企业正进一步加大研发力度和本地化产能投入，以过硬的产品质量和极致的性价比逐步融入当地市场；另一部分企业开始注重品牌效应，通过打造独特且具有辨识度的品牌形象，赢得海外消费者的认同，进而在用户心智层面构筑起企业自身的护城河。Google《中国全球化品牌2023》报告指出，现阶段中国品牌最重要的工作就是打造有意义的差异化，即品牌的"价值感"。

海关总署发布的数据显示，2023年1—12月中国美容化妆品及洗护用品出口金额为458亿元，同比增长22.8%；在这其中，东南亚和日韩是最为重要的出口目的地。受益于供应链能力的成熟，国货美妆品牌不仅能较好地洞察消费者需求，还能根据消费者偏好快速迭代新品。

华经产业研究院数据显示：2024年1—3月中国陶瓷产品出口数量为413万吨，相比上年同期增长了34万吨，同比增长9.0%；出口金额为601781.3万美元，相比上年同期减少了 52520.1 万美元，同比下降 8.0%。2024 年 3 月中国陶瓷产品出口数量为 120 万吨，出口金额为 168533.4 万美元。

TikTok 平台通过短视频的形式向全世界展示了很多中国特有的文化元素，如汉服、折纸、果酱、面点、陶艺、中国功夫、书法、水墨画、昆曲、长城、中国春节等，开辟出一条文旅产业出海的新路径。在 TikTok 平台上搜索"China"或"Chinese"，相关话题视频累计总观看量已超过 700 亿次。中国的传统工艺、民俗文化、饮食文化、风俗习惯、国宝熊猫等短视频内容，为全球用户认识中国打开了的另一扇窗。

第一节　美妆产品出海

一、海外美妆市场

2020 年是中国本土美妆品牌全球化进程非常重要的一年。这一年，中国美妆产品的国际销量增长了 10 多倍，国货出海领域涌现出如完美日记、花西子、花知晓等国产美妆产品翘楚。它们成立的时间都不算久，然而借着品牌出海以及圈层营销的力量，让更多海外消费者看到了中国品牌在视觉和色彩语言上搭建起的美妆差异。

欧美化妆品市场结构已趋于成熟，入局门槛高，具备国际影响力的品牌大多经过多年历史沉淀，比如雅诗兰黛、宝洁、兰蔻、爱茉莉集团，在本土布局结构已形成范式，高价市场相对饱和，新锐品牌难有突围机会。化妆品产品精细化程度低，细分领域更显成长机会，东南亚区域便是这样的市场之一。凭借化妆品市场增速快、中产阶级人群占比提升、人均 GDP 逐渐提升、互联网经济快速发展、东南亚电商渗透率普遍不高等综合因素，东南亚已被列入全球化妆品行业重点开发的"未来市场"，是全球化妆品的热门市场之一。

亚洲人与欧美人属于两种肤色人群，欧美人主要为白皮，亚洲人为黄皮，肤色和肤质的差别导致两个地区消费者对美妆的偏好及品类关注点不相同，在本土崛起逻辑上有较大差异。而且，东南亚地区因各民族文化多样，各民族有独特的庆典和审美标准。因此，若能针对性解决地域差别问题，推出适用于更多文化、种族、宗教和性别的美妆产品，品牌会更有发展潜力，不仅能乘渠道和品类的东风实现爆发性增长，亦能将成功经验复制到具备相同特征的国家，实现产业链联动。

（一）风格

由于经济发展水平、宗教文化等差异，东南亚不同国家消费者的消费习惯和偏好呈现出各自的特点，整体风格以欧美和日韩风妆容为主。在泰国，泰式妆容占据一席之地，韩系产品保有一定的市场份额，男性消费者是当地美妆市场的中坚力量；马来西亚受宗教文化影响，当地消费者偏向使用不含酒精和动物原料的化妆品；新加坡人更愿意为有故事性、新颖有趣的产品买单；越南各年龄段消费者则更关注品质、安全以及成分，他们对品牌力的敏感程度随年龄增长而逐渐上升，25~32 岁的消费者对口碑及评论反馈的重视程度较高。

（二）成分

很多消费者因强光照气候可能遇到肌肤敏感受损问题，所以更欢迎天然有机环保的美容个护用品。印尼、马来西亚和越南的女性倾向于选择含有植物精华成分的环保护肤品，精华、安瓶成为护肤常用款；95% 的泰国消费者信赖专研成分，购买前会查看产品中是否包含肽、神经酰胺以及维生素 A 等帮助肌肤保湿、维稳、抗衰老的活性成分。

（三）类目

美白和防晒护肤需求与日俱增，彩妆则偏好定妆类产品。东南亚国家位于赤道附近的热带地区，大部分地区四季如夏、终年高温多雨，当地消费者还会追求产品的持久度、顺滑度以及防水和防晕染能力：对于面部彩妆，各类防水防汗的睫毛膏、持妆气垫、不晕染眼线笔、定妆喷雾等刚需性定妆产品在 Lazada 上颇受欢迎；对于面部护肤，防晒护肤及晒后修复关注度提升，口罩佩戴习惯和抗初老需求将重点集中至眼部护理；在美妆工具、身体护理方面，受益于 OEM、ODM 等代工供应链的完善，产品受欢迎指数上升。

二、国货美妆出海

放眼出海国货美妆品牌在渠道策略的选择，大多数是以品牌独立站、大型跨境电商平台、海外社交平台 KOL 合作这三方面渠道为主，如表 8-1-1 所示。

表 8-1-1　国货美妆出海渠道

渠道	具体策略
进驻海外线下门店	通过海外代理商进驻当地如 Ulta、丝芙兰、屈臣氏等连锁美妆集合店或者当地非连锁线下店
依托海外大型跨境电商平台	在 Shopee、Lazada、AliExpress、Amazon 等跨境电商平台上架，依托平台流量、配合平台活动完成品牌的搭建和产品销售

（续表）

渠道	具体策略
自建品牌独立站	自建海外独立站，配合邮件营销、Facebook 推广、TikTok 推广等站外引流，打造品牌知名度，建立自有流量池
开设海外社交媒体平台账号与海外"红人"合作	入驻 TikTok、Instagram、Facebook、YouTube 等设计媒体平台，依靠社交媒体本身巨大的用户池和自身营销吸引目标客户
海外垂直类美妆在线平台	入驻目标市场本土的美妆垂直网站，例如日本 Cosme、韩国 G-Market、美国 SkinStore 等在线购物网站，客户基数虽然不大，但黏性高、对口性强

之所以做出这种渠道策略的选择，是因为它们多数都经历了中国美妆市场的激烈竞争。在一轮摸爬滚打后，它们对社媒营销和电商业务有着清楚的认知，会设立内容运营团队部门，或者直接找到跨境 MCN 机构合作。MCN 机构有着一套成熟的运营方式，擅长使用内容营销做种草转化，再加上国内反应迅速的供应链体系，对于一些海外市场来说就是降维打击。

在出海首发地的选择上，很多国妆品牌也先是在东南亚市场、日本市场进行，这是由于亚洲与欧美消费者的肤色、肤质差别很大，这决定了大家对化妆品的关注点不同，如适合的颜色不同、关注的功效不同。除此之外，欧美"红人"和亚洲"红人"的确在化妆习惯和流行趋势上也有很大区别。中国的美妆趋势与亚洲其他地区的习惯偏好更贴合，更符合当地人的审美习惯，能够更好地融入当地市场。

在产品的宣传策略上，依据不同的文化地域，国妆品牌的选择也有很大不同。拿花西子来说，在欧美地域投放的广告相对来说风格更偏简约高级感，文案部分并不突出，主要展示产品本身，这主要是因为欧美市场更依赖产品及品牌驱动消费。

三、花洛莉亚

花洛莉亚，一个散发着南法庄园气息的名字，清新又治愈。与其他国货美妆品牌一样，它带着少女心、高颜值的美妆产品闯入大众视野。成立于 2018 年的花洛莉亚，经过几年的沉淀后凭借"高性价比""高品质"获得了"2022 年天猫金妆奖"，同时成为淘系美妆多个品类第一。

随着加入出海队伍的美妆国货品牌越来越多，全球化业务几乎成为品牌继续扩大影响力、扩大销售规模的常规途径，花洛莉亚也不例外。花洛莉亚从 2021 年开始逐渐把业务覆盖到日本和东南亚。直到 2023 年初，它打算持续在东南亚市场深耕，并入驻 TikTok 进行布局。就这样，花洛莉亚和东南亚的男男女女们，上演了一场双向奔赴的相遇。

在布局东南亚市场的初期，由于在泰国有供应链端的物流输送和产品寄样等优势，花洛莉亚把泰国作为切入点通过 TikTok 逐步打开东南亚市场，没过多久又开通了越南的 TikTok 账号和小店，并计划后续再在马来西亚、新加坡、印尼市场跟进 TikTok 的布局。花洛莉亚的产品在很大程度上适配东南亚消费者的需求和妆容习惯，因而，东南亚俨然成了花洛莉亚的关键出海目的地。

（一）试水东南亚市场

在确定主攻东南亚市场时，花洛莉亚所面临的压力并不亚于在国内。出海这条路对于当时的花洛莉亚基本上是从零开始。花洛莉亚在渠道的选择上更加慎重，其海外业务团队主要由从国内团队中选拔出的对海外业务有独到见解的骨干组成。物流运输、成本核算、定价策略、发布内容等环节还有诸多难题都需要团队去攻克。当时的花洛莉亚还处于积累经验、了解市场、试错、学习的阶段，所以初期不会将营收平衡甚至是盈利作为终极的业务目标，而是等到团队成熟之后，才计划放量。那时才是花洛莉亚在东南亚市场集中发力的阶段。

从单一市场来看，一方面，泰国本土有各大知名美妆品牌，包括 Mistine、BSC、Bejewel Luxury Skincare 等，这些品牌在知名度和产品成熟度上都具备极大的优势，也更加了解消费者的需求和偏好。另一方面，国内很多知名品牌比花洛莉亚更早进入东南亚市场，也培养了一定的客户忠诚度。为了应对诸多挑战，花洛莉亚开始利用社交媒体平台进行宣传。此时，TikTok 在东南亚的发展势头强劲、用户基础日益庞大，因此，花洛莉亚最终选择优先在 TikTok 进行发力、展示其品牌产品与形象，以吸引更多潜在消费者的关注，弥补品牌知名度和曝光度不足的短板。

（二）发展 TikTok 业务的三个阶段

花洛莉亚团队为他们在东南亚的 TikTok 业务规划了三个发展阶段。首先，通过 TikTok 营销和 TikTok 小店，建立起基础的业务盘面，在拥有一定的市场认知度后，再开启第二阶段，即与当地"红人"合作，快速提升声量。由于花洛莉亚的 TikTok 官方账号只能触达特定的"粉丝"群，而当地的"红人"除了美妆，还涉及美食、服装等领域，圈层更加多元。通过这些"红人"做品牌宣传，可以触达更广泛人群。第三个阶段就是在拥有一定的"粉丝"基础后再开设花洛莉亚的官方直播间。

花洛莉亚团队之所以把直播带货规划得比较靠后，主要出于这些考虑：此时东南亚地区的直播业务还有较大的成长空间，在当地"红人"不了解品牌的情况下或是花洛莉亚没有形成一定的品牌认知度时，双方很难达成合作，而且国外的业务沟通环节繁多，回复速度也不如国内，海外寄样周期也比国内长，这将会拉长合作的磋商时间。

（三）爆款短视频的诞生

花洛莉亚在东南亚的业务以 TikTok 小店为主，借助与"红人"合作发布推广视频、做商业化挂车链接，同时借助 TikTok 的广告平台将短视频内容推给更多的用户，展示花洛莉亚的产品与品牌形象，从而吸引更多潜在消费者。这是践行第一阶段发展的策略，同时也是整个团队了解东南亚消费者的重要窗口。

在经营 TikTok 小店初期，花洛莉亚团队主要先将国内的爆款产品（眉笔、眼线笔、卧蚕笔）以及一部分新品（唇部产品）上架到 TikTok 小店。然而这些爆款产品的表现并不如愿，泰国市场反馈表明，眼部产品的销售并不理想，反倒是唇部产品更受欢迎。经过一番研究后，团队才意识到在市场调研上下的功夫还不够，泰国消费者习惯偏日常的淡妆，受炎热天气的影响，他们对底妆考虑较少，反而只会涂个口红，化一些简单的妆容出门。可见，国内的爆品思维并不一定能复制到新的市场，团队依然需要很多时间去测试当地消费者的产品偏好。

通过在 TikTok for Business 广告管理平台中积累的投放数据，花洛莉亚开始了解其在东南亚的消费者画像，以及更多地域性市场特征。比如说，花洛莉亚的泰国男性目标消费者比例比国内高出一截，而且泰国的消费群体年龄分布比国内更广。与此同时，花洛莉亚在制作短视频时会和 TikTok 做一些内容共创，或是运用滤镜、特效、贴纸等工具，打造出爆款短视频案例。第一个爆款短视频的诞生给团队带来了更多的信心。

当时，花洛莉亚在 TikTok 发布了一款在国内销量较好的唇膏笔试色短视频，如图 8-1-1 所示。令人意想不到的是，这条短视频没过多久就收获了超过 730 万次的播放量，超 90 万的点赞数，为账号带来了一大批"粉丝"。

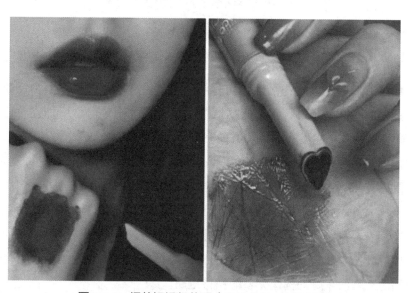

图 8-1-1　爆款短视频截图（资料来源：雨果网）

也正是从这条爆款视频开始，花洛莉亚在 TikTok 上逐渐建立起独特的内容风格和调性。要知道，在账号建立初期时，花洛莉亚倾向于在 TikTok 上发布以氛围感为主的视频（视频截图如图 8-1-2 所示）。简单来说就是包含一些动画效果，只单独对产品外观进行呈现，它有利于消费者形成对品牌调性的感知。之后，团队开始适当减少展现产品氛围的视频，转而增加呈现具体色号的试色视频，因为这更有助于消费者对产品形成深度感知。

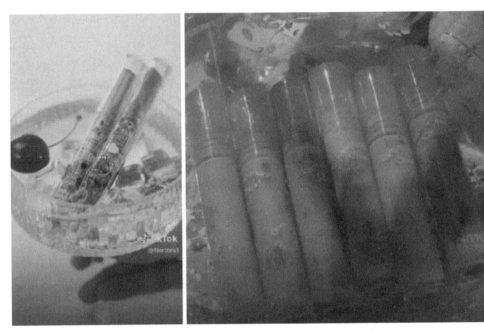

图 8-1-2　氛围感视频截图（资料来源：雨果网）

（四）总结与实践

在有了第一个爆款短视频的经验之后，花洛莉亚开始在日常实践中做爆品总结。比如说，泰国消费者更喜欢花洛莉亚的唇部产品，通过平时数据积累和反馈，花洛莉亚可以看到他们喜欢的色号，接下来团队便着重种草这个色号，增加发布比例，有目的性、方向性地调整产品发布的内容方向。

通过内容测试了解到当地消费者更喜欢的视频风格后，花洛莉亚再发布视频时，宏观的氛围感展示会占一部分，具体的妆容展示则占另一部分，通过内容营销把产品亮点进一步放大。而此时仅是花洛莉亚试水东南亚、布局 TikTok 业务的第一阶段，作为中国的新消费品牌，想要在出海中实现长期的发展，在品牌建设、产品质量、创新能力以及国际化战略上仍需要做好相应的布局与投入，而不仅仅是依靠更懂内容、更知道如何利用互联网在海外构建完整的销售链路。

四、花西子

作为世界第三大化妆品消费国——日本的化妆品行业拥有庞大的消费群体，是"妆"家必争之地。日本地处东亚，对中国文化了解度高，对中国美妆产品接受度高；同时，日本兼容东西方文化特点，是美妆全球市场的试金石；此外，日本消费者对品牌的忠诚度极高，一旦产品真正打动他们，消费者会长期忠于品牌。因此，在综合考量之下，另一国货美妆品牌——花西子将其出海的第一站选在了日本。

花西子，创立于2017年，以口红、眉笔、蜜粉、粉底液等美妆产品为核心产品，主要通过TikTok Shop、Amazon、Shopee等电商平台和品牌独立站进行海外销售，产品远销日本、北美等市场。

花西子仅比花洛莉亚早一年成立，而其产品策略以及营销布局与花洛莉亚完全不同。公司定位"东方彩妆，以花养妆"，坚持东方审美，推动国外中国风兴起。花西子探索中国千年古方养颜智慧，针对东方女性的肤质特点与妆容需求，以花卉精华与中草药提取物为核心成分，运用现代彩妆研发制造工艺，打造健康、养肤、适合东方女性使用的彩妆产品。花西子运用东方美学，并将中国文化元素融入品牌，通过极具东方特色的产品外观和生动的品牌故事成功吸引了海外消费者的目光。

2021年，花西子开启产品出海之路。它没有优先选择新兴的东南亚市场，也没有优先登陆跨境电商发展最成熟的美国，而是把美妆产业高度成熟、国际大牌林立的日本作为了首发站，随后再通过电商平台把产品铺到100多个国家和地区。多数国家和地区的消费者可通过其品牌独立站直接选购商品。

（一）产品理念

国货品牌不断崛起，"风从东方来"的现象常有发生。作为东方彩妆的代表，花西子明智地瞄准了近几年在全世界范围内掀起热潮的"国风美学"，从名称、理念再到产品包装基本上都围绕中国元素进行，将"颜值即正义"表现得淋漓尽致。其主推产品有定窑白瓷系列、同心锁口红、百鸟朝凤彩妆盘等。这样的设计不仅符合国内消费者的审美，同时也贴合海外消费者对中国的认知。

花西子的品牌logo，取形于江南园林的小轩窗。雕花口红复刻中国传统工艺，将微雕工艺搬到口红膏体上，精细的纹路层层叠叠氤氲着古韵，使用时幽幽花香浮动，轻抿嘴唇还能尝到口红的一丝回甜。这些无不体现着东方浪漫，瞬间戳中颜值党心窝。图8-1-3所示为花西子产品展示。

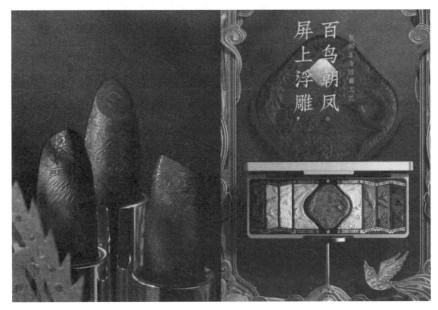

图 8-1-3　花西子产品展示（资料来源：雨果网）

此外，花西子的外文名称 Florasis，能够使消费者联想到该词的本义"flowers"，而且"Flora"＋"sis"，意为"花神"，比喻使用了花西子产品的女性和荷花花神——西施一样动人美丽。这个名字为海外消费者形成一个具有中国文化心智资源的字眼，根植于全世界消费者的心智里，同时它与品牌想要传达的内容又高度相似。花西子不仅仅销售产品，更是通过这些产品传递东方美学的品牌理念。精美的产品设计和深厚的文化底蕴让品牌在海外市场具有独特性和辨识度，这也成为其吸引海外消费者的重要因素。

（二）营销布局

1. 本土化营销

本土化营销是品牌全球化战略中不可或缺的一环，也是中国品牌出海成功的关键。中国品牌出海的本土化营销一般包含四个方面：产品本地化、内容本地化、运营本地化、人才本地化。花西子在这四个方面也是做足了布局和努力。

（1）产品本土化。以日本市场为例，在进入这个市场后，花西子就开始深入了解日本文化，针对该文化制定有差别的营销方式，做到"一国一策，一地一策"。比如，它会在日本消费活跃的季节时令，如樱花季、枫叶季推出应季产品。并且，为了迎合日本消费者的审美，花西子没有复用国内卖得好的"热卖色"，而是将产品颜色调整成焦糖枫叶色、桃色和玫红色。

（2）内容本土化。内容本土化涉及语言、文化、流行元素等方面，品牌需要将产品与目标市场的本地文化、潮流趋势连接起来，从而迅速地融入当地市场。内容呈现形式多元，可通过产品、活动文案，视频、故事短片，线下沙龙等形式表达。比如，花西子在打开北美市场时，就积极参加时装周并与其他品牌合作，出场模特都身穿汉服，所用美妆产品皆为花西子产品，成功地打响了在北美的知名度。

（3）运营本土化。大到广告图及社媒发贴图，小到产品介绍及评论区文案，在运营的过程中花西子都尽可能做到本土化，与当地风俗文化相融合。花西子在这方面会选择和专业的"网红"营销机构合作，因为专业人士更加了解目标市场的语言习惯、风俗文化以及潮流趋势，与其合作更能直接进行本土化营销，并以当地化的视角解决品牌在本土化过程中遇到的难题。

（4）人才本土化。与当地"网红"合作以开展"网红"营销是花西子品牌出海的一个关键布局。2022年，在YouTube上拥有超1000万"粉丝"、犀利"毒舌"的美国顶流美妆博主"J姐"Jeffree Star 2022年推送的第一条视频就是测评国货彩妆品牌花西子，标题更是大赞"世界最美美妆"。在Jeffree Star视频发布后，花西子海外官网的流量直接被拉到了黑色星期五的水平，其中同心锁口红等J姐认证的产品销量涨幅最大。

2. 社媒营销

花西子在海外巧用社媒平台，"网红"营销、讲故事、美妆教学一应俱全。花西子社媒账户开设全面，官方主要运营的社交平台包含了TikTok、Instagram、Facebook、Twitter、YouTube等。合作的KOL包含了头部UP主、中腰部的博主等，涉猎广泛。在TikTok上搜索#florasis，相关话题达到1.6亿的观看量，其中合作的3位"红人"@meredithduxbury、@malvina_isfan、@roseandben，拍摄的视频观看量均破百万，分别为440万、340万、260万。

社交平台运营方面，YouTube以长视频素材为主，重点打造品牌文化、理念、产品特色等；TikTok以短视频突出特色、创意、美感、视觉冲击；Instagram更多是产品展示、品牌形象塑造；Twitter和Pinterest则是侧重信息传递，如产品优惠信息等。通过不同的平台、不同的用户属性打造贴合用户兴趣及需求的内容，但始终如一的是花西子对"国风"的贯彻。

3. 海外 KOL 营销

国内许多了解美妆品牌的人士一听到花西子，脑海中第一个想法就是"一个重视KOL营销的品牌"。花西子在海外市场采取了一种兼顾本土化传播与全球影响力的"网红"营销策略。品牌积极寻找具有国际影响力的"网红"，同时注重各地区"网红"的本土特色，以确保营销活动能够更好地贴合目标市场的文化特点。

对美妆消费群体而言，"网红"博主的号召力不可忽视，与"粉丝"画像重合的博主合作可以使"网红"营销的效果最大化。数据显示，花西子的海外受众主要以18~24岁的女性为主。与国内明星阵容＋头部KOL为主，全方位引爆种草的营销手段不同，走出国门的初期花西子反而更偏爱"中腰部"垂类"网红"。

花西子的海外 KOL 营销策略展示了一个品牌如何从小范围的入圈到大范围的出圈从而成功在海外市场上站稳脚跟的过程。花西子不仅能选择正确的平台和合作伙伴，更是能准确把握消费者的需求和心理，从而使品牌在海外市场上取得令人瞩目的成绩。

（1）入圈策略。进入海外市场的初期，花西子明确选择了与中腰部的垂直领域美妆"红人"合作。这是一个精准而又有效的策略，因为这些"红人"拥有较为忠诚的"粉丝"群体。他们对"红人"的推荐更为信赖。2019 年，花西子与在 YouTube 上拥有 30 万订阅者的美妆博主 Jessie 合作。Jessie 深入浅出的产品解读让许多"粉丝"第一次认识花西子这一品牌。数据显示，与 Jessie 合作后，花西子的 YouTube 官方频道订阅数在三个月内增长了 20%。

（2）TikTok 的出圈战略。随着品牌在海外市场的热度逐渐上升，花西子开始将目光转向了更年轻、更具活力的平台——TikTok。他们与一些当地的美妆博主进行合作，如 Lily，她当时在 TikTok 已拥有 200 多万的"粉丝"，Lily 为花西子先后推出了一系列有趣、易于传播的短视频内容。这一策略也取得了巨大的成功，一个关于花西子口红试色的短视频，在短短 48 小时内便获得了 100 多万的播放量，其中 80% 的观众均来自海外。

（3）加强与头部"达人"的合作。有了 TikTok 的成功经验，花西子进一步与 Instagram 上的头部美妆及生活类"红人"合作。2020 年，他们邀请了拥有 500 万"粉丝"的头部博主 Mia 进行合作。Mia 不仅推荐了花西子的产品，更是巧妙地将其融入了日常生活分享中，为品牌带来了更广泛的受众群。据统计，与 Mia 的合作后，花西子的 Instagram "粉丝"在一个月内增长了 60%，其官方网站的海外订单量也有了 40% 的提升。

如何向海外消费者讲好中国品牌的故事，这是每家出海企业都面临的重要挑战。花西子也不例外。借助文化出圈的花西子，面对的更是中国传统文化的海外本土化传播。品牌出海，对于花西子来说不仅是售出产品，更是传播文化。

花西子产品的古典外形、采用的东方微浮雕工艺、产品背后的寓意和故事，处处体现中国传统文化。但身处不同地域文化的海外消费者，并不容易理解这些相关的文化符号和内涵。因此，花西子在营销活动和品牌内容传播方面下足功夫。一方面，在遵循当地的"黑色星期五"、圣诞等节日的同时，花西子推出中国传统节日的营销活动，如春节、七夕、中秋等，让海外消费者从中了解到中国传统节日和故事；另一方面，花西子也善于借助海外 KOL、KOC 为品牌内容做本地化传播。

随着全球消费者对于"美"的追求不断攀升，美妆行业也正加速狂奔。纵观海内外市场，品牌众多，产品纷繁，想要在这片大红海中突出重围并非易事。如今，花西子已树立起国货美妆向海外市场扩张的成功典范，昭示了国货美妆在全球范围的巨大潜力。国货美妆的出海故事，必有更大的想象空间。

第二节　陶瓷产品出海

陶瓷是陶器与瓷器的统称，是一种具有特色工艺的美术品。早在新石器时代，我国就有风格粗犷朴实的彩陶和黑陶。我国传统的陶瓷工艺美术品，因其质高形美、极具艺术价值而闻名于世。陶与瓷常被看作一体，其实是两种不同的工艺品，但同时又有着千丝万缕的关联。陶，是以黏性较高、可塑性较强的黏土为主要原料制成的；瓷是以黏土、长石和石英制成的。陶，不透明、有细微气孔和微弱的吸水性；瓷，半透明、不吸水、抗腐蚀。陶，击之声浊；而瓷，叩之声脆。

中国陶瓷发展的历史是漫长的，从新石器时代早期烧造最原始的陶器开始，到发明瓷器并普遍应用，技术和艺术都在不断进步。陶瓷的种类和样式随着人们的需求而不断调整，加上科学和艺术的不断发展，陶瓷制造技术也慢慢提高了起来。

潮州陶瓷历史悠久，是广东省著名的传统陶瓷。从境内陈桥村贝丘遗址中可看出，早在 6000 多年前，先民便在此繁衍生息和冶陶，而北关古窑址、南关古窑址和笔架山宋代窑址（同见条目）的发掘也说明，在唐高宗仪凤元年至调露元年（公元 676—679年），潮州已有较大规模的陶瓷生产，并出现釉下点褐彩瓷器。

潮州作为宋朝的瓷都，是宋朝广东海上陶瓷之路的重要一环，其中心产区就在潮州城四围。如今，潮州已获"中国瓷都"称号，全市陶瓷生产有相当大的规模。潮州陶瓷是潮州文化的一部分。潮州作为中国八大陶瓷产区之一，同时也是中国著名的工艺瓷生产出口基地，生产的陶瓷器产品种类较杂，以珐琅彩瓷为主。潮州陶瓷分美术陈设瓷、日用瓷、建筑卫生瓷和特种陶瓷等大类，美术陈设又分人物瓷塑、通花瓷花、动物瓷和花瓶（盘）彩绘等。

中国陶瓷产品的出口历史悠久，也早已形成规模。据 CIEDATA 进出口统计数据显示，2023 年中国陶瓷产品出口数量为 1904 万吨，相比 2022 年同期增长了 71 万吨，同比增长 5.3%。2024 年 1—3 月，我国陶瓷产品出口数量为 413 万吨，同比增长 9%。

在众多出口的中国陶瓷产品中，陶瓷器餐具的出口表现尤为亮眼。2021 年中国的陶瓷器餐具出口的市场规模为 719600 万美元，与前一年同期比较增加 29.1%。2022 年1 月—10 月为 639600 万美元，与前一年同期比较增加 12.1%。随着中国的陶瓷器餐具产业的技术不断提高，从 2023 年到 2032 年，中国的陶瓷器餐具出口规模预计将持续扩大。下面以广东浩信贰捌实业有限公司为例，讲解陶瓷产品出海策略。

广东浩信贰捌实业有限公司（以下简称广东浩信贰捌）成立于 1998 年，主要生产高档餐饮陶瓷，其工厂位于广东省潮州市，现已拥有建筑面积三万平方米的大型标准化陶瓷生产基地，并配备四座窑炉，年生产力约为 2 亿件。为了把品牌更好地推向全世界，广东浩信贰捌在广州设立公司总部和展厅，占地 1500 平方米，已有超过数万种不同系列的陶瓷餐具展出。

广东浩信贰捌不仅有专业的团队为酒店用品提供一站式解决方案服务，还拥有一支为全球客户提供高端概念设计服务的设计团队。广东浩信贰捌集研发、生产、销售于一体，致力于提供款式新颖、经济高效的餐具，让来自世界各地的客户找到自己喜欢的陶瓷餐具。通过参加展会和建立阿里巴巴国际站平台等跨境电商 B2B 平台、独立站、海外主流社交媒体平台以及海外搜索引擎等多渠道的营销推广布局，目前其产品已远销海外，服务于欧美、中东、非洲、东南亚等地区客户，其中包含共建"一带一路"国家的数千家餐厅和酒店。

一、主营产品

广东浩信贰捌官方独立站主要产品类目包括陶瓷餐具套装（Porcelain Dinnerware Set: White Porcelain Dinner Set, Colored Porcelain Dinner Set）、精美陶瓷餐具（Fine China Dinnerware）、陶瓷餐具配件（Porcelain Dinnerware Accessories）、玻璃制品与酒具（Glassware & Drinkware）、刀具（Cutlery）等。具体的经营产品包括陶瓷餐具套装（Porcelain Dinnerware Set）、餐盘与餐碟（Dish & Plate）、餐碗（Bowl）、杯具（Cup & Mug）、咖啡壶与茶壶（Coffee Pot & Tea Pot）、餐巾环（Napkin Ring）、骨瓷餐盘（Bone China），如图 8-2-1 所示。而餐具套装为其中的一大热销品类。

Porcelain Dinner Set　　Dish & Plate　　Bowl　　Cup & Mug　　Coffee Pot & Tea Pot　　Napkin Ring　　Bone China

图 8-2-1　主营产品（资料来源：阿里国际站）

广东浩信贰捌陶瓷餐具采用了优质的陶瓷材料，经过高温烧制，坚硬耐磨，不易刮花，使用寿命长。其陶瓷餐具设计独特，简洁而不失雅致，无论是应用于家庭聚餐还是朋友聚会，都能展现主人的品位。同时，贰捌陶瓷餐具的颜色丰富多样，有淡雅的白色、高贵的金色、清新的绿色等等，能够满足不同客户的需求。广东浩信贰捌陶瓷餐具，不仅是一件餐具，更是一种生活的态度。它以其优质的材料、独特的设计、丰富的颜色和严格的质量控制，赢得了众多海内外买家的喜爱。

广东浩信贰捌陶瓷还注重产品的实用性与艺术性的结合，以其中一款热销的橱窗产品（如图 8-2-2 所示）为例，该套产品名称为"Custom Dishes Ceramic 2022 New Arrival Ceramic Serving Dish Set Nordic Plates For Restaurant Butter Dish"，套装共包含 4 件商品，作为 2022 年推出的餐盘产品，其设计融合了极简北欧风格，至今仍作为核心产品进行推广，可见该款餐盘套装广受海外客户的喜爱。

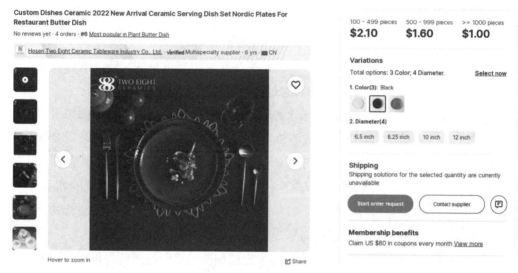

图 8-2-2　橱窗产品（资料来源：阿里国际站）

该套餐具由骨瓷材料制作而成，支持多种颜色、尺寸、logo 的定制，100 件起订，适用于餐厅、酒店等众多餐饮场景与场所。抗刮擦、超高导热、超高透光是其三大特性，如图 8-2-3 所示。

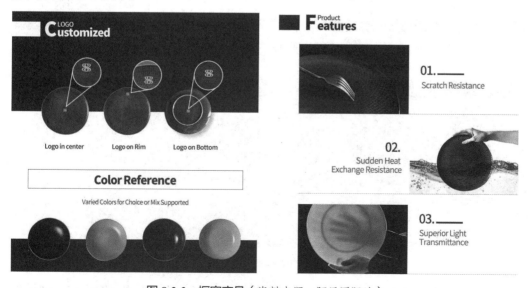

图 8-2-3　橱窗产品（资料来源：阿里国际站）

二、营销布局与策略

广东浩信贰捌作为业内知名厂商，营销策略可谓独树一帜。该品牌坚持以市场需求为导向，以产品质量为生命线，将传统的制陶工艺与现代科技相结合，创造出艺术性和实用性并存的陶瓷产品，深受海内外消费者的喜爱。

在产品策略上，广东浩信贰捌注重产品设计的原创性，每一款产品都有其独特的风格和特点，以满足不同消费者的需求。同时，该品牌还不断进行产品研发和技术革新，以提升产品的附加值，增强其在市场中的竞争力。

在价格策略上，广东浩信贰捌采取的是高品质、中等价格的策略，既保证了产品的质量，又使产品价格适中，能够符合大部分消费者的购买能力。

在推广策略上，广东浩信贰捌充分利用社交媒体、电子商务平台等网络渠道，进行品牌宣传和产品推广，同时也通过参加各类展会，增强品牌影响力。在当今的全球化时代，社交媒体已成为连接企业与消费者的重要桥梁。对于广东浩信贰捌而言，海外社交媒体营销不仅是品牌传播的有效途径，更是其文化内涵和产品特色的展示窗口。通过精心的策略布局与内容创作，广东浩信贰捌能够在国际舞台上树立独特的品牌形象，同时吸引更多海外客户的关注与认可。

在 2018 年，广东浩信贰捌开始布局阿里巴巴国际站平台的运营与推广，在同一年就设立了两个阿里巴巴国际站旺铺，进行专业化的旺铺装修设计如图 8-2-4 所示，运用阿里巴巴国际站平台开展了短视频营销、直播营销、EDM 邮件营销、广告推广等一系列的营销推广活动。

图 8-2-4　旺铺首页（资料来源：阿里国际站）

在海外社交媒体营销布局策略上，广东浩信贰捌也非常注重文化输出与品牌故事的传播。通过 Instagram、Facebook 等国际知名社交平台，广东浩信贰捌巧妙地将产品展示与文化背景相结合，用图片和短视频的形式展现其产品的细腻质感和丰富色彩，吸引目标受众群体的眼球，同时依托 YouTube、TikTok 等视频平台，发布制作过程和技术介绍的视频，增强消费者对品牌的理解和信任。广东浩信贰捌利用多元化的社交媒体平台，采取专业精确的内容策略，不仅成功塑造了品牌形象，还为传统陶瓷文化的海外传播搭建了坚实的桥梁。

三、视频营销解析

在其视频营销布局中，广东浩信贰捌于 2018 年就创建了 YouTube 营销账号并进行运营。截至 2024 年 5 月，已累计上传了 271 个视频，获得了 430 多万的视频总播放量，积累了超过 1.89 万的订阅。账号首页设计有专业的封面、头像以及公司简介等等，使用户 /"粉丝"能够快速了解公司整体概况，同时也能彰显公司的专业度。

（1）频道封面：关键词"Tableware Manufacturer"及相应的餐盘产品图片，直观说明了公司的产品与服务；标语"26 years production experience"以及"6000+ Hotel & Restaurant Choice"突出了公司的核心优势，即 26 年的行业经验以及 6000 多个客户的选择。

（2）账号头像：展示公司的 logo，有助于增加辨识度，树立企业形象。

（3）频道描述：以公司简介为内容进行叙述，方便用户 /"粉丝"进一步了解公司整体概况。

（4）商家频道中共包含三大部分的视频作品：Videos（中长视频）、Shorts（短视频）、Live（直播视频）。

在与中国跨境电商标杆型企业代表安克创新以及三一重工进行一番对比后，便可看出广东浩信贰捌团队在 YouTube 平台的营销布局及实施上花费了很大的工夫，如表 8-2-1 所示（数据截至 2024 年 5 月）。虽然三家公司的规模、经营的产品、团队人数等均有差异，且广东浩信贰捌团队布局 YouTube 平台营销的时间也晚了 3~6 年，但对于以 C 端用户为主的 YouTube 平台，B 端业务出身的广东浩信贰捌团队已布局上传的视频种类、视频数量以及累计获得的视频播放量与订阅数均已是不小的成绩。

表 8-2-1　YouTube 营销对比

对比	广东浩信贰捌	三一重工	安克创新
公司成立时间	1998 年	1989 年	2011 年
员工人数（单位：人）	50~100	26000 以上	3600 以上
上市情况	/	已上市	已上市
主营业务	陶瓷餐具	机械制造	3C 电子产品

（续表）

对比	广东浩信贰捌	三一重工	安克创新
赛道	跨境电商 B2B 为主	跨境电商 B2B 为主	跨境电商 B2C 为主
YouTube 账号创建时间	2018 年 2 月 27 日	2015 年 12 月 16 日	2012 年 11 月 8 日
YouTube 视频数（单位：个）	271	529	270
YouTube 视频种类	中长视频 / 短视频 / 直播视频	中长视频 / 短视频 / 直播视频	中长视频 / 短视频 / 直播视频
YouTube 视频总播放量（单位：次）	435 万	2262 万	10890 万
YouTube 订阅数（单位：个）	1.89 万	5.58 万	5.79 万

在商家的所有视频作品中，播放量最多的当属其中的中、长短视频类，单个作品最高播放量已累计超过 260 万，视频标题为 "How to Make Ceramic Dinnerware? Production Process Display of Hosen Two Eight Ceramics Dinnerware"，详细展示了公司瓷器产品的生产制造流程。

这些热门视频中，有一大部分的视频均为产品 / 新品介绍相关主题，其中播放量排行第六的是标题为 "Two Eight Ceramics New Arrival Bone China Hotel Crockery Porcelain Dinnerware | Athens Collections" 的新品介绍视频，如图 8-2-5 所示。该视频以解说类视频的形式向客户介绍展示新款陶瓷餐具套装（Athens Collections），采用单人出镜解说的内容形式，出镜人员为外贸业务员出身，对产品足够熟悉且具备相应的英语技能。

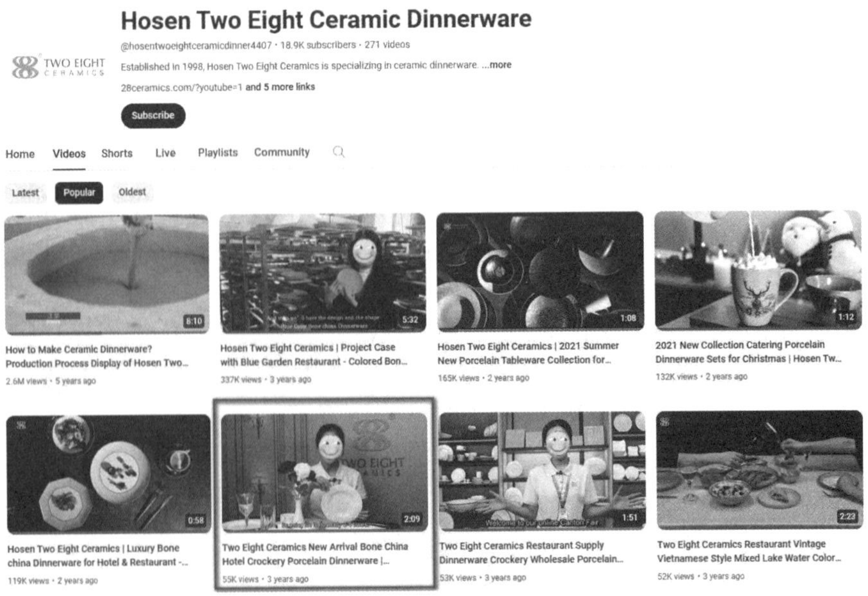

图 8-2-5　YouTube 频道热门视频（资料来源：YouTube）

该视频时长为 129 秒，在 YouTube 累积了超过 5.5 万的播放量。视频开头，业务员端坐于餐桌，向观众热情简短地问好并介绍自己，然后点出主题，引起观众的兴趣，吸引他们往下观看；视频中段，即主体内容部分，详细介绍了该套产品的五大特性／卖点，并通过中景、近景／特写镜头的切换搭配展示产品的各个细节，包括外观、定制 logo、防刮磨、使用场景等等，让观众能够对产品有完整、详细的了解；视频末尾，抛出行动号召（CTA），引导观众进行进一步的联络，达到营销、提升视频转化的目的。该视频的拍摄重点是从五大特性（样式设计美丽、轻便耐用、logo 可定制、防刮耐磨、使用寿命长）对套装产品进行整体介绍与细节展示。

四、直播营销解析

除了视频营销，广东浩信贰捌团队还先后在阿里巴巴国际站策划实施了多场展会直播、探厂直播、新品测评直播等，直播团队整体工作的开展也越来越专业化、规范化，各个流程环节事项逐渐形成了适用的标准与模板。以下梳理、概括了在直播前、中、后三大阶段中广东浩信贰捌团队的主要工作事项。

（一）直播前

1. 场景与软硬件准备

（1）直播设备：准备直播所需的硬件设备，包括高清摄像机、手机、收音麦、灯光、手机支撑架、电视机、电脑等等。

（2）直播物料：设计并准备直播背景墙印刷物料，备齐直播所需道具（公司资质证书、公司产品彩页、产品、提示卡、产品测量道具及提词内容物料等）。

（3）场地准备：策划直播背景幕布及场地搭建布置、产品陈列的整体方案，并在直播前搭建布置完毕；保证场地光线明亮、背景干净整洁、网络信号稳定、直播画质清晰、收音效果理想等，如表 8-2-2 所示。

表 8-2-2　直播准备

线上展会直播背景（设计直播背景并策划搭建方案）	实景直播场景（选取适当的实景并注意整体环境）	产品货架（确定产品陈列的方案并布置）	产品陈列与搭配（陈列摆放直播产品并进行适当搭配）

（续表）

显示屏设备 （用于播放公司、工厂介绍等素材）	证书印刷卡 （展示重点、权威证书与荣誉）	卖点信息卡 （概括产品卖点、特色且便于展示）	产品测量道具 （测量尺子、游标卡尺、电子秤等）

（4）直播设置：提前一周在阿里国际站商家后台创建直播预告，设置直播时间、标题、海报等等。

（5）选品结构：根据直播整体方案进行选品、排品，选品结构范围包括新品、畅销产品、差异化产品、库存产品等；提前商定直播商品的价格及配置的促销方案（折扣优惠、金额优惠、样品优惠等）。

2. 直播团队组成与人员分工

直播团队主要配置了运营、主播、副播、助理、摄像、场控等岗位人员，每个人员按直播前、中、后三个阶段划分各自的职责、要求与工作事项，分工明确、相互协作、共同监督。

（1）主播与副播：须具备扎实的陶瓷餐具行业知识和较强的专业能力；妆容自然大方，着装整洁统一；口齿清晰，外语表达流畅，直播过程中保持精神饱满等。

（2）中控/场控：负责直播场地整体场景与设备调度调控，保证各场直播进展顺利等。

（3）运营：策划选品方案并实施；制定直播引流方案并实施；设置直播时的优惠券；辅助回复直播留言，充当客户进行留言，活跃直播间气氛；及时推送正在介绍的产品；实时监控直播数据并进行应对等。

（4）助理：协助准备直播物料、道具与直播场景搭建；负责直播中的配合事项，包括产品与道具递送、充当直播观众、活跃直播氛围等。

（5）摄像：熟悉直播整体流程及场景并确定取景、摄像方案细节，准备并测试拍摄设备与效果；负责直播预告视频拍摄与剪辑美化；制定直播过程中的摄像方案并实施，保证画面质量与效果等。

3. 直播方案策划

不管是新品发布、好货推荐、产品测评还是直播探厂，团队都需要沟通，明确直播主题与目标定位，确定直播的整体方案，包括直播流程、人员安排、实施细则等等，针对后续的场景搭建、脚本策划、营销方案等各流程事项指明整体方向、定下相应基调。

4. 直播脚本策划与试播彩排

根据直播整体方案，团队进一步策划编写整场直播的脚本内容，对直播开头、直播主体以及直播末尾三大阶段的内容进行详细规划（如 10~30 分钟开场与暖场、1~2 小时口播输出 + 直播活动 + 答疑互动、10 分钟收尾结束），包括异常情况的应对方案以及主播口播话术，并能够形成详细的直播 SOP 流程表，明确、规范各环节事项的实施流程与细节。

团队实施的直播大多包含多个流程环节，涉及多个部门人员的多项协作工作。正式直播开始前，团队根据脚本以及直播 SOP 流程表进行反复的彩排、试播，打磨优化直播脚本、流程表以及各环节事项细节，提高人员协作配合度，制定更完善的直播应急处理方案，以保证直播的顺利进行，保证直播内容质量以及效果。

5. 前期预热引流

正式直播开始前，团队制定并实施了一系列站内外引流的措施，争取实现全线引流以及直播效果的最大化。在前期的预热引流阶段，主体的实施事项均由运营专员和外贸业务完成。运营专员主要通过阿里国际站后台的旺铺 Banner 图设置、产品详情页设置、EDM 营销、P4P 推广进行站内引流，同时，带领团队策划、拍摄引流 / 预告视频并进行发布；而业务员需对各自负责的客户群体进行针对性营销，针对更有价值的客户展开更有效的营销，包括编写一对一邀约文案，通过旺旺以及邮件、即时通讯工具进行一对一邀约等等。直播预热引流的渠道、具体作法以及负责人如表 8-2-3 所示。

表 8-2-3　直播预热引流

渠道	具体做法	负责人
站内引流	更换旺铺 Banner 图为直播预告海报	运营专员
	主推产品详情页添加直播预告信息	运营专员
	进行客户通 EDM 营销	运营专员
	旺旺一对一邀约部分客户	外贸业务员
	访客营销主动发送直播预告通知	外贸业务员
	主动邀约询盘客户	外贸业务员
站外引流	群发营销邮件邀请 CRM 建档 B 类与 C 类客户	外贸业务员
	一对一邮件邀请意向客户以及 A 类以上客户	外贸业务员
	SNS 渠道分享直播预告（YouTube、Facebook、Instagram 等）	外贸业务员
	即时通讯工具进行一对一邀请（Whatsapp、Skype、Wechat 等）	外贸业务员
运营端	组织拍摄引流短视频	运营专员
	P4P 推广按规划进行提高与扩大	运营专员

（1）引流文案

外贸业务员通过邮件、旺旺客户端、即时通讯工具、主流社交媒体平台等渠道，对各自负责的客户群体发送邀约，告知客户即将开始的直播活动，进行前期的直播引流。如下展示的是其中的一个引流邮件内容。

Dear ×××,

We are happy to invite you to the Hosen Two Eight Ceramics Live Show that will start at 15:00 July 23rd (GMT + 8). This live show will be hosted by Jane and Wendy. You will see our current hot products and brand new products with professional introduction and product testing.

During the live show, you will have the opportunity to obtain free sample and US$500 order discount. You are welcome to watch our live show on time.

Thank you!

（2）预告视频

针对各场次直播，团队均拍摄了相应的直播预告视频进行前期推广。预告视频的主要内容包括预告直播主题与时间、说明直播福利（优惠券、免费样品等）、预告直播产品，并在视频末尾抛出行动号召，寻求观众的关注订阅，吸引其观看直播。

（二）直播中

1. 双人直播

除了单人直播，团队同时也很重视双人直播的实施。通过这种形式，两位主播在直播过程中进行实时互动，共同向观众介绍和展示餐盘、酒杯等产品的特点、优势以及使用方法，使得产品介绍变得更加生动有趣，也更加具有说服力。

在双人直播中，团队通常会安排一位主播负责主讲，另一位主播则辅助讲解，或者进行实际操作演示。主讲的主播会详细介绍产品的样式设计、制作工艺、使用场景等关键信息，而辅助的主播则补充一些细节信息，或者分享个人的使用体验，以此来增强直播的互动性和真实感。同时，通过双人直播的形式，团队更能够依靠两位主播之间的幽默对话和互动来吸引观众的注意力，营造出轻松愉快的直播氛围，让观众在轻松的环境中了解产品，并增加产品的吸引力。

2. 公司介绍

公司介绍环节往往在直播开始阶段进行，主要包含主播自我介绍以及公司介绍，时间把控在 5~15 分钟之间，其核心目标在于增强观众对公司产品和服务的了解、激发观众的兴趣、建立观众的信任感。经过多次直播，团队在公司介绍环节也逐渐总结出了更高效的方法与技巧。

（1）准备充分：在直播开始前，须确保主播及相关人员对公司的历史、产品或服务、市场定位、竞争优势以及相关的成就有深入的了解。

（2）制作高质量的视觉辅助材料：使用电视屏以及专业的图表、幻灯片、证书、视频等来辅助主播的讲解，使观众能够更好地理解和记住所介绍的要点、信息。

（3）力求介绍内容个性化：分享一些公司及团队的幕后故事或者有趣的事实，让观众感受到公司的独特性和人性化的一面。

（4）突出亮点：强调公司以及产品／服务的核心价值和独特卖点，让观众明白为什么他们应该选择你的公司而不是你的竞争对手。

（5）保持专业性和热情：无论是语言还是态度，主播以及团队人员要展现出对公司的热情和对工作的专业性，这会在无形中增强观众对公司的信任感。

（6）确保信息简洁明了：尽管主播希望分享尽可能多的信息，但在直播中保持信息的简洁和清晰是非常重要的，而且整个团队面对的观众来自全球各个国家与地区，因而，团队人员也应逐步调整、优化直播话术，尽量避免使用过多的行业术语，确保信息对大部分观众都是可理解和接受的。

3. 产品介绍

为保证直播介绍陶瓷餐盘等产品的过程更加生动有趣、有效地传达产品信息、吸引观众的兴趣，团队运用了多种方法和技巧，包括：

（1）开场吸引注意力：开始介绍前，运用简洁、吸引人的开场白抓住观众的注意力，比如："Today, I would like to introduce our hot-sale collections from our customers, especially customers from the Middle East."。

（2）突出产品特点：详细介绍陶瓷餐盘的特性，比如它们的材质、图案设计、手感等。可以这样说："As what we know, this material is bone china, which is very light, transparent and durable. We fired it at a very high temperature and adopted a second firing to make it stronger. Let me show you ..."。

（3）展示实用性：除了美观，还要强调餐盘的实用性，比如它们的尺寸、形状适合盛放各种食物，容易清洗保养等。

（4）讲述背后故事：如果餐盘、酒杯等产品有特别的文化背景或者制作故事，分享这些信息可以增加产品的附加值。

（5）互动提问

在直播中穿插问题，鼓励观众参与互动，比如询问他们对哪款餐盘更感兴趣，或者他们通常如何选择餐盘等，以便提高观众的参与度，活跃直播的气氛。

（6）展示使用场景：通过摆放餐具、模拟餐桌布置等方式，展示餐盘在实际使用中的效果，让客户更直观地感受到产品的魅力。

（7）提供优惠信息：在直播中告知观众促销或折扣的相关信息，激发他们的兴趣或购买欲望。

（8）结束语：在介绍完一款产品后，简要总结介绍的要点，同时提醒观众如何购买和获取更多信息。

4. 产品测试与试用展示

在产品直播介绍过程中，产品测试与试用展示是必不可少的一环，尤其是面对 B 端买家。广东浩信贰捌团队在各场直播中均安排了产品测试与试用环节。通过产品的测试与试用展示，主播能够更高效地向客户展示陶瓷餐盘等产品的实际效果和性能，帮助观客户更直观地了解产品，增加产品的透明度和可信度。针对陶瓷类产品，团队主要采用的测试展示有四种。

（1）抗冲击性测试：陶瓷餐盘在日常使用中可能会遭受撞击或摔落，因此需要具备一定的抗冲击性。主播通过从一定高度落下餐盘到硬地面上，检查是否出现裂纹或破损来测试。

（2）耐磨性测试：餐盘的表面应该具有一定的耐磨性，以承受日常使用中的摩擦。主播通过使用特定的磨料或刀叉对餐盘表面进行摩擦，然后测量表面磨损程度来评估。

（3）美观性测试：虽然不属于功能性测试，但美观性也是陶瓷餐盘重要的特性之一。主播对餐盘的颜色、图案、光泽等外观特征进行展示、评估，确保其符合客户的审美需求。

（4）尺寸／厚度／重量测量：主播通常使用精确的量具，如刻度尺、卡尺、精密电子秤，对餐盘等相关产品进行尺寸测量、验证，包括其直径、高度、厚度等，如图 8-2-6 所示。

酒杯碰撞测试　　　　　　　　耐磨性测试　　　　　　　　尺寸测量

图 8-2-6　直播产品测试（资料来源：阿里国际站）

5. 摄像镜头的运用技巧

在直播展示陶瓷餐盘等相关产品的过程中，摄像镜头的运用技巧至关重要，因为它直接影响到客户对产品的感知和购买欲望。浩信贰捌团队配备有专业的摄像人员，其在直播中使用的摄像镜头技巧涉及八个方面。

（1）角度选择：选择合适的拍摄角度以突出餐盘的设计细节和美感。通常，俯视角度能够展示餐盘的整体图案和形状，而侧面角度则可以展示餐盘的边缘设计和高度。

（2）焦距调整：使用不同的镜头焦距以创造不同的视觉效果。广角镜头适合展示餐盘与周围环境的关系，而长焦镜头则可以聚焦于餐盘的细节，如花纹或质地。

（3）光线运用：确保直播中的光线充足且均匀，这样可以更好地展示陶瓷餐盘的光泽和质感。使用柔和的光源可以减少反光和阴影，使餐盘的颜色和纹理更加清晰。

（4）稳定画面：使用三脚架或其他稳定设备来保持摄像机的稳定，避免手抖或移动导致的模糊画面，确保客户能够清晰地看到餐盘的每一个细节。

（5）多角度展示：在直播过程中，适当变换拍摄角度，从不同的视角展示餐盘，这样可以帮助客户全面了解产品，增加其吸引力。

（6）特写镜头：适时地使用特写镜头来展示餐盘的精细工艺，如边缘的修饰、图案的设计等，这些细节往往能够提升产品的价值感。

（7）平滑转场：在不同的镜头或角度切换时，使用平滑的转场效果，避免突兀的画面变化，这样可以保持直播的专业性和观看的舒适度。

（8）实时互动：在直播中，根据观众的反馈和提问，及时调整摄像镜头，展示他们感兴趣的部分，这样的实时互动可以提高观众的参与度和满意度。

6. 运营／场控／中控

各场直播的顺利、高效运行同时离不开运营、中控、场控人员在幕后的调控、调配。其中，场控／中控人员主要负责协助主播播放公司介绍等视频、适时适当调节直播间灯光、充当观众在留言区进行留言、在留言区辅助解答观众疑问并引导客户询盘、适时提醒主播直播进度以及递送直播产品等等；而运营人员在直播过程中，主要负责推送正在展示的商品、准备将要展示的商品链接与资料、设置直播优惠券，并实时监控直播间数据、适时调整直播策略。

（三）直播后

在每完成一场直播后，广东浩信贰捌团队仍有一系列的工作事项需要跟进和处理，以确保直播的效果得到最大化，并且为未来的直播活动打下良好的基础。其中的一些关键的后续工作事项包括：

（1）免费样品与优惠券发放

整理客户留下的联系方式，及时索要地址、电话等信息，发送报价、确认样品发放。

（2）客户跟进

对在直播中表现出兴趣的潜在客户进行及时的跟进。这包括发送感谢邮件、提供额外的产品信息、回答疑问以及提供特别优惠等，以促进潜在客户的转化。整理、备份询盘客户信息，对询盘客户进行重点、分层服务，把握黄金时间，及时跟进联系客户。

（3）数据分析与总结

对直播的数据进行详细分析，包括观看人数、互动次数、点赞量、留言反馈以及转化率等关键指标。通过这些数据，评估直播的整体表现，了解客户的喜好和行为模式，从而为下一次直播做出相应的调整和优化。

（4）效果跟踪

团队重点跟踪每场直播后1~2周内的效果与数据变化，包括"粉丝"数的变化、访客数量的变化（从数据管家获取）、询盘量的变化（根据来源于邮件以及 TM 的询盘）、产品目录下载次数等等。

（5）复盘与优化

回顾直播的内容，分析哪些部分受到客户的欢迎，哪些部分需要改进，根据客户的反馈调整未来直播的内容策略，确保内容更加贴合目标受众的需求和兴趣；针对各个业务员收到的反馈、询盘进行汇总分析，总结客户的主要关注点、兴趣点；针对整场直播产品的选品、产品布局（排品）的合理性与效果进行评估；同时，直播话术是否需要提升、促销策略是否成功、直播设备与软件的使用是否顺畅、各人员工作与协作是否到位等等，均是团队需要进行复盘优化的重点方向。

（6）二次营销

将直播录像进行切片处理、剪辑成短视频，在阿里国际站视频、直播相关板块、公司官网以及各大社交媒体平台（Facebook、TikTok、YouTube、Instagram 等）上分享直播的亮点和高光片段等，通过各渠道平台进行二次营销，扩大品牌影响力，同时吸引更多的关注和参与。

第三节　中国文化出海

一、中国文化出海背景

在移动互联网时代，文化和科技的融合为中国文化产业发展带来了新机遇、赋予了新动能，也为文化出海提供了新模式和重要突破。碎片化、移动化、社交化的短视频平台顺势成了国际民众重要的信息获取渠道，是我国数字文化产业的重要组成部分，在国家形象塑造与文化传播方面的作用日益凸显。短视频融合视频、音频、AI 及文字等多种呈现方式促进用户间的情绪感知与互动，不仅推动了传统文化在青少年群体中的传播，也促进了中外交流，改变了文化外宣的方式。

短视频为海外受众带来极具时代感的中华文化体验，成为"讲好中国故事、传播好中国声音"的"扩音器"。2022 年北京冬奥会期间，中国国际电视台推出直播及短视频节目《冰雪中国》，以"冬之情""冬之源""冬之暖"为主题，向海外受众真实、立体、全面地传播中国冰雪运动文化。此外，还有众多博主用木匠技艺传承中国文化，通过中国田园诗般的衣食住行体现日常生活之美好……无论是李子柒在国外持续递增的影响力（截至 2024 年 5 月，其 YouTube 平台的订阅数量已超过 1950 万，即便停更，视频播放量也仍在持续上涨），还是中国网络文学在海外日益增长的"粉丝"量，抑或是游戏、潮玩、汉服等元素在国外的风靡，中国文化出海的民间力量不断活跃，正在形成一股新力量，在国际舞台上大放异彩，不断向世界传递中国人勤劳勇敢、自强不息的民族精神和对美好生活的追求和创造，增进了跨文化认同。

二、中国汉服出海

Nuwahanfu.com（女娲汉服）是由中国女性于 2022 年创建经营的跨境网店，主营产品包括中国传统服装与配饰等，同时女娲汉服还致力于保护和弘扬中国文化，在其店铺中有专门的板块用来向其客户普及中国汉服相关的文化礼仪。

在其店铺的推广方面，各大社交媒体的营销布局是其中的重要一环，尤其是 TikTok、Instagram、YouTube 三大视频流社交媒体平台。通过制作有价值、有吸引力的中国汉服相关的图文、视频内容，该店铺大大提升了传播效果及用户体验。短短两三年时间，商家的相关社交媒体平台已累积了超过 85 万的"粉丝"群体。

TikTok 平台是其发力的一大核心。在 TikTok 平台业务的布局中，女娲汉服是通过个人的 TikTok 账号（如图 8-3-1 所示）进行中国汉服及装扮的宣传。随着"粉丝"

群体的壮大、汉服业务的增长，相应的独立站及官方账号（TikTok@nuwahanfu）也逐步投入运营并步入正轨。

图 8-3-1 女娲汉服 TikTok 运营账号首页（资料来源：TikTok）

截至 2024 年 5 月，该官方账户（TikTok@nuwahanfu）累计发布了 29 个短视频，共累积了 4.18 万"粉丝"以及 56.47 万的点赞。视频内容不仅包含汉服穿着的示范，还有博主对中国汉服款式、穿着搭配、妆容、历史、人物典故等相关文化、礼仪的解说介绍，将汉服与文化礼仪完美结合，传播给全球各地的观众。在其账户介绍中也简要说明了账号的定位——向用户展示并推荐中国汉服及博主的网店信息——中国人经营的汉服跨境网店 nuwahanfu.com，用户可通过店铺链接直接访问博主的汉服店铺。

其 TikTok 平台的官方账号置顶了 3 个视频，均是与中国汉服及其妆容有关的内容，分别累积了 38.99 万次、71.75 万次、13.02 万次的播放量。第二条视频是关于中国马面裙的穿着介绍。该视频发布于 2022 年 10 月 29 日，视频内容主要展示了博主亲自示范穿着中国马面裙以及马面裙 4 种系法，已获得了 71.75 万次的播放量、12.87 万个点赞、574 条评论以及 2800 次收藏。最热门的一条评论内容为"Thank you for welcoming everyone to wearing it, Chinese clothing is so beautiful and mesmerizing"，获得了 2528 个点赞，如图 8-3-2 所示。

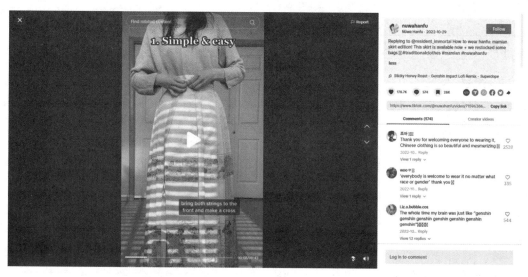

图 8-3-2　汉服热门短视频（资料来源：TikTok）

视频主要拍摄了马面裙的穿着及常见系法，后期加上旁白解说、背景音乐、变速、标题、字幕等处理效果。在视频发布后，获得的转化效果相当可观，这离不开博主"粉丝"群体良好的黏性及忠诚度。视频内容主要分为三个部分：简洁的开头直接引出主题，主体内容进行马面裙的穿法示范，末尾再通过行动号召语言，鼓励观众多多支持博主的马面裙电商业务。如表 8-3-1 展示的是该短视频脚本的开头内容。

表 8-3-1　汉服热门短视频脚本（资料来源：TikTok）

【视频主题】How to Tie: MaMian Skirt（展示说明马面裙的四种系法）

【视频标题】Replying to @resident_immortal How to wear hanfu: mamian skirt edition! This skirt is available now + we restocked some bags #traditionalclothes #mamian #nuwahanfu

【时长】43 秒

【背景音乐】Sticky Honey Roast - Genshin Impact Lofi Remix

【道具】一套马面裙（店铺在售款式）

室内	引出主题	全景	1.顶部展示视频主题：How to Tie: MaMian Skirt 2.[动作]演员双手接住一套马面裙		Here's how to tie a mamian skirt

（续表）

场景	分镜	景别	画面内容		旁白/字幕
室内	展示马面裙	大特写	详细展示马面裙工艺、装饰细节		Here's how to tie a mamian skirt
室内		特写	1.顶部展示小标题：The basics: 2.[动作]演员双手撑开展示汉服，展示腰间的开口		The one on our shop has opening on the waist

三、中国文旅出海

2013年，中国向世界先后提出共建"丝绸之路经济带"和"21世纪海上丝绸之路"的倡议。调查显示，旅游业率先成为"一带一路"出海破浪的不二选择。从方特欢乐世界主题公园落地伊朗，到携程以收购的方式抢占海外 OTA 市场，再到华住并购欧洲卢浮集团，跃升为全球酒店集团规模世界第二，以及锦江并购德意志集团，都体现了这一趋势。

文旅企业落户海外前赴后继，取得耀眼业绩的大有人在，但出海相继"翻船"的也不在少数。在他乡异地、水土不服的海外市场，企业面临风控合规、政策管控及汇率变动等不可控因素。文化差异导致沟通成本的增加，国际关系和话语权影响信任机制的建立等等，都是出海企业无法回避的问题。中国文旅企业想要在海外以其独有的文化、理念和服务分得一杯羹，不仅仅靠资金、技术和实力，选择一个靠谱的合作伙伴出海，也可有效减少风险，落地即安全。

（一）海外社交媒体平台宣传推广

根据 2024 年 1 月 13 日发布的《2023 中国城市海外网络传播力建设报告》，在 337 座城市（自治州、地区、盟，不含我国港澳台地区城市）中，排在前十名的依次是上海市、北京市、杭州市、深圳市、重庆市、武汉市、成都市、广州市、韶关市、天津市。在这十个城市中，北京市文化和旅游局在出海策略上，着重展现了多方面努力和规划的重要性，坚持城市形象推介、海外文旅交流推广和特色文旅产品推销并举，持续提升北京全球旅游目的地城市影响力。从 2024 年 1 月起，北京文旅局在六大海外社交媒体平台，策划发布北京入境游便利化攻略系列内容，为海外游客提供实用的旅行建议。

截至 2024 年 5 月 23 日，北京文旅局官方账号"Visit Beijing"海外社交媒体平台"粉丝"突破 420 万，其中，脸书"粉丝"突破 264 万、TikTok 平台"粉丝"突破 137 万，2023 年度共计发帖超过 3200 条，曝光量超过 1.89 亿，总互动量超过 947 万。2024 年 1 月，北京位列全国省级文化和旅游新媒体综合国际传播力指数排行第一。2024 年，"Visit Beijing"策划推出北京入境游便利化攻略系列视频，结合 144 小时免签、多国免签等政策，邀请在京外籍"达人"亲身体验展示，实地拍摄北京旅行、日常生活中的真实体验，提供旅游"达人"攻略、最新探店体验、App 支付使用技巧、交通出行攻略等实用性内容。全天 24 小时在线为"粉丝"解答 App 使用、购票流程等问题，切实解决入境游客实际场景中的困扰，受到"粉丝"广泛关注与喜爱。

北京文旅局在 TikTok 平台上的官方账号"VisitBeijing"是其全球营销策略的重要组成部分。该账号通过精心设计的视频内容，向全世界展示了北京丰富的文化、历史和现代化都市风貌，吸引着来自不同国家和地区的观众。通过分析北京文旅局在 TikTok 上的表现，可以深入了解其如何利用短视频平台进行有效的国际传播和市场推广。北京文旅局在 TikTok 上的营销推广策略体现了其对短视频平台特性的深刻理解和有效利用。通过多样化的内容展示、积极的用户互动以及创新的营销手段，北京文旅成功地提升了北京作为旅游目的地的国际形象和吸引力。

1. 增强旅游文化曝光度

北京文旅局在 TikTok 上发布的内容不仅包括了传统的文化旅游景点，如长城、颐和园和故宫，还展现了现代北京的多样性面貌，如繁华的商业区和现代化的建筑。这种内容的多样化使得北京的文化和旅游资源得到了全面的展示，吸引了全球观众的目光。

2. 呈现丰富多元文旅场景

北京文旅局通过 TikTok 展示了北京丰富的美食文化，如北京烤鸭、炸酱面等地道美食，这些内容不仅展示了北京的饮食文化，刺激了观众的味蕾，还增强了他们对北京文化的好奇心和探索欲。同时，北京文旅局确保发布的每个视频都具有高质量的视觉效果和专业制作水准，从而提升观众的观看体验。

3. 传递鲜活城市形象

北京文旅局在 TikTok 上的活动不仅限于发布视频，还包括各种互动挑战和话题讨论，鼓励观众分享自己的北京体验或表达对北京文化的看法，这种双向互动极大地提高了用户的参与感和归属感。

4. 利用短视频平台特性

北京文旅局充分利用了 TikTok 的社交化、移动化、个性化特性，通过短视频这一形式，将北京的文化和旅游元素以更加生动、直观的方式呈现给全球观众。短视频的易分享性和高度集中的信息传递，使得北京的形象迅速在全球范围内传播。

5. 聚焦特色文旅元素

北京市文化和旅游局在 TikTok 上的营销推广中，注重将城市的文化特色与旅游资源相结合，形成独特的城市"人设"。从传统建筑到现代艺术，从经典戏剧到街头表演，这些丰富多彩的内容共同塑造了一个立体、全面的北京形象，加深了观众对北京文化的认知和记忆。

（二）国内媒体平台的支持

中国故事、中国文化在海外的传播，离不开国内媒体的大力宣传，新华通讯社（简称新华社，New China TV）即是其中一员。新华社作为中国重要的官方媒体机构，在海外社交媒体平台的营销活动中展现了其对国际传播策略的高度重视。新华社通过多个海外主流社交媒体平台，如 YouTube、Facebook、TikTok、Twitter 等，进行品牌推广和内容发布，其在海外社交媒体平台的官方统一账号为"NewChina"。新华社于 2012 年 5 月 17 日开始在 YouTube 平台进行推广，截至 2024 年 5 月，已在 YouTube 累计发布近 7 万个视频（短视频、中长视频、直播视频），累积了超 10.23 亿的播放量以及超 144 万的订阅，如图 8-3-3 所示。

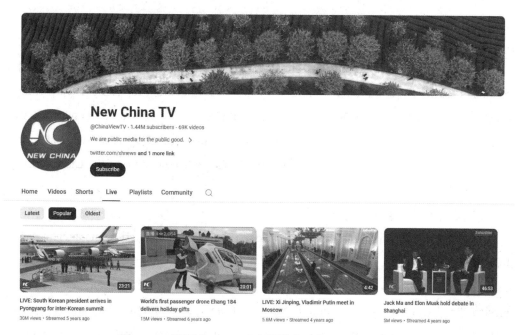

图 8-3-3　新华社 YouTube 频道（资料来源：YouTube）

在其众多的直播视频中，2024 年上海豫园灯会直播视频在 YouTube 平台博取了不少眼球。2024 年 1 月 21 日，2024 豫园民俗艺术灯会正式亮灯启幕，灯会续写了"山海奇豫记"，开启了"海经篇"的讲述。豫园灯会作为国家级非物质文化遗产，在甲辰龙年迎来了第 29 次璀璨绽放，灯会持续了 40 天，通过四大门头、五大场景打造深海与河图之象，呈现生肖龙与海洋动植物交织的奇境。而且，2024 年是中法建交 60 周年。2024 年 1 月 21 日起，在上海、巴黎两座城市，浸润中国传统文化的"豫园灯会"实现同频共振。这是上海豫园灯会举办 29 届以来，首次走出国门。灯会落地法国巴黎，受到了当地游客的热烈欢迎。

新华社记者通过 YouTube 平台的直播频道带领全球各地的观众在线游览、参观 2024 豫园民俗艺术灯会的夜景盛况，直播共持续 22 分钟，截至 2024 年 5 月 28 日，该直播视频在 YouTube 平台累计获得 9.3 万播放量。

该场直播的开场部分主要向观众说明灯会的整体信息，包含主播自我介绍、2024 年豫园灯会主题简要说明、以及对豫园以及灯会的举办时间、主题寓意等详细信息的进一步介绍。然后是直播的主体部分，主播带领线上观众跟着摄像头进入灯会现场，游览观赏花灯。伴随着主播对灯会五大篇章场景、灯会亮点、街景盛况等的解说，线上观众能够进一步感受生肖龙灯、海底世界、鱼群起舞、奇幻仙境等花灯场景背后的文化韵味与寓意。最后，主播向观众表示感谢并送上新年祝福，同时表示期待观众观看下次的直播。

以下为该场直播主要环节的部分话术与解析：

1. 开场介绍

Hey everyone, this is Yoyo from Xinhua. I'm doing live streaming here in Shanghai. So, as China's Lantern Festival approaching, do you know what's the top list event in Chinese Lantern Festival in Shanghai? Well, the answer would be the YuYuan Garden Lantern Festival which starting from 1995. This year the topic as you can see is Dragon and we just see the very giant yellow Dragon here. And this is actually the zodiac creature of the Chinese Lunar New Year.

2. 重点介绍灯展篇章 / 场景

This huge shining dragon in the JiuQu bridge（九曲桥）is inspired by the ancient galaxy charts and depicted as a right involving dragon resembling a savory bone. We could see at the background of this dragon, there is a milky way shaped lantern. So the Dragon is just like carrying the chart of the galaxies and leaped out of the sea, completing the journey from the sea to the sky. The color of the lantern varies according to different situations, sometimes it becomes purple, sometimes it shows in blue.

九曲桥头，鱼龙公主摇曳生姿，引领人们进入"海错翩然、星汉灿烂"的深海世界，如图 8-3-4 所示。

图 8-3-4　新华社 YouTube 直播（资料来源：YouTube）

3. 直播结尾

Well, hope you enjoy today's very spectacular show and we have explored the national level intangible heritage event in YuYuan garden. And Happy New year, see you next time!

除了以上主体环节的相关话术，主播不忘向观众介绍灯会街景盛况及花灯外的其他特色，包括美食、古建筑、游客等等，让观众感受更立体、更丰富的灯会。

同时，为了增强观众的参与感，与观众建立更深层次的情感联系，主播适时地向观众分享自身的观展感受，总结此次灯会的一些亮点。

"豫园灯会"首次走出国门：It's for the very first time ever, the lanterns of YuYuan can also be enjoyed overseas, which means you can not only enjoy here in Shanghai, but also in Paris. This year the YuYuan Lantern Festival has extended its reach to global audience with simultaneous events in Shanghai and Paris. It's a very great example of a culture brand with Chinese and western countries.

传统与现代的交融：From this angle, we could see the very modern, very imaginative, stylish Dragon lantern and background variations, just to show that the Lantern Festival in YuYuan Garden combines traditional lantern displays with modern technologies as well as an abundance of distinct Chinese culture elements.

此次直播以展现灯展盛况为核心，因而主播主要是通过向新进入直播间的观众介绍说明直播主题，与观众进行简单互动。

话术1：You are now watching the Xinhua live streaming in Shanghai YuYuan Garden which is a national level intangible heritage event for the Chinese Lantern Festival.

话术2：Now you are watching live streaming with Xinhua in Shanghai and we are exploring the national level intangible culture heritage event in Shanghai YuYuan garden. And this is the 29th time showing the lantern festival and this year's topic is dragon.

▶▶ 思政案例

聚焦文化出海：讲好中国故事 做有温度的国际传播

在世界百年未有之大变局加速演进的时代背景下，发展对外文化贸易作为文化强国建设的重要内容，对提高国家文化软实力和增强文化国际传播效能具有重要意义。近年来，我国对外文化贸易发展成效显著，这与政府等有关部门的大力支持密切相关。党的二十大报告强调要"实施国家文化数字化战略""推进文化自信自强，铸就社会主义文化新辉煌"。在政策的大力支持下，中国数字文化贸易快速发展，开启了中国对外文化贸易的全新格局。2022年7月18日，经国务院批准，商务部、中央宣传部等27部门联合印发《关于推进对外文化贸易高质量发展的意见》，其中包括加强对中国数字文化出海的支持：在"大力发展数字文化贸易"中提到，"支持数字艺术、云展览和沉浸体验等新型业态发展，积极培育网络文学、网络视听、网络音乐、网络表演、网络游戏、数字电影、数字动漫、数字出版、线上演播、电子竞技等领域出口竞争优势，提升文化价值，打造具有国际影响力的中华文化符号。"

中国文化作为东亚文化圈的核心，从来不缺受众：古时丝绸之路推动了中外经济和文化的深度交流融合；郑和下西洋宣扬了传统之美，带去了和平之声。如今文化对外传播更显喜人之势：网文传阅，东方武侠的刀光剑影舞入万千人心；影视热播，古今美学、东方叙事引起八方共鸣；游戏、潮玩成为国外年轻人新的"时尚单品"；汉服"新中式"风潮正盛；李子柒闲适田园生活热度不减……唤醒传承千年的文化之魂，催动经济交流的潮涌，乘着全球化的东风，中国文化正在以高速传播之势走向"文化出海"。

"中国文化产业出海，这几年取得了非常明显的成就，我所在的政协外委会也很关注这个话题。"2024 年全国两会期间，全国政协委员、外事委员会委员王众一接受中青报·中青网记者专访时说。

而对于哪些产品能更好地助力文化出海，王众一将目光聚焦于一种精巧、新潮的产品上：微短剧。在他看来，这是一种能够助力国际传播讲好中国故事且非常具有市场潜力、经济效益的文化产品。

2024 年全国两会，王众一带来了关于促进网络平台微短剧高质量发展的提案。"以创新的内容形态风靡全球的微短剧，作为文化消费品，影响着网民的精神文化追求，有着广阔的市场前景。"

"微短剧有一个很鲜明的特点，就是流量惊人，所带来的各方面效益很可观，这种文艺产品很值得我们在其初始发展阶段加以引导、规范和扶持。"王众一说。他还认为，如果对微短剧加以引导和扶持，提高质量，并打造出一些有中国文化要素、包含人类共同价值和内容的精品，这些作品在网络平台上就能被国外受众看到、接受。

在推动网络文学出海方面，吴义勤建议，可以推进 AI 翻译的产学研合作，加速拓展多语种市场；相关部门完善国际交流平台，设立网络文学及其改编作品出海的相关奖项，激励 IP 出海持续升级扩容，加速构建 IP 立体化出海格局；加强版权保护，为中国网络文学出海保驾护航。

除了流行文化产品，一些承载传统文化内容的领域也受到政协委员的关注。全国政协常委、山东大学儒学高等研究院院长王学典表示，中医药作为根植于中华优秀传统文化的医学科学，有着人文和科学的双重属性，天然具备成为极好的国际文化传播载体的条件。

资料来源：中国青年报

同步习题

一、单选题

1. 为保证直播介绍陶瓷餐盘等产品的过程更加生动有趣、有效地传达产品信息、吸引观众的兴趣，广东浩信贰捌团队应用了各种各样的技巧，其中不包括（　　）。

A. 讲述背后故事　　　　　　　　B. 直播中穿插问题，进行互动提问

C. 展示使用场景　　　　　　　　D. 三人或多人直播

2. 在直播展示陶瓷餐盘产品的过程中，摄像镜头的运用技巧同样至关重要，因为它直接影响到客户对产品的感知和购买欲望。以下说法不正确的是（　　）。

A. 运用广角镜头展示餐盘与周围环境的关系，而长焦镜头用来聚焦于餐盘的细节，如花纹或质地

B. 运用侧面角度展示餐盘的整体图案和形状，而俯视角度用来展示餐盘的边缘设计和高度

C. 保证直播中的光线充足且均匀，以更好地展示陶瓷餐盘的光泽和质感

D. 适时地使用特写镜头来展示餐盘的精细工艺，如边缘的修饰、图案的精致等

3. 中国文旅出海在对外推广时，通常会（　　）。

A. 忽略当地文化习俗，只强调中国文化

B. 高度适应当地市场和文化需求

C. 使用一成不变的内容和模式

D. 以低价竞争为主要策略

4. 以下选项中（　　）是中国文旅出海项目常用的推广方式。

A. 在线数字营销　　　　　　　　B. 街头随机派发传单

C. 仅限于参加国际博览会　　　　D. 通过外国政府官方渠道宣传

5. 在出海过程中，中国美妆品牌面临的最大挑战是（　　）。

A. 语言障碍　　　B. 产品质量问题　　　C. 品牌认知度低　　　D. 物流成本高

二、多选题

1. 中国国货美妆品牌在出海渠道策略的选择上，大多数是以（　　）渠道为主。

A. 进驻海外线下门店　　　　　　B. 大型跨境电商平台

C. 自建品牌独立站　　　　　　　D. 海外社交媒体平台 KOL 合作

2. 在前期的直播预热引流阶段，广东浩信贰捌团队的主体措施事项均落在其运营人员及外贸业务员上，其中外贸业务员的主要职责包括（　　）。

A. 通过旺旺一对一邀约重点客户　　B. 组织拍摄引流短视频

C. 主动邀约询盘客户　　　　　　　　D. 访客营销主动发送直播预告通知

3. 以下关于广东浩信贰捌团队在跨境直播中实施的双人直播策略的描述中正确的是（　　　）。

A. 双人直播形式可以使得产品介绍变得更加生动有趣，增加产品的吸引力

B. 一位主播负责主讲，另一位主播则辅助讲解，或者进行实际操作演示

C. 主讲的主播主要详细介绍产品的样式设计、制作工艺、使用场景等关键信息

D. 辅助的主播则更多是补充一些细节信息，或者分享个人的使用体验

三、判断题

1. 在阿里巴巴国际站平台上的卖家企业，其短视频宣传推广也仅限于在阿里巴巴国际站上，这样更能符合卖家企业的市场定位。（　　　）

2. 在运营 TikTok 小店初期，花洛莉亚团队主要采用的是将国内的爆款产品（眉笔、眼线笔、卧蚕笔）以及一部分新品（唇部产品）上架到 TikTok 小店，良好的市场反馈结果也表明，国内爆款思维能够复制到海外市场。（　　　）

四、案例分析题

2016 年，李子柒在微博上开通了一个视频博客，开始分享她的乡村生活日常，如柴米油盐等简单生活的点滴。短短几年内，她在微博上的"粉丝"数量迅速增长，超过了 2000 万，使她成了一名颇具影响力的"网红"。然而，在中国这样一个"网红"云集的社交媒体环境中，这样的"粉丝"数虽然令人瞩目，但还不足以使她与众不同。真正让李子柒脱颖而出的是她在 YouTube 上的成就。她的 YouTube 频道于 2017 年上线后，迅速获得了国际观众的关注和喜爱。截至 2024 年 5 月，她的视频频道总订阅量已经超过了 1960 万。这一数字不仅展示了她在国际上的高人气，也反映了她的内容具备跨越文化和地域界限、吸引全球观众的能力。

李子柒在 YouTube 上的成功案例中，最为人所知的视频之一是《A special program on New Year snacks》，这个视频发布于 2019 年 1 月 31 日，尽管视频时长只有十多分钟，但它的播放量已经超过了 1.32 亿次。这个视频展示了中国传统新年期间常见的各种小零食，如花生、瓜子、糖葫芦、肉干、果脯和雪花酥等。视频中，李子柒从食物的采摘开始，一直展示到手工制作完成的过程，画面精致且唯美，充满了传统的中国元素和细节，展现了她对传统美食制作的精细和用心。

李子柒的视频通常展示她制作传统美食、手工艺品的过程以及在田园风光中的生活，这些内容充满了中国传统文化的魅力，同时以高质量的视觉效果呈现了和平静祥和的氛围，吸引了众多外国观众。她的成功案例不仅是中华文化的一次成功出海，也是中华文化传播的一次重要实践，展现了中国文化的独特魅力和国际影响力。

分析题：

请结合提供的资料以及网络素材，并根据自己的理解，简要分析李子柒短视频作品的独特之处（不少于 3 点）。

▶▶ 实训任务

随着全球电子商务的蓬勃发展，越来越多的中国美妆品牌希望通过直播平台拓展海外市场，实现品牌国际化。直播作为一种新兴的营销方式，不仅可以即时展示产品效果，还能互动解答消费者疑问，加强品牌与消费者之间的联系。

任务要求

调研分析：选择一款适合出海的中国美妆产品，并研究目标国家（自选一个国家）的市场需求、消费习惯、文化偏好以及直播营销的现状和趋势。

目标市场定位：确定你的美妆产品在目标国家市场中的定位（如高端、中端或平价），并阐述理由。

直播内容策划：设计一场针对目标市场的直播活动策划案，包括但不限于直播主题、产品展示方式、互动环节安排、促销活动设计等。

营销策略制定：结合目标市场的直播营销特点，制定相应的营销策略，包括选择合适的直播平台、合作主播或 KOL、广告推广计划等。

风险评估与应对：分析可能面临的挑战和风险，并提出相应的应对措施。

预算计划：为直播活动制定一个大致的预算计划，确保活动的可行性。

效果评估：提出直播活动结束后的效果评估方法，包括关键指标（KPIs）的设定和数据收集方式。

提交成果
一份完整的直播营销策划方案报告，包含上述所有要求的详细内容。

一份简要的执行摘要，概述策划方案的亮点和预期成果。

评分标准
创意性和创新性（20%）；

市场分析和定位的准确性（20%）；

直播内容和营销策略的合理性（30%）；

风险评估和应对措施的全面性（10%）；

预算计划的合理性（10%）；

效果评估方法的科学性（10%）。

注意事项
请确保你的策划方案考虑到了文化差异和当地法律法规的限制。

推荐使用数据和案例来支撑你的分析和策略。

报告应清晰、逻辑性强，语言表达准确。

参考答案

第一章

一、单选题

1. B　2. D　3. C

二、多选题

1. ACD　2. ABCD　3. ABC　4. ABCD

三、判断题

1. √　2. ×　3. √

四、案例分析

1. "网红"涨粉率表明"粉丝"对"网红"及其内容的喜爱程度，相对2022年，2023年小微"网红"增长明显，尤其是在TikTok平台，2023年小微"网红"增长了2倍多。无论是YouTube、TikTok还是Instagram平台的小微"网红"涨粉率都远远超过其他"粉丝"量级"网红"，尤其是在TikTok平台，小微"网红"的涨粉率接近50%。

2. 2023年除Instagram以外，YouTube、TikTok尾部小"网红"订单量猛增，尤其是TikTok Shop直播带货的出现，更是为微小"网红"创造了全新的商业化空间。10万粉以下的"网红"订单量远远超过2022年同期，尤其是1-2.5万"粉丝""网红"相对2022年订单量增长2倍多，1万"粉丝"以下"网红"订单量也得到很大程度的提升，尾部小"网红"更具性价比。

3. 2023年短视频成为热门黑马，配合强势崛起的直播带货形式，强势扩大了商业转化方式，成为内容新业态。2023年70%的品牌方选择了短视频的合作方式，其次为直播形式。且伴随着直播的发展，短视频＋直播的组合方式，实现内容相互引流，成为当下绝佳的广告形式，正在被越来越多的品牌选择和使用。

第二章

一、单选题

1. B　2. C　3. B　4. C　5. A

二、多选题

1. ABCD   2. ACDE

三、判断题

1. ×   2. ×   3. √

二、案例分析

1. 视频内容通过直观展示产品的功能和操作，使观众快速了解产品特点，例如，懒人熨烫机通过简化操作流程，让观众感受到产品的便利性。这种展示方式不仅节省了观众的时间，也减少了他们对繁琐熨烫过程的抗拒。此外，通过强调产品简单易操作的特性，视频内容能够迅速与观众建立情感联系，激发他们的购买欲望。

2. 视频文案和配音通过精心设计的情感共鸣策略来吸引目标受众，特别是已婚妇女。这种策略通过以下方式发挥作用：

共情连接：文案开头直接触及目标受众的日常生活经验，如家庭琐事或对便捷生活的追求，迅速建立起与观众的情感联系。

情境模拟：配音通过语气和节奏的变化，模拟使用产品的场景，让潜在消费者能够在心理上预演产品带来的便利，从而激发对产品的兴趣。

情感强化：配音的情感表达与文案内容相结合，强化了产品解决日常问题的能力，使产品不仅仅是一个工具，更是提升生活质量的伙伴。

购买动机激发：通过情感共鸣，视频能够激发观众的购买动机，因为产品不仅仅是满足功能需求，更是满足情感需求，如减轻家务负担、享受更高品质的生活。

3. 视频背景音乐（BGM）采用了欢快活泼的旋律，与家庭的温馨布置相得益彰，营造出一种轻松愉悦的氛围。这种音乐选择不仅与视频主题——家庭生活和产品的使用场景——相协调，还能够让观众在观看过程中感到放松和愉悦。音乐的节奏和情感表达与视频内容相辅相成，增强了用户体验，使产品呈现更加吸引人。

第三章

一、单选题

1. D   2. B

二、多选题

1. ABCD   2. ABCD   3. ABC   4. CD

三、判断题

1. √   2. √   3. √   4. ×

二、案例分析

1. 从直播时间来看，小店多选择在美国当地时间18点左右开播，时长大约在2-4小时，精准针对人群下班或放学后的闲暇时间规律开播，以此来培养用户观看直播的习惯。

2. 从贝玲妃的成功案例可以看出，优质的直播流程需要的是：主播保证观看效果的话术逻辑能力，吸引观众停留的互动能力，自然从内容输出转进到促单的节奏控场能力，提炼卖点和增强产品吸引力的内容塑造能力，引导观众共情的情感转化力，以及利用消费者心理促成冲动消费的促单能力。

3. 在自我介绍中介绍自己为眼妆专家身份，铺垫了自身的可信度；在话术中强调直播时长短和限时折扣两个信息，以时间紧迫为由营造紧张气氛引起观众的期待心理来吸引观众停留；主播在整场活动中以「朋友对话」的形式，将自己的人设打造为观众的知心好友，拉近与观众的距离，并以「姐妹」，「亲爱的」等亲昵称呼与观众进行互动；善于使用「利他」话术，诸如"我希望你们可以拥有我们的优质产品"，"为了让更多人可以低价享受到我们的产品"之类的话术展示出为消费者着想的利他思维，能够引起观众的共情；在人数到达峰值时，主播立刻开始了针对产品的内容塑造话术，并把握时间、快速地介绍产品卖点，直观展示上妆效果；时而提到某款产品销售一定数量后将开始介绍下一款产品，并不断对销售额进行报数来达成视觉成交，营造产品的热销氛围。

第四章

一、单选题

1. D   2. B   3. B   4. D   5. B

二、多选题

1. ABCD   2. ABCD

三、判断题

1. ×   2. ×   3. ×

四、案例分析

1. 拒绝说教式营销：RealMe 避免使用传统说教式的营销方法，这种方法往往会引起年轻用户的反感。相反，他们更注重通过内容本身吸引用户，使营销信息更加隐蔽和自然。

情感共鸣的内容制作：通过制作与年轻用户生活紧密相关、能够引起情感共鸣的内容，如讲述年轻人的故事、展示年轻人的生活方式等，从而建立用户与品牌之间的情感连接。

利用 TikTok 平台特性：TikTok 平台上短视频的形式非常受年轻一代的欢迎。RealMe 通过创作有趣、具有吸引力的短视频内容，利用 TikTok 的强大传播力，有效提升用户对品牌的好感和黏性。

2. 符合 Gen Z 喜好：TikTok 的短视频形式非常符合 Gen Z 的消费习惯和媒体使用偏好，这使得 RealMe 能够在 TikTok 上更有效地触达目标用户群体。

品牌认知渗透：在 TikTok 上进行的营销活动能够帮助 RealMe 加强品牌认知度，使其在目标市场中的品牌印象更加深刻和清晰。

强互动性：TikTok 平台具有非常高的用户互动性，使得品牌能够与用户进行更直接的沟通和互动，增强用户的参与感和品牌忠诚度。

3. 广告记忆和品牌认知度提升：通过与 TikTok 的合作，RealMe 的广告记忆提升了 5%，品牌认知度整体上升了 3%。这表明合作有效地提高了品牌在目标消费者心中的印象。

高度的互动性：TikTok 挑战页视频播放量超过 6600 万，视频平均互动值提升了 367%，这显示出 RealMe 的内容在 TikTok 上获得了极高的用户参与度和互动性，进一步增强了营销效果。

有效的用户黏性提升：通过 TikTok 平台的高互动性和创意内容的广泛传播，RealMe 成功地提升了用户对品牌的忠诚度和黏性，这对于长期品牌建设和市场占有率的提升至关重要。

第五章

一、单选题

1. C   2. C   3. C   4. B

二、多选题

1. ABCD   2. ABCD   3. ABCD

三、判断题

1. ×   2. ×   3. ×

四、案例分析

1. 开头部分简要说明了测评的产品是什么，用简短的夸赞语句"this thing is super awesome"，吸引用户继续观看，通过语句"相当于额外的 4 块 iPhone 15/14 的电池"很形象地说明产品的核心卖点：20,000 毫安的超大容量；视频主体部分从充电输出超快速、收纳袋便携不刮蹭、充电宝自充功能、多功能数字显示屏、兼容多种设备同时充电等性能特点进行详细展示与说明；视频结尾再对该产品的另一核心特性：方便易携带，进行说明，并通过行动号召语言鼓励平台用户进行购买。

2. 高品质（TFT）数显 -- 自定义屏显时长、剩余电量、预计充电时间、输出功率、电池健康度、电池循环次数、电池温度、发热自动关闭、电子屏亮度调节。

3. 权威认证（如，欧盟安全合格标志 CE、美国电子产品安全认证 FC、欧盟 ROHS 指令、ROHS 环保认证、中国强制性产品认证）、安全性；重量、符合航空标准、可以上飞机 / 高铁；列举兼容的常见设备：笔记本电脑 / 手机 / 平板 / 穿戴设备等等；使用材质 / 材料，有效控制充电发热；退换货政策等等。

第六章

一、单选题

1. B   2. D   3. B

二、多选题

1. ACD   2. ABCD   3. ABCD   4. ACD

三、判断题

1. ×   2. √   3. √

四、案例分析

该视频多镜头展示了球形灯的外观细节特点，展示了使用操作过程，体现了生活化的场景，更加具有带入性；通过字幕详解卖点，内容丰富全面；内容主要包括：整体外观、使用场景、材质细节展示、卖点字幕辅助展示、操作球形等的功能，展示球灯的整体安装过程。

第七章

一、单选题

1. D　2. A　3. D　4. B

二、多选题

1. ABC　2. ACD　3. BD

三、判断题

8. ×　9. ×　10. ×

四、案例分析

1. Ninja 转战 YouTube 对其个人品牌有正面的推动作用。首先，此举使他能够触及 YouTube 庞大的用户群体，扩大了他的观众基础。其次，通过 YouTube 的短视频和直播功能，Ninja 能够更多样化地展示自己的内容，包括直播游戏、发布剪辑视频等，这增加了他与"粉丝"互动的机会，加深了"粉丝"的忠诚度。最后，与 YouTube 的合作可能还意味着更广泛的商业机会，如广告收入分享、品牌赞助等。

2. Ninja 的成功迁移给其他游戏内容创作者提供了几个重要的启示。首先，选择一个适合自己内容和受众的平台至关重要。其次，多平台运营可以增加曝光度和收入来源，但同时也要注意维护不同平台上内容的一致性和质量。再次，利用平台特有的功能（如 YouTube 的短视频和直播）可以更好地吸引和保持观众的注意力。最后，建立强大的社区和与"粉丝"的互动是提升个人品牌的关键。

3. Ninja 的加入为 YouTube 带来了新的用户群和关注度，有助于提升其直播服务的知名度和吸引力。为了充分利用这一点，YouTube 可能会采取以下措施：首先，优化直播平台的技术支持和用户体验，确保高质量的直播体验。其次，通过推广 Ninja 及其他知名主播的直播内容来吸引更多的游戏内容创作者和观众。再次，加强与内容创作者的合作，提供更有吸引力的收益分成模式和创作工具。最后，利用数据分析来了解观众偏好，从而不断调整和优化直播内容推荐算法。

第八章

一、单选题

1. D　2. B　3. B　4. A　5. C

二、多选题

1. BCD   2. ACD   3. ABCD

三、判断题

1. √   2. ×

四、案例分析

内容独特、不跟风：李子柒的视频内容在国内外都显得格外独特，尤其是在国内市场，她的视频被看作是一股清新的潮流。她不仅展示了 DIY 的制作过程，更是一个全面的农业生态循环的记录者——从种植、收获到烹饪，每一个环节都亲手完成。这种全面展示一粒种子生长故事的能力，在海外博主中极为罕见。许多视频的拍摄甚至跨越了整整一年，展现了她的耐心和毅力，这样的博主在国际上确实屈指可数。

言语简洁、不繁琐：李子柒的聪明之处还在于她的作品中几乎没有多余的交流、视频的旁白很少，而是专注于认真做事，细致地展示每个事件的全过程。这种方式自然引导观众去探究她的生活，激发人们对她的好奇心。对于中国博主来说，如果能够讲流利的英语，固然可以拉近与国际观众的距离，但即便英语不流利，也并不妨碍她向全球观众展示中国文化。安静地让大家了解中国，同样能够取得不同寻常的效果。

反差效应：李子柒的成功案例精妙地运用了建立反差和激发好奇心的营销策略。她所呈现的不仅是简单的生活日常，而是一种充满诗意和反差的生活图景，这在多个层面上吸引了观众的注意力。李子柒本人的形象与她所从事的农活之间形成了明显的反差。作为一位容貌端庄的美女，她在视频中干着各种传统的农活，如种植、收获、制作传统美食等，这种视觉上的反差打破了人们对"乡村生活"和"美女"这两个概念的传统认知，从而产生了强烈的吸引力。而且，她在现代社会中选择乡村生活的方式，也与许多人追求都市生活的步伐形成鲜明对比。在快节奏的现代生活中，李子柒选择在田园风光中深耕细作，回归自然和传统，这给繁忙的现代人带来了一种心灵上的慰藉和对自然生活的向往。再者，她通过视频展现亲情，以及对粮食从无到有的过程，更是触动了人们内心深处的情感。她的作品激发了人们对传统生活方式、乡村生活以及家庭亲情的深刻反思和珍视。这种营销方式巧妙地结合了视觉美感、情感共鸣和文化传承，使得她的内容具有了跨越文化和地域的吸引力。

参考文献

[1] 柏承能 . 从零开始学做主播 [M]. 北京：清华大学出版社，2021.

[2] 刘东明 . 直播电商全攻略 [M]. 北京：中国工信出版社集团，人民邮电出版社，2022.

[3] 陶境峰 . TikTok 运营实战 [M]. 北京：电子工业出版社，2023.

[4] 郭冠辰 . TikTok 头号玩家 [M]. 广州：广东经济出版社，2023.

[5] 笛子 . TikTok 爆款攻略 [M]. 北京：民主与建设出版社，2024.